Der Konstruktivismus als Grundlage für die Pädagogik

BERLINER BEITRÄGE ZUR PÄDAGOGIK

Herausgegeben von
Gerhard de Haan und Tobias Rülcker

Band 7

PETER LANG

Frankfurt am Main · Berlin · Bern · Bruxelles · New York · Oxford · Wien

Gerhard de Haan
Tobias Rülcker

Der Konstruktivismus als Grundlage für die Pädagogik

PETER LANG
Internationaler Verlag der Wissenschaften

Bibliografische Information der Deutschen Nationalbibliothek
Die Deutsche Nationalbibliothek verzeichnet diese Publikation
in der Deutschen Nationalbibliografie; detaillierte bibliografische
Daten sind im Internet über <http://www.d-nb.de> abrufbar.

Gedruckt auf alterungsbeständigem,
säurefreiem Papier.

ISSN 1439-1848
ISBN 978-3-631-50841-1

© Peter Lang GmbH
Internationaler Verlag der Wissenschaften
Frankfurt am Main 2009
Alle Rechte vorbehalten.

www.peterlang.de

Inhaltsverzeichnis

Einleitung

Die grundlegende Einsicht des Konstruktivismus

Der Konstruktivismus gilt derzeit innerhalb der Erziehungswissenschaft als eine ihrer attraktivsten theoretischen Grundlagen und als ausgesprochen praxisrelevantes Konzept. Sein Reiz liegt in der Spannbreite seiner Einsetzbarkeit. Der Konstruktivismus bringt nämlich nicht nur außerordentlich plausibel scheinende Erklärungen über den Prozess von Erkenntnis und Lernen bei. Er erweist sich auch als sehr fruchtbar für den Entwurf pädagogischer Handlungskonzepte, bei denen nicht die *Lehrenden* und das, was gelehrt werden soll, sondern die *Lernenden* und ihre Interessen und Wahrnehmungen im Mittelpunkt stehen. So bietet er Aussagen über die Wahrnehmungsformen des menschlichen Gehirns, gibt Antworten auf die Frage, was wir erkennen können, und liefert Erklärungen dafür, warum, wenn allen Lernenden das Gleiche gelehrt wird, diese doch – trotz der gleichen Belehrungen, die sie erfahren haben – zu ganz unterschiedlichen Einsichten kommen. Darüber hinaus offeriert der Konstruktivismus ausgesprochen fruchtbar erscheinende Aussagen zum Arrangement von Lehr- und Lernprozessen.

Wir haben diese Einleitung mit dem Satz „*Der* Konstruktivismus ..." begonnen. Das ist streng genommen eine unangemessene Vereinfachung. Denn *den* Konstruktivismus als einheitliche Theorie, als einheitliches Konzept gibt es nicht. Vielmehr existieren etliche unterschiedliche Ansätze, die in der Biologie, Psychologie, Kybernetik, Soziologie, Sprachwissenschaft, Philosophie und anderen Fachwissenschaften ihren Ursprung haben. Entsprechend vielfältig sind die verschiedenen Positionen. Man unterscheidet zwischen einem „Radikalen Konstruktivismus", „Sozialen Konstruktionismus"[1], „Kulturalismus" und anderen Konstruktivismen. Dennoch findet sich eine Grundannahme, die sich über alle Ansätze hinweg erhält: Der Konstruktivismus lehrt, dass eine Aussage darüber, wie die Welt „da draußen" *in Wirklichkeit* beschaffen sei, nicht zu haben ist. Was wir sehen, hören, riechen, ertasten, worüber wir Naturgesetze kennen und was wir alltäglich erleben, das sind *unsere* Interpretationen, die auf *unserem* Wahrnehmungsapparat, *unseren* kulturellen Gegebenheiten und individuellen Erfahrungshintergründen basieren. Zu wissen, wie die Dinge *in Wirklichkeit* beschaffen sind, würde erstens bedeuten, dass die Wirklichkeit von allen Organismen,

---

[1] Wir übernehmen hier den Terminus „Sozialer Konstruktionismus", da Gergen – einer seiner Hauptvertreter – von Konstruk*tionismus* (hergeleitet von „Konstruktion") statt von Konstruk*tivismus* spricht.

die sie wahrnehmen können, identisch wahrgenommen würde und zweitens auch dann noch so wäre, wie wir sie beschreiben, wenn es niemanden gäbe, der die Dinge beschreibt.

Selbstverständlich denken wir im Alltag so! Selbstverständlich nehmen wir an, dass eine Wohnung auch von allen anderen als Wohnung betrachtet wird und dass eben diese Wohnung auch noch da ist, wenn wir sie verlassen haben. Es wäre schließlich recht absurd, zu meinen, wenn wir nicht an sie denken, würden die Dinge, würde unsere Umwelt nicht fortexistieren. Wie kommen dann aber die Konstruktivisten zu der Behauptung, wir könnten nicht wissen, wie die Welt in Wirklichkeit beschaffen ist? Der Grund für diese Behauptung lautet: Wenn wir, bzw. ein Organismus, etwas wahrnehmen, so ist diese Wahrnehmung immer zugleich Ergebnis einer Verarbeitung der absorbierten Informationen durch eben diesen Organismus. Zwischen dem wahrgenommenen Objekt und der Aussage über dieses vermittelt ein komplexer Apparat von Rezeptoren und Instanzen der Informationsverarbeitung – und dieser wiederum ist nicht unbeeinflusst von der Umwelt, sei es ein Ökosystem im Fall von Tieren oder sei es die Kultur im Fall von Menschen. Wir selbst, als spezifische biologische Organismen (als *homo sapiens*) und als Individuen, das heißt als Mitglieder einer Kultur oder Gemeinschaft, sind es, welche die Welt interpretieren oder – wie Nelson Goodman sagt – „erzeugen" (vgl. Goodman 1984).

Streng genommen basiert zum Beispiel die Annahme, dass unsere Wohnung, und damit auch die Wohnungstür, auch dann noch da ist, wenn wir verreist sind, auf der Erfahrung von Konstanz: Wir haben die wiederholte Erfahrung, dass die Wohnungstür auch dann noch da ist, wenn wir nach dem Urlaub wieder nach Hause zurückkehren, sodass wir überzeugt sind, dass die Tür auch in Zukunft noch da sein wird – zumindest sollte sie noch da sein. Allerdings machen Konstruktivisten sehr schnell deutlich, dass unsere Wahrnehmungen nicht Abbilder von einer Wirklichkeit sein können, die so und nicht anders geartet ist, wie wir sie wahrnehmen. Denn unsere Wahrnehmung basiert schließlich – wenn wir zum Beispiel etwas sehen – auf Lichtwellen, die auf unsere Netzhaut treffen, in elektrische Signale übersetzt werden, als elektrische Signale im Gehirn vielfältig verarbeitet und dann auch noch mit individuell und kulturell geprägten Formen der Erfahrung und Interpretation verbunden werden. Unsere Wohnungstür ist damit in der Tat *unsere* Wohnungstür. Wir nehmen das, was wir da sehen, in einer uns eigenen Form wahr. Die Wahrnehmung einer Stubenfliege, des Hundes der Nachbarin oder des Postboten ist da eine ganz andere. Die Stubenfliege mag in der Tür einen Landeplatz erkennen, der Hund mag dahinter einen menschlichen Futterautomaten wittern, der Postbote einen weiteren lästigen

Briefschlitz wahrnehmen – für sie alle ist unsere Wohnungstür etwas anderes. Die Wohnungstür „an sich" oder „als solche" gibt es nicht.

Dieses Phänomen ist von K. E. von Baer (1864) und von J. von Uexküll (1921) an eindrucksvollen Beispielen aus der Biologie beschrieben worden: Eine Eintagsfliege wird die periodische Wiederkehr von Jahreszeiten kaum kennen und wird aufgrund ihres Sinnes- und Bewegungsapparates eine ganz andere Wahrnehmung von der Welt haben als wir. Und auch der Hund wird unsere Wohnung ganz anders wahrnehmen als wir: stärker von Gerüchen gesteuert, mit vermutlich wenig Aufmerksamkeit gegenüber den Kunstwerken an der Wand, dafür aber für den Fressnapf in der Küche – für den auch die Eintagsfliege mehr Aufmerksamkeit aufwendet als für die Temperatur unserer morgendlichen Dusche. Kurz: Über die „Welt an sich", ohne Bezug zum Wahrnehmenden, lassen sich keine sicheren Aussagen gewinnen.

Damit wird in alle Wahrnehmungen und alle Schlussfolgerungen aus diesen Wahrnehmungen eine gewisse Unsicherheit dahingehend eingeschleust, ob die Schlussfolgerungen dem Gegenstand bzw. der Sache – außer für uns auch für andere – angemessen sind und ob unsere Wahrnehmungen und Schlussfolgerungen von anderen geteilt werden. In der Konsequenz heißt das: Die Beziehungen zwischen dem Individuum und dem von ihm wahrgenommenen Phänomen sowie dem kulturellen Kontext sind von entscheidender Bedeutung für das alltägliche Denken und Handeln, aber auch für den Aussagewert und die Blickrichtung von Wissenschaft. Denn auch für wissenschaftliche Erkenntnis gilt, dass sie durch den Wahrnehmungsapparat der Forschenden und Gelehrten erst hervorgebracht wird. Darin unterscheiden sich Alltagsleben und wissenschaftliche Tätigkeit nicht.

Was hier in einer ersten groben Annäherung dargestellt wurde, findet sich bei den konstruktivistisch operierenden Biologen Maturana/Varela (1987) im Detail aufgeschlüsselt. Aufgrund der Beschreibung wahrnehmungsphysiologischer Vorgänge gelingt es ihnen deutlich zu machen, dass wir im Rahmen unserer Wahrnehmung kein „Abbild" von der Wirklichkeit erstellen, sondern die Wirklichkeit schöpferisch hervorbringen. Die von den beiden Naturwissenschaftlern formulierten Beschreibungen zur Funktionsweise des Organismus werden recht beeindruckend durch die Psychologie E. von Glasersfelds (1996) ergänzt. Er beschreibt, in welchem Maße das Individuum bezüglich seiner Interpretationen und Handlungen autonom ist (vgl. dazu ausführlicher Kapitel 1 in diesem Band).

Wenn wir von der äußeren Welt etwas wahrnehmen, dann sind das nach Maturana/Varela „*Perturbationen*", das heißt Störungen, die von der Umwelt auf den Organismus einwirken. Diese Störungen – gleichgültig, ob sie positiv oder negativ konnotiert werden – lösen eine Handlung des Organismus aus: Das reicht von der Interpretation der Störung als „nicht weiter bedeutsam" bis hin zur Interpretation „Achtung, gefährliche Situation". Wird die Perturbation als relevant eingestuft, dann wird der Organismus darauf lernend, d. h. letztlich mit Verhaltensänderungen reagieren. So wird er zum Beispiel Strategien entwickeln, um die Störung in Zukunft zu vermeiden oder aber die Situation immer wieder aufzusuchen, weil sie positiv beurteilt wird. Wie Störungen vom Organismus verarbeitet werden können, wird durch die *Strukturdeterminiertheit des Organismus* bestimmt. Lebende Systeme sind nach Maturana/Varela als strukturdeterminierte nicht extern – also auch nicht durch Störungen – steuerbar. Wird von außen auf den Organismus eingewirkt, so ist dieses nur ein auslösendes Ereignis, das den Organismus zu bestimmten, für ihn überlebensdienlichen Veränderungen seines Zustandes veranlasst. Damit ist gemeint, dass der Organismus oder das Individuum zu jedem konkreten Zeitpunkt sich nur so verhalten kann, wie es seine bisherigen Erfahrungen, seine Biografie, erlaubt. Die Entwicklung eines Organismus kann daher auch nur auf vorhandenen Strukturen aufbauen. Im Augenblick des Handelns ist für das handelnde Lebewesen die gewählte Handlung immer die richtige Handlung, auch wenn sie später, aufgrund neuer Erfahrungen oder aufgrund von Erfahrungen, die aus der Entscheidung resultieren, aufgegeben wird. Das ist ein einfaches Schema und vielleicht für die soziale Welt nicht hinreichend (vgl. das Kapitel 3 zum Sozialen Konstruktionismus in diesem Band), aber für die Beschreibung der Funktionsweise von Ökosystemen (mit denen sich Maturana/Varela beschäftigen) von einiger interpretativer Kraft.

Beobachtet man diesen Zusammenhang zwischen Störung, Strukturdeterminiertheit der Wahrnehmung und des Verhaltens, dann sehen Maturana/Varela (1987) darin einen Mechanismus wirken, den sie mit dem Begriff „*Viabilität*" belegen. Unter Viabilität verstehen sie die Nützlichkeit der Handlungen eines Organismus für sein (Über-)Leben. Solange diesem etwas für seine Fortexistenz nützt, solange seine Handlungen nicht zur Destruktion seiner „ökologischen Nische" führen beziehungsweise diese sich nicht aufgrund von Störungen für den Organismus verändert, so lange sind die Wahrnehmungen und das Handeln aus der Perspektive des Beobachters „richtig" bzw. angemessen. Über die „Nützlichkeit", über „richtig" und „falsch" wird dabei weder „objektiv", also von einer übergeordneten Warte aus entschieden, noch durch den Organismus selbst. Dieser ist – aufgrund seiner Strukturdeterminiertheit – in Hinblick auf die Bewertung von Verhalten blind. Führen Perturbationen zu strukturdeterminierten Reaktionen des Organismus, die – durch einen Beobachter festgestellt – seine Viabilität aufrechterhalten, so ist damit noch nicht gesagt, dass eine enge Verbindung zwischen bestimmten Veränderungen der Umwelt und bestimmten Reaktionen des Organismus sowie deren Interpretation durch einen Beobachter vorliegt. Aus der Perspektive des Beobachters sehen wir immer eine gewisse Bandbreite an Wahrnehmungsmöglichkeiten und eine spezifische „Störanfälligkeit" eines Organismus, sehen wir „Perturbationsfilter" und differente Reaktionsmöglichkeiten und -muster. Der Organismus selbst, so betonen Maturana/Varela, handelt aufgrund seiner Strukturdeterminiertheit immer so, wie er muss. Was hier noch sehr der Ökosystemforschung verhaftet formuliert zu sein scheint, lässt sich auch anders lesen: Nicht nur, dass wir unsere Umwelt – auch wenn wir sie mit anderen teilen – immer nur selbst wahrnehmen können und es uns nicht möglich ist zu sagen, wie die Welt „wirklich", unabhängig von unserer Wahrnehmung, gestaltet sein mag. Vielmehr sind wir zugleich auch Gefangene unseres eigenen biophysischen und kulturell geformten „Apparates": Die Aufmerksamkeitsrichtungen, das Registrieren von äußeren Anreizen (etwa: Instruktionen des Lehrers an der Tafel, Vorlesungen, Signale im Straßenverkehr) folgt – konstruktivistisch gesehen – biografisch und gattungsgeschichtlich entwickelten und den aktuellen psychophysischen Lagen entsprechenden Verarbeitungsstrategien.

Auch wenn man diesem Gedanken, dass alle Vorstellungen von der Welt ganz subjektive Züge tragen, nicht sogleich folgen mag, wird man nicht umhin kommen zu registrieren, dass gleiche Ereignisse, gleiche Situationen ganz unterschiedlich wahrgenommen werden können. Die Zahl der Arbeitslosen, Übergriffe Rechtsradikaler auf ausländische Mitbürger, die Beurteilung von Filmen und Theaterstücken, alles dieses unterliegt unterschiedlichen Interpretationen und Graden der Aufmerksamkeit, sodass man z. B. als Leser von Filmkritiken und Besprechungen zu Kunstausstellungen manchmal meinen kann, die Rezensenten sprächen nicht von den Filmen oder der Ausstellung, die man mit eigenen Augen gesehen hat.

Was für den kulturellen Alltag gilt, findet sich auch in den Wissenschaften wieder: Der jeweilige kulturelle Kontext ist eine unhintergehbare Bedingung für die Theorieentwicklung, Normbildung und Wahrnehmungsprozesse. Dies jedenfalls zeigt eine Auseinandersetzung mit der Geschichte der Naturwissenschaften und Medizin, wie sie von L. Fleck in den 1930er Jahren und Th. Kuhn um 1960 geleistet wurde (siehe auch dazu in Kapitel 2 zum Sozialen Konstruktionismus mehr). Das heißt in der Konsequenz: Theorien und Normen, die mit einem Anspruch auf universelle Gültigkeit auftreten, geraten in die Falle von Anerkennungsproblemen. Wer meint, zwischen höherer und niederer Kultur unterscheiden und eine gegenüber der anderen privilegieren zu können, hat heute mit dieser Auffassung nur noch wenig Aussicht auf Erfolg. Und wer davon spricht, man habe ewig gültige Wahrheiten über die Gesetzmäßigkeit der physischen Welt entdeckt, wird von Skeptikern mit Verweis auf die Geschichte der Physik kaum einhelligen

Zuspruch ernten können. Die als Pointe der Naturwissenschaften so gerne formulierte Annahme, dass einmal dargelegte Gesetze der Natur immer und überall, unabhängig von ihren Entdeckern und Anwendern, gültig sind, wird in breitem Maße zwar geteilt, ist aber aus der Perspektive der Geschichte der Naturwissenschaften durchaus mit guten Gründen zu bestreiten.

Die Attraktivität des Konstruktivismus heute

Dass der Konstruktivismus keine gänzlich neue Einsicht bietet, wenn er davon spricht, wir würden uns die Welt erst erschaffen, wir könnten nicht sicher sagen, ob sie in Wirklichkeit so sei, wie wir sie beschreiben, dieses wird etwa von E. v. Glasersfeld immer wieder betont. In G. Vico und I. Kant sieht v. Glasersfeld zwei wichtige Ahnen und Gewährspersonen für seine Position. Vico schrieb schon 1710: „[W]enn die Sinne (aktive) Fähigkeiten sind, so folgt daraus, daß wir die Farben machen, indem wir sehen, die Geschmäcke, indem wir schmecken, die Töne, indem wir hören, das Kalte und Heiße, indem wir tasten" (G. Vico, zit. nach v. Glasersfeld 1997, S. 29f.).Vico betont die Aktivität des Menschen bei der Wahrnehmung. Er geht nicht von den Gegenständen als gegebenen Dingen für die Wahrnehmung aus, sondern vom Menschen als aktivem, die Gegenstände gleichsam aufsuchenden Organismus. Er behauptet auch nicht, wir würden mit Hilfe der Wahrnehmung zu Abbildern von der Wirklichkeit gelangen. Wir deuten vielmehr die Wirklichkeit aus. Auch können wir nach Vico die Vergangenheit selbst mit der akribischsten Beschreibung nicht so wieder rekonstruieren, wie sie wirklich gewesen ist. Denn wir benötigen für die Darstellung der Wirklichkeit unsere Begriffe und Worte, unsere Erinnerung – und was uns dabei verfügbar ist, wird durch die Gegenwart, den Augenblick bestimmt.[2] Dass dieses übrigens nicht zu dem Schluss führen muss, es existiere nur, was wir uns vorstellen, wird uns noch beschäftigen.

Neben Vico gehört nach v. Glasersfeld Immanuel Kant zu den großen Verfechtern konstruktivistischen Denkens. Er hält Kants Transzendentalphilosophie (das ist die streng rationale, kritische philosophische Beschäftigung mit und Analyse des Erkenntnisvermögens des menschlichen Verstandes) für „ein Modell, das in vieler Hinsicht fundamental ist für die konstruktivistische Orientierung" (v. Glasersfeld 1996, S. 78). Von Glasersfelds Behauptung basiert auf dem Vorwort zur *Kritik der reinen Vernunft*. Darin schreibt Kant: „Bisher nahm man an, alle unsere Erkenntnis müsse sich nach den

---

[2] Ganz in diesem Sinne werden im späten 19. und frühen 20. Jahrhundert die Geisteswissenschaften, wird insbesondere Dilthey argumentieren. Vgl. dazu de Haan/Rülcker (2002): S. 37ff.

Gegenständen richten; (...) Man versuche es daher einmal, ob wir nicht in den Aufgaben der Metaphysik damit besser fortkommen, daß wir annehmen, die Gegenstände müssen sich nach unserem Erkenntnis richten (...)" (zit. nach v. Glasersfeld 1996, S. 79). Für Kant sind die Begriffe und Vorstellungen des Menschen von den Dingen seine eigene Schöpfung: „[D]ie Dinge können unmöglich durch diese Vorstellungen und Begriffe vom Verstande als solche, wie sie an sich sein mögen, erkannt werden", heißt es in einer anderen seiner Schriften, dem *Streit der Fakultäten* von 1798 (zit. nach v. Glasersfeld 1996, S. 79). Diesen Gedanken hat Kant in seinen Schriften konsequent durchformuliert – ohne dass das allerdings Resonanz gefunden hätte in einer breiten philosophischen Strömung, wie wir sie heute bezüglich der Konstruktivismen kennen. Man hat der Objektivität der Erkenntnis, ihrer Ablösbarkeit vom menschlichen Verstand, der Möglichkeit, sagen zu können, was die Welt in ihrem Innersten zusammenhält, den Vorzug gegenüber der Vermutung gegeben, die Dinge müssten sich nach uns richten. Wenn man Kant genau liest, wird man auch feststellen, dass v. Glasersfeld Kant nicht ganz für sich als Gewährsmann reklamieren darf. Kant spricht im *Streit der Fakultäten* nämlich davon, dass die Begriffe, die wir für eine Sache, die Bezeichnungen, die wir für die Dinge finden, nicht den Gegenständen selbst zugehörig sind. Dem wird man leicht folgen können, sind doch die Begriffe den Dingen nicht eingeschrieben. Aber auch die Passage aus der *Kritik der reinen Vernunft* von Kant muss man genauer betrachten. Kant will in der zitierten Passage sagen, dass wir – so sehr wir auch auf die Gegenstände schauen, sie drehen und wenden, sie damit noch nicht erfassen. Sie sprechen nicht zu uns. Wir müssen sie bezeichnen, wir müssen Gesetzmäßigkeiten formulieren und dann herausfinden, ob die aufgestellten Gesetze sich halten lassen oder verworfen werden müssen. Zwar hat Kant plausibel gemacht, dass die Dinge uns nur als Objekte unserer Erfahrungen zugänglich sind und nicht „an sich". Aber er hat keinen Zweifel daran gehegt, dass die aufgestellten Gesetze, die verstandesmäßig fundierten Erfahrungen von allen geteilt werden können.

Einen so radikalen Konstruktivismus wie v. Glasersfeld ihn formuliert, wird man bei Kant nicht finden. Denn für Kant verhält es sich so, dass das, was wir als mit Vernunft ausgestattetes Individuum erkennen, prinzipiell von allen vernünftigen Menschen erkannt werden kann. Darin begründet sich – bei aller „Konstruktion" von Erkenntnis – der Universalismus bei Kant.

Wenn der Konstruktivismus besagt, dass in der Wahrnehmung der Schlüssel für die Beschreibung der Wirklichkeit zu suchen sei, dann muss man fragen, was sich in der Wahrnehmung in den letzten Jahrzehnten dermaßen verändert hat, dass der Konstruktivismus als attraktive erkenntnistheoretische

Konzeption auf hohe Resonanz stößt. Warum eher heute, warum nicht schon zu Zeiten Vicos oder Kants? Kurz gesagt: Der Konstruktivismus als eine das Individuum mit seinen Wahrnehmungen in den Mittelpunkt stellende Theorie muss sich selbst aus der Veränderung in den Wahrnehmungen heraus erklären lassen.

Was können die Gründe für eine 300-jährige Latenzzeit sein? Was macht das Konzept erst jetzt, nach Jahrhunderten der Suche nach der einen Wahrheit über die Welt „da draußen" so attraktiv? Warum wird erst jetzt dem Phänomen mehr Aufmerksamkeit zugestanden, dass die biografischen Unterschiede zwischen den Menschen, ihre unterschiedlichen Handlungsmotive und Interessen auch zu unterschiedlichen Formen des Lernens führen? Schließlich wird, nachdem Jahrhunderte lang die Schüler im Frontalunterricht alle zur gleichen Zeit mit dem gleichen Stoff konfrontiert worden sind, erst jetzt von der breiten Masse der Fachwissenschaftler anerkannt, dass man keine einheitlich funktionierenden Lernmaschinen im Klassenzimmer versammelt hat, sondern Individuen mit eigenen Interessen, unterschiedlichen Biografien und Lernstrategien, die es als den unwahrscheinlichsten Fall überhaupt erscheinen lassen, dass man im kollektiven Lerntakt gemeinsam das Gleiche lernt.

Es sind, so unsere *These*, gesellschaftliche Veränderungen, die dem Konstruktivismus seine Attraktivität verleihen. Es sind Verschiebungen in der Wahrnehmung des Individuums, es ist der Verlust des Glaubens an die Möglichkeit, dass es eine universelle Verständigung über die wahren, richtigen Fortentwicklungen der Menschheit gibt. Kurz: Die Erosion generalisierbarer Einsichten und Erklärungen ist es nach unserer Auffassung, die den Konstruktivismus anschlussfähig macht an die alten Fragen nach dem, was wir erkennen können und wie das, was erkennt werden kann, gelernt werden soll.

Unsicherheit und Individualisierung als Nährboden des Konstruktivismus

Wir sehen diese Erosion bezüglich des Universalismus von Aussagen und Erkenntnissen als abhängig von gesellschaftlichen Veränderungen an. Die Veränderungen betreffen die Entwicklung moderner Gesellschaften von der Ersten Moderne hin zur Zweiten Moderne oder auch – die Worte werden in der Literatur synonym gebraucht – zur „Reflexiven Moderne" (vgl. Beck 1996b; 1997; Giddens 1996; Beck/Bonß/ Lau 2001).

Giddens (1996; 2001) versteht unter „Reflexiver Moderne" das *Wissen* über die Basis, Konsequenzen und Probleme von Prozessen der Modernisierung (der Gesellschaft, von Wissenschaft etc.). U. Beck versteht unter „reflexiver Modernisierung", dass die Beschäftigung mit den (ungewollten) Nebenfolgen der Modernisierung (etwa: den ökologischen Problemen, der Eskalation von Risikowahrnehmung etc.) zum Hauptpunkt der Aufmerksamkeit und des neuen (subpolitischen) Handelns werden (vgl. Beck 1986; 1993; 1996b; 1997).

Ist das Verständnis von Giddens noch stärker am gewöhnlichen Begriff von Reflexivität orientiert (Reflexion auf die Bedingungen und Auswirkungen der Modernisierung der Gesellschaft), so ist das Verständnis bei Beck demgegenüber etwas anders gelagert: Bei Beck wird der Modernisierungsprozess selbst reflexiv. Reflexive Moderne ist demnach gekennzeichnet durch die „zunächst *un*reflektierte, gleichsam mechanischeigendynamische Grundlagenveränderung *der* entfalteten Industriegesellschaft, die sich im Zuge *normaler* Modernisierung *un*geplant und schleichend vollzieht und die bei konstanter, möglicherweise intakter politischer und gesellschaftlicher Ordnung" drei Veränderungen bewirkt: Die Moderne radikalisiert sich, die Industriegesellschaft löst sich auf, und der Weg wird frei in eine andere Moderne (oder eine Gegenmoderne) (Beck 1996a, S. 23; Herv. i. O.). Die beiden Reflexivitätsdimensionen von Giddens und Beck stehen nicht im Widerspruch zueinander: Beck konzentriert sich in seinem hier wiedergegebenen Verständnis auf den gesellschaftlichen Wandlungsprozess, während Giddens auf die Reaktionen abstellt, die aus diesem Wandel resultieren. Beide lassen sich zudem von der Einsicht leiten, dass die Entwicklung aller hochindustrialisierten Kulturen mit dem Problem konfrontiert ist, sich mit den Widersprüchlichkeiten und (unbewusst) initiierten Nebenfolgen der eigenen Entwicklungen mehr und mehr auseinandersetzen zu *müssen*. Die klassischen, am Sozialen und Ökonomischen orientierten Themen von Gesellschaft werden überlagert und überformt von *Unsicherheiten*, Ambivalenzen und dem Abarbeiten an den Nebenfolgen vorheriger Handlungen.

Dazu einige Beispiele aus dem Bereich der Politik: Die Auseinandersetzung mit Umweltfragen, die Umweltgesetzgebung, das Einrichten von Ethikkommissionen für Gentechnologie und Stammzellenforschung, die Neustrukturierung der Arbeitsvermittlung, die Rentenreform, der Globalisierungsdiskurs, die neue Landwirtschaftspolitik, die Debatten um die Zivilgesellschaft und den Verlust des Sozialen – sie alle sind Effekte der Nebenfolgen der Ökonomie, Politik und Wissenschaft der letzten Jahrzehnte: Die Auflösung der traditionellen Bindungen aufgrund einer vielfachen Mobilität zwischen den Gesellschaftsschichten, der Verlust der Lebensmittelpunkte und Orientierungen, die industrielle Landwirtschaft, die Internationalisierung der Ökonomie, die wachsende Zahl alter Menschen werden zu

Problemen der Industriegesellschaften – und sind Nebenfolgen ihres Erfolgs.

Die Bedeutung, die Themen der reflexiven Modernisierung in der Bevölkerung schon vor mehr als einem Jahrzehnt erreicht hatten, lässt sich auch ausgezeichnet an den Bedeutungswahrnehmungen der Individuen ablesen. Schon 1995 erbrachte die Lebensstilstudie „DIALOGE 4", als man die Bevölkerung danach befragte, welche gesellschaftlichen Ziele und Aufgaben man persönlich für außerordentlich wichtig hält: Sicherung der sozialen Leistungen (58 %); die Reinhaltung von Luft, Böden und Gewässern (57 %); Wiedereingliederung von Arbeitslosen in das Berufsleben (57 %); sparsamer Umgang mit Energievorräten und Rohstoffen (51 %); sich stärker um sozial Benachteiligte (z. B. Behinderte und Arme) kümmern. Das alles sind Sektoren, die erst mit der reflexiven Moderne zum allgemein in der Gesellschaft diskutierten Thema wurden (seit der Sozialgesetzgebung des späten 19. Jahrhunderts einerseits und der Umweltproblematik als Nebenfolge der Entwicklung der Industriegesellschaften seit den 1960er Jahren andererseits). Diese fünf Sektoren führen die Liste der bedeutsamsten Themen an. Klassische Themen der Industriegesellschaft, wie „Förderung des technologischen Fortschritts" (24 %), „mehr Anreize schaffen, sich selbstständig zu machen bzw. den eigenen Betrieb auszubauen, stärker zu investieren" (23 %) sind auf der Rangskala weit hinten angesiedelt bzw. bilden das Schlusslicht (vgl. Gruner + Jahr-Verlag 1995, S. 48ff.). Die Prioritäten bezüglich der wichtigsten gesellschaftlichen Ziele und Aufgaben ändern sich selbstverständlich in Abhängigkeit von Konjunkturen, Präferenzen etc. mit jeder neuen Erhebung. Allerdings bleibt der Grundtenor erhalten: es sind die Nebenfolgen des Wirtschaftens und der Verfasstheit des Arbeitsmarktes, die Bewältigung sozialer Probleme und nicht zuletzt Umweltprobleme sowie die Folgen der Globalisierung, die die Rangliste anführen (vgl. die Entwicklungen und aktuellen Daten in: BMU 2008; S. 14).

Die Beschäftigung mit den Nebenfolgen der Ersten Moderne geht grundsätzlich einher mit einem Anstieg an Unsicherheiten, da sich – wie an den Beispielen leicht zu sehen ist – die Fundamente der Moderne (Nationalstaat; Vollbeschäftigung; unbegrenzte Ressourcen, Naturbeherrschung und Sicherheit in den ökonomischen Entwicklungen; soziale Netzwerke usw.) auflösen und sich keine eindeutigen Lösungen oder Nachfolgestrukturen auffinden lassen. „Die Idee der Kontrollierbarkeit ebenso wie die der Gewissheit und der Sicherheit, die für den Entwurf der Ersten Moderne und ihre Institutionen so zentral sind, brechen zusammen. Unterscheidungen und Grenzen, die essentialistisch begründet schienen, lösen sich auf" (Beck/Bonß/Lau 2001, S. 13).

Dass der Konstruktivismus in den letzten Jahren eine hohe Aufmerksamkeit erfahren hat, liegt vor diesem Hintergrund nahe. Wenn die Wahrheitsansprüche erodieren, wie man aktuell an den wissenschaftlichen Aussagen zum Klimawandel ebenso ausgezeichnet studieren kann wie an der Diskussion um gentechnische Manipulationen, dann macht sich nicht nur Unsicherheit bezüglich der angemessenen Beschreibung von Wirklichkeit und verbindlicher Normen breit. Längst sind wir es gewohnt, wissenschaftlichen Aussagen mit einem gewissen Argwohn zu begegnen, erwarten wir bezüglich der Einschätzung von technischem Fortschritt, ökonomischer Entwicklung und Perspektiven für die Zukunft unterschiedlichste Auffassungen und zahlreiche Wahrheitsansprüche nebeneinander.

Die Pluralität der Meinungen und Theorien ist zum Alltag geworden und in die Verstehensprozesse eingedrungen. Und ein Blick in die Grundlagenliteratur der Pädagogik lehrt ebenfalls: Eine einheitliche Sichtweise gibt es nicht, vielmehr konkurrieren etliche Theorien der Pädagogik – von der geisteswissenschaftlichen über die emanzipatorische bis hin zur systemtheoretischen, phänomenologischen und transzendentalkritischen – und nun auch konstruktivistischen – Pädagogik miteinander.

Wenn sich unter diesen Bedingungen nicht Gleichgültigkeit verbreitet, Abkehr von der Wahrnehmung der diversen gesellschaftlichen Problemlagen, wenn man sich nicht einfach einer Meinung zur Sache anschließt im *Vertrauen* auf Personen, Parteien oder Expertenmeinungen, dann wird man reflexiv auf die Kakophonie der Meinungen, Sachaussagen und Normen reagieren – und sich ein eigenes Urteil bilden. Gerade dies, den eigenen Verstand zu gebrauchen, den Umgang mit Unsicherheiten zu lernen und zu einem eigenständigen Urteil zu gelangen, gehört zu den heute mehr und mehr an die Menschen in unserer Gesellschaft gestellten Forderungen. Man nennt das auch die Kompetenz, autonom handeln zu können (OECD 2005).

Ein erkenntnistheoretisches Konzept, das diese Pluralität der Positionen nicht reduziert, wohl aber angemessen bearbeitbar macht und ihre Sinnhaftigkeit begründen kann, ist der Konstruktivismus. Der Konstruktivismus liefert dafür, dass es gar nicht anders sein kann, dass man in seinen Wahrnehmungen und Urteilen auf sich selbst gestellt ist, ganz ausgezeichnete Erklärungen und Begründungen.

Wie aber erwirbt man die erforderliche Kompetenz, autonom handeln zu können? Auf die kursierenden Erkenntnisse in Wissenschaft und Politik in der Einschätzung der Folgen technischer Neuerungen mit Strategien der Bewältigung von Unsicherheit zu reagieren, sich dem ökonomischen wie dem sozialen Handeln und wissenschaftlich-technischen Innovationen gegenüber *reflexiv* zu verhalten, das wird bisher in formellen Bildungsprozessen kaum gelernt. Das bis heute dominante Konzept des Lehrens ist nicht von Unsicherheit und Reflexion, sondern von Sicherheit und Wahrheitsansprüchen geprägt. Schulbücher und Lehrpläne, die Form des fragendentwickelnden Unterrichts machen leicht glauben, in den Schulbüchern stünde die einzig richtige Auffassung zur Sache, die Lehrpläne würden begründet zwischen wichtig und unwichtig unterscheiden und ein Lehrerurteil oder eines, das sich in der Schullektüre findet, mache Reflexivität nicht erforderlich. Die wachsenden Unsicherheiten und Ambivalenzen, die mit der Auflösung von Selbstverständlichkeiten einhergehen, machen den skizzierten Kanon der Lehre und auch die heute immer noch dominante Form des Lehrens obsolet. Dass eine konstruktivistische Pädagogik dagegen weitaus besser mit dem Problem allgegenwärtiger Unsicherheit im Umgang mit Meinungen und Werten zurechtkommen dürfte, zeigen wir in Kapitel 10.

Ein weiteres Phänomen der Zweiten Moderne wird in der Tendenz zur Individualisierung gesehen. Sie ist Resultat langfristiger Entwicklungen. Beck/ Beck-Gernsheim beschreiben den Prozess der Individualisierung als zentrale Entwicklung der letzten 100 Jahre, wenn man das Verhältnis zwischen gesellschaftlicher Steuerung und Eigenständigkeit von Personen betrachtet. Immer weniger sind die Lebenswege vorstrukturiert, immer weniger kann man sich auf Tradition, Herkunft oder lineare Entscheidungsmuster verlassen, immer mehr kann und muss man selbst entscheiden. War noch um die Jahrhundertwende mit wenigen Ausnahmen selbstverständlich, dass ein Zusammenleben von Paaren nur unter der Prämisse der Heterosexualität und mit Trauschein erlaubt war, so sind heute Lebensabschnittspartner, homosexuelle Lebensgemeinschaften und viele andere Formen neben der traditionellen Ehe üblich geworden. Wo es ehemals gar nichts zu entscheiden gab, sind heute mehr und mehr Entscheidungen erforderlich. „Chancen, Gefahren, Unsicherheiten der Biographie, die früher im Familienverbund, in der dörflichen Gemeinschaft, im Rückgriff auf ständische Regeln und soziale Klassen definiert waren, müssen von nun an von den einzelnen selbst wahrgenommen, interpretiert, entschieden und bearbeitet werden" (Beck/Beck-Gernsheim 1994, S. 15).

Dieser Prozess, der sich selbst in Kulturen aufzeigen lässt, in denen traditionell kein gesteigerter Wert auf Individualisierung gelegt wurde, wie etwa der japanischen (vgl. Krupp 1996, S. 208ff.), ereignet sich nicht nur im Kontext der Biografie des Individuums. Er ist charakteristisch für die Lebensformen in der Moderne in allen Feldern des Denkens und Handelns. Der Trend führt weg von Uniformierung und hin zur Individualisierung. Individualisierung wird verstanden als Chance *und* Notwendigkeit zur Wahl, zum Treffen von Entscheidungen, zur Gestaltung des Alltags und der Selbstinterpretation. Ein Beispiel: Noch in den 1950er Jahren war es in unserer Kultur üblich, jenen Schultyp zu besuchen, die auch von den Eltern besucht worden war. Eine vertikale Mobilität zwischen den Generationen war in noch weitaus geringerem Maße üblich als heute. Erst die 1960er Jahre offerierten gerade dem weiblichen Geschlecht die Mobilitätschancen, die heute im allgemeinbildenden Schulsystem selbstverständlich geworden sind. Mit der Expansion der höheren Bildungsabschlüsse seit den 1960er Jahren war es auch mehr Kindern aus den Unterschichten vergönnt, einen höheren Bildungsabschluss zu erwerben. Am meisten profitiert von der damaligen Bildungsexpansion hat allerdings die Mittelschicht, wie sich im deutschen allgemeinbildenden Schulsystem heute zeigt.

Dieser Mobilität und den damit verbundenen erweiterten Chancen zur Berufswahl, der damit verbundenen Erweiterung von Lebenschancen, speziell für Frauen, steht in Deutschland freilich auch die Tatsache gegenüber, dass mit dem bestehenden Bildungssystem die sozialen Verhältnisse zementiert und die Erweiterung von Lebenschancen eher verhindert als befördert werden. Die international vergleichend angelegten PISA-Studien belegen (vgl. Deutsches PISA-Konsortium 2001 und 2004), dass in unseren Schulen die Milieuzugehörigkeit der Eltern und Erziehenden in einem so engen Verhältnis zum Platz des Kindes im Bildungssystem steht, wie kaum in einem anderen Land der Welt. Insbesondere für Kinder und Jugendliche mit Migrationshintergrund kann kaum von gleichen Bildungschancen und von Aufstieg durch Bildung gesprochen werden. Die Möglichkeiten zur Mobilität durch Bildung sind in Deutschland also durchaus ambivalent. In anderen Ländern ist das ganz anders. Hier gibt es den Zusammenhang zwischen Herkunft und erreichtem Bildungsniveau der Kinder kaum noch. Die Mobilität zwischen den Generationen unabhängig von der Milieuzugehörigkeit ist zwar ein wichtiger, aber nur *ein* Indikator für die Individualisierung. Wie mit den oben genannten Beispielen beschrieben, handelt es sich beim Prozess der Individualisierung um einen gesellschaftlich aufgenötigten Zwang, dem der Einzelne ausgesetzt ist, zugleich aber auch um ein Wachsen der Freiheitsgrade. Man muss und kann sich zwischen zahlreichen Optionen entscheiden. Man kann und muss Wertpräferenzen ausbilden, seinen eigenen Lebensstil ausbilden, ist in seinem Freizeitverhalten, seinen Tätigkeiten, der Wahl der Freunde und Bekannten, seinen politischen Orientierungen recht frei. Selbst wer kaum monetäre Ressourcen hat, in einer Schichtenanalyse zur Gruppe mit niedrigem Einkommen gerechnet werden muss, kann sich dennoch zu einer Lebensstilgruppe rechnen, die avantgardistisch oder gar hedonistisch ist. Die Chancen und die Notwendigkeit von Wahl und Entscheidung in immer mehr Lebensbereichen, die reduzierte Uniformierung von Lebensvollzügen, dies alles zwingt zu individuellen Präferenzbildungen und macht sie möglich. Neben der Freiheit in der Wahl – etwa der Lebenspartner, des Wohnortes, der Freizeitgestaltung – erfahren wir allerdings auch erhebliche, damit gleichzeitig verbundene Zwänge: Den Zwang zu sparen, da die monetären Ressourcen zumeist nicht reichen, den Druck der sozialen Gruppe, den Peers bei Jugendlichen, die zu bestimmten Kleiderordnungen nötigen usw.

Der Prozess der Individualisierung geht also auch in Bezug auf den Lebensstil mit einer Ambivalenz einher: Entscheidungsfreiheiten und Entscheidungszwänge liegen dicht beieinander und Freiheiten wie Zwangslagen kennzeichnen die Lebenssituation in der Zweiten Moderne.

Der Konstruktivismus scheint unter diesen Bedingungen ein angemessener Ansatz zu sein, um dem gesellschaftlichen Wandel hin zur Individualisierung ein Fundament im Individuum selbst zu geben: Die Wahrnehmungen und Orientierungen des Einzelnen sind immer schon individuell, so besagt dieses Konzept, und die Freiheitsgrade des Einzelnen in seinen Entscheidungen sind – so scheint es auf den ersten Blick (vgl. dazu Kapitel 9) – entsprechend hoch. Der Konstruktivismus liefert, so könnte man behaupten, die biologischen, psychologischen und erkenntnistheoretischen Grundlagen für die *Notwendigkeit* einer Individualisierung, die sich in der Analyse der heutigen Gesellschaft als Wandel darstellt.

Bereiten die Bildungseinrichtungen aber darauf vor, sich dieser Freiheiten auch zu bemächtigen? Bieten sie dafür die adäquaten Lehr- und Lernformen? Konstruktivistisch orientierte Pädagogen würden sagen, dass genau dort die Kritik an einem Unterricht ansetzen muss, der allen in gleicher Zeit mit den gleichen Methoden das Gleiche beibringen soll. Das kann aufgrund der Verschiedenheit der Menschen mit ihren differenten Erfahrungen, Orientierungen, Wahrnehmungen, Lerntempi und -methoden gar nicht gelingen.

Das muss allerdings so lange nicht auffallen, wie die Gesellschaft dem Einzelnen nur in geringem Maße selbstständige Entscheidungen abfordert, weil kollektiv oder milieuspezifisch sich wiederholende Verhaltens- und Orientierungsmuster dominieren. Mit dem Wandel von der Ersten zur Zweiten Moderne aber wird die Diskrepanz zwischen der einheitlichen Behandlung von Lernenden im Unterricht und ihrer Individualität virulent – und damit eröffnen sich auch Chancen für eine konstruktivistische Pädagogik.

Die Zielsetzung und der Aufbau dieses Buches

Mit unserem Buch verfolgen wir ein dreifaches Ziel: Wir möchten zum einen eine Einführung in die wichtigsten Spielarten des Konstruktivismus und eine kritische Auseinandersetzung mit ihnen bieten. Doch ist das nicht Selbstzweck. Denn zweitens wollen wir die Leistungsfähigkeit des Konstruktivismus in seinen unterschiedlichen Varianten und Themen als Grundlagentheorie für die Pädagogik ausloten. Zu diesem Zwecke analysieren wir die Positionen der pädagogischen Richtungen, die sich als konstruktivistisch oder vom Konstruktivismus beeinflusst verstehen, daraufhin, wie sie die Vorstellungen der Konstruktivisten aus der Psychologie, der Biologie, der Kybernetik, der Soziologie usw. für ihre Konzeptionen nutzbar machen. Drittens schließlich werden wir unsere eigenen Überlegungen darüber vorstellen, ob und wie der Konstruktivismus für die Pädagogik anregend sein kann. Bei diesem Versuch einer Wägung und Bewertung orientieren wir uns an vier zentralen Aspekten heutiger Bildungskonzepte: Förderung der Selbstbestimmung der Individuen in einer pluralen Welt; Kenntnis von und Akzeptanz kultureller Vielfalt; die Fähigkeit zur (Selbst-) Reflexion der eigenen Position; Kenntnis und Bewertung grundlegender wissenschaftlicher Erkenntnisse und kultureller Leistungen; die Fähigkeit zum rationalen individuellen Handeln wie zum Handeln in heterogenen Gruppen.

Aus diesen Zielsetzungen resultiert der inhaltliche Aufbau des Bandes. Wir beginnen unseren Gedankengang mit der Darstellung und kritischen Würdigung der drei konstruktivistischen Hauptrichtungen: Radikaler Konstruktivismus, Sozialer Konstruktionismus und Kulturalismus. Daran schließen sich mehrere Kapitel an, in denen wir einige zentrale Problemkomplexe analysieren, auf die man – trotz aller Differenzen – von jeder dieser Hauptrichtungen aus stößt. Den Abschluss des Bandes bildet ein Kapitel über die Leistungen des Konstruktivismus als Grundlagentheorie für die Pädagogik.

Bei der Vorstellung konstruktivistischer Denkansätze begnügen wir uns nicht mit der Thematisierung der Konzepte als solchen, sondern versuchen in jedem Kapitel zum Abschluss vorwegnehmend eine Brücke zu den pädagogischen Fragestellungen im Schlusskapitel zu schlagen. Das geschieht, indem wir jeweils zwei Fragen nachgehen:

Welches Anregungspotential haben die in dem jeweiligen Kapitel vorgestellten konstruktivistischen Thesen für die Pädagogik?

Welche kritischen Rückfragen und Einwände sind aus pädagogischer Perspektive zu erheben?

Diese pädagogische Annäherung ist in den einzelnen Kapiteln relativ knapp, denn es geht hier nicht um eine umfassende Ausarbeitung der pädagogischen Implikationen, sondern nur um eine Skizzierung pädagogischer Fragehorizonte als Grundlage für das abschließende Kapitel über Pädagogik und Konstruktivismus.

Unsere Untersuchung beginnt, wie schon angekündigt, mit der Analyse des Radikalen Konstruktivismus. Er ist nicht nur die bekannteste, weil am meisten provozierende Position des Konstruktivismus, sondern auch die Variante, die von Seiten der Pädagogik primär adaptiert wurde. Wir konzentrieren uns bei unserer Analyse besonders auf die Grundlegung des Radikalen Konstruktivismus von der Psychologie und Biologie her. Im zweiten Kapitel folgt eine Auseinandersetzung mit dem Sozialen Konstruktionismus. Er ist zumindest in Deutschland weniger bekannt als der Radikale Konstruktivismus, bietet aber nach unserer Auffassung Antworten auf Fragen, die dort nur schwer oder unbefriedigend gelöst werden: Wie ist es z. B. möglich, dass wir bei aller individuellen Wahrnehmung dennoch zu Verständigungsleistungen untereinander in der Lage sind, ja diese Verständigung sogar suchen? Der Soziale Konstruktionismus offeriert eine Lösung, indem er sein Augenmerk auf die grundsätzliche gesellschaftliche Verfasstheit unserer Wahrnehmungen und Meinungen richtet.

Diese Tendenz kennzeichnet auch den Kulturalismus (Methodischer Kulturalismus), den wir im dritten Kapitel als eine weitere Variante des Konstruktivismus behandeln. Doch gibt es auch deutliche Unterschiede zum Sozialen Konstruktionismus. Dieser nämlich vertritt die These, dass unsere Auffassungen von den Dingen und Menschen, wie auch unsere Normen, nicht mit generellen Geltungsansprüchen verknüpft werden können. Der Kulturalismus aber versucht nachzuweisen, dass Geltungsansprüche über die jeweils zufällige gesellschaftliche Konstellation ihres Entstehens hinaus begründet aufrechterhalten werden können.

Das vierte Kapitel ist der Verbindung von Konstruktivismus und Systemtheorie im späteren Werk Luhmanns gewidmet. Dieser Exkurs erscheint uns deswegen gerechtfertigt, weil viele Pädagogen den Konstruktivismus im Zusammenhang mit systemtheoretischen Ansätzen rezipieren. Luhmann bezeichnet sich selbst als Konstruktivisten und gehört zu den wenigen Theoretikern, die sowohl den Konstruktivismus selbst fortentwickeln als auch – auf dieser Basis – umfängliche Analysen über das Bildungssystem formuliert haben.

In den dann folgenden Kapiteln erörtern wir, wie bereits angedeutet, einige zentrale Problemkomplexe, die sich aus den konstruktivistischen Grundannahmen ergeben. Wir beginnen in Kapitel 5 mit dem Verständnis von Wahrheit und Realität im Konstruktivismus. Eine provokante These des (Radikalen) Konstruktivismus besteht in der Behauptung, dass die Wahrheit von Erkenntnissen nicht festgestellt werden kann, weil weder die Übereinstimmung unseres Denkens mit der Seinswirklichkeit geprüft werden kann, noch aus allgemeiner Vernunft für alle Menschen geltende Vernunftaussagen über die Erfahrungswelt gemacht werden können. Infolgedessen sei es nicht möglich, auf unsere Erkenntnis die Kategorie der Wahrheit anzuwenden. Die Konstruktivisten schlagen stattdessen die Einführung des Begriffes der Viabilität, d. h. der (Über-)Lebensdienlichkeit vor. Der Begriff der Wahrheit ist aber für unser alltägliches Leben, für unser politisches und Rechtssystem, für Wissenschaft und für Pädagogik von konstitutiver Bedeutung. Überall stoßen wir auf die Notwendigkeit, eine Übereinstimmung von Erfahrung und Wirklichkeit annehmen zu können. Das ist auch die Voraussetzung aller Lehr-Lernprozesse. Die Frage in Bezug auf den Wahrheitsbegriff lautet daher, wie man an ihm festhalten kann, ohne hinter die berechtigte Kritik des Konstruktivismus an einem dogmatischen Wahrheitsbegriff zurückzufallen.

Eng mit der Frage nach der Wahrheit hängt die nach dem moralischen Handeln zusammen. Die Begründung von Normen und Werten und ihre handlungsleitende Verankerung im Denken und Fühlen der Menschen ist, wie gerade die aktuellen Auseinandersetzungen zeigen, eine zentrale Frage für die Pädagogik. Es ist uns daher wichtig, in Kapitel 6 zu sehen, wie der Konstruktivismus sich dazu positioniert. Die Diskussion zeigt deutlich, dass einerseits auch eine radikale Position wie die des Radikalen Konstruktivismus der Frage nach den Maßstäben moralischen Handelns nicht ausweichen kann, dass andererseits aber der Konstruktivismus auch hier originellen undogmatischen Lösungen den Weg bereitet.

Der Konstruktivismus – und insbesondere der radikale – vereinigt verschiedene theoretische Ansätze, die die Entstehung und Bedeutung kognitiver Leistungen in den Mittelpunkt rücken. Die Leitfragen sind: Was ist Erkenntnis und was verbürgt ihre Wahrheit? Dabei vertreten die radikalen Protagonisten wie etwa Maturana einen biologistischen Kognitionsbegriff, der Kognition mit (Über-) Leben gleichsetzt und sie daher als Fähigkeit aller Organismen ausweist. Im Gegensatz zur Kognition spielt die Emotionalität für die Generierung von Erkenntnis bei den Überlegungen der Vertreter des Konstruktivismus nur eine geringe Rolle. Wir sind jedoch der Überzeugung, dass Emotionen bei der Entstehung von Erkenntnis eine wichtige Funktion besitzen und dass sie daher auch für die Pädagogik von Bedeutung sind. Wir untersuchen daher im siebten Kapitel die Beziehung von Kognition und Emotionalität im Erkenntnisprozess.

Erkenntnis wie Moralität setzen in der Tradition der Aufklärung das vernünftige, verantwortliche Subjekt voraus. In der Welt der reflexiven Moderne löst sich das Subjekt jedoch in die Vielfalt seiner situativen Bezüge auf, wie z. B. Gergen (1996) in *Das übersättigte Selbst* zeigt. Bei den Konstruktivisten finden wir den Widerspruch, dass sie einerseits eine sehr individualistische Erkenntnistheorie vertreten, dass ihnen aber andererseits der Begriff des autonomen Subjekts entgleitet. Infolgedessen hängt auch ihre These in der Luft, dass jeder für die Inhalte seiner Erkenntnis verantwortlich sei. Wir diskutieren daher im achten Kapitel wie der Subjektbegriff festgehalten werden kann, ohne dass er verabsolutiert und das Subjekt aus allen situativen Bezügen herausgelöst wird.

Das abschließende neunte Kapitel ist der Aufgabe gewidmet, den Konstruktivismus in den Zusammenhang des aktuellen pädagogischen Diskurses zu stellen. Wir setzen dazu von verschiedenen Punkten aus an. Wir untersuchen zunächst die prinzipielle Bedeutung der erkenntnistheoretischen Grundthesen für die Pädagogik. Als nächstes beschäftigen wir uns mit der Rezeption des Konstruktivismus auf verschiedenen pädagogischen Arbeitsfeldern. Dabei interessieren uns sowohl die geglückten als auch die problematischen Anknüpfungen. Danach versuchen wir, die Frage zu beantworten, worin die Relevanz des Konstruktivismus für Pädagogen besteht. Abschließend versuchen wir zu zeigen, welche Leistungen als Grundlagentheorie für Pädagogik und Didaktik bislang zu erkennen sind.

Dieses mehrfache Ansetzen von unterschiedlichen Perspektiven aus scheint uns am besten der gegenwärtigen Situation zu entsprechen, in der einerseits eine Fülle von Anregungen für die Pädagogik aus dem Konstruktivismus zu konstatieren sind, in der aber andererseits für eine systematische Darstellung des Zusammenhanges von Konstruktivismus und Pädagogik noch wesentliche Vorarbeiten fehlen.

Unser Dank

Mit dem Verfassen dieses Buches haben wir einige Jahre verbracht. Wir haben uns Zeit gelassen und die gemeinsame Diskussion war uns oft wichtiger als das schnelle Erstellen eines weiteren Kapitels. Das hat dazu geführt, dass gleich mehrere Generationen studentischer Mitarbeiter an den Recherchen für dieses Buch, dem Redigieren des Manuskriptes und der Erstellung einer Druckvorlage beteiligt waren. Ganz besonders möchten wir für die große, freundliche und fachkundige Unterstützung sowie für ihre Geduld mit uns Jonas Kassner und Luise Verrel danken. Aber auch Jeanette Bohraus, Heidi Consentius und Susanne Gruschka haben uns tatkräftig unterstützt. Ihnen gilt ebenso unser Dank!

1. Der Radikale Konstruktivismus

Ansätze konstruktivistischen Denkens

Der Radikale Konstruktivismus gehört zum Kreis der modernen Kognitionswissenschaften, die die Analyse von Wissen und Erkennen nicht mehr der Philosophie überlassen, sondern als eine Aufgabe der empirischen Wissenschaften verstehen. Ein besonderer Schwerpunkt der Forschung gilt dabei in den letzten Jahrzehnten dem Phänomen der Selbstorganisation, das schon seit dem Ende des 19. Jahrhunderts in verschiedenen Disziplinen wie etwa der Physik, Chemie, Biologie und Psychologie verfolgt wurde. Die Autoren, die heute dem Radikalen Konstruktivismus zugeordnet werden, kommen aus verschiedenen Einzeldisziplinen, haben aber einen gemeinsamen Bezugspunkt in ihrem Interesse an Prozessen der Selbstorganisation.

Als Bezeichnung für eine spezifische Denkrichtung taucht der Begriff „Radikaler Konstruktivismus" im Deutschen erst seit den siebziger Jahren des vorigen Jahrhunderts auf. Von Glasersfeld datiert den Gebrauch des Begriffs auf das Jahr 1974 (v. Glasersfeld 1996, S. 17). Insbesondere S. J. Schmidt und seine Arbeitsgruppe versuchen einerseits, Ergebnisse aus verschiedenen Wissenschaften theoretisch als konstruktivistisch zu deuten und damit zu zeigen, dass sich über ganz verschiedene Disziplinen hinweg ein neues Paradigma des Denkens durchsetzt. Andererseits werden die so gewonnenen konstruktivistischen Kategorien in die Theoriebildung und empirische Forschung, in weitere Wissenschaften wie Soziologie, Geschichte, Literaturwissenschaft und Pädagogik eingeführt, wo sie wiederum Anstöße zu neuen, „konstruktivistischen" Forschungsaktivitäten geben.

Um Missverständnissen vorzubeugen, möchten wir schon hier darauf hinweisen, dass es neben dem Radikalen Konstruktivismus noch andere Theorieansätze gibt, die sich als konstruktivistisch bezeichnen. Zu erwähnen sind hier vor allem der Social Constructionism (Gergen 1985; 1999) mit seiner Variante des Sozialen Konstruktionismus und der Erlanger Konstruktivismus (Janich 1992), der von Janich u. a. zum Methodischen Kulturalismus weiterentwickelt wurde (Hartmann/Janich 1996). Die Gemeinsamkeit all dieser Konstruktivismen scheint uns darin zu bestehen, dass sie Wissen nicht aus der Gegenüberstellung von Subjekt und Objekt entwickeln und demgemäß als das Hereinholen – wie auch immer – des Objekts in das Subjekt deuten, sondern dass sie Wissen als vom Subjekt erzeugt interpretieren. Jenseits dieser Gemeinsamkeit trennen sich allerdings die Wege dieser Konstruktivismen sowohl was die Deutung des erkennenden Systems als auch die Methode des Erkennens oder den Wahrheitsbegriff anbetrifft. Das wer-

den wir im Folgenden nach und nach entwickeln. Zunächst wenden wir uns
jetzt dem Radikalen Konstruktivismus genauer zu. Dabei wollen wir vor
allem auf zwei Denkansätze eingehen, auf einen von Sprachwissenschaft
und Erkenntnistheorie herkommenden, für den von Glasersfeld steht (v.
Glasersfeld 1987a; 1996; 1997), und auf einen biologischen, für den Maturana und Varela repräsentativ sind (Maturana 1987 a und b; Matura-
na/Varela 1987). Wir sind uns dabei durchaus bewusst, dass wir mit dieser
Konzentration auf v. Glasersfeld und Maturana/Varela eine Reihe wichtiger
Autoren vernachlässigen, wie z. B. v. Foerster, der den Konstruktivismus
von der Kybernetik aus entwickelt (vgl. v. Foerster 1997). Doch die Zielset-
zung dieses Kapitels besteht nicht darin, die verschiedenen Varianten des
Radikalen Konstruktivismus darzustellen oder die Unterschiedlichkeit der
Verwendung zentraler Begriffe – wie z. B. Autopoiesis – bei verschiedenen
Autoren zu verfolgen (vgl. dazu Nüse 1995). Uns geht es hier vielmehr darum, das grundlegende Verhältnis von Erkennen und Welt im Radikalen
Konstruktivismus zu erfassen, das für so viele andere Wissenschaften, darunter auch die Pädagogik, in den letzten zwei Jahrzehnten anregend geworden ist. Dieses Verhältnis lässt sich vorwegnehmend auf die Formel bringen,
dass das Erkennen die Welt hervorbringt. Das bedeutet, dass über die Welt
nichts ausgesagt werden kann, das sich vom erkennenden Subjekt trennen
ließe.

Die Erkenntnistheorie des Radikalen Konstruktivismus:
Ernst v. Glasersfeld

Von Glasersfeld entwickelt seine erkenntnistheoretischen Vorstellungen vor
allem aus Überlegungen über die Entstehung und die Reichweite von
(menschlicher) Wahrnehmung, die für ihn die Basis aller Erkenntnis bildet.
Dabei nimmt er seinen Ausgangspunkt – auch in den von ihm angeführten
Beispielen – bei Wahrnehmungen im alltäglichen Erfahrungszusammenhang der Menschen. Es ist jedoch deutlich, dass seine theoretischen Ergebnisse nicht nur für den Bereich der Alltagserfahrung gelten, sondern auch
für die Wissenschaften. Das ergibt sich schon daraus, dass für v. Glasersfeld
die Wissenschaften auf alltagsweltlichen Erfahrungen aufbauen; sie sind
Spezialisierungen und methodische Verfeinerungen, aber sie bewegen sich
prinzipiell innerhalb der Möglichkeiten und Grenzen, die aus der Alltagserfahrung gezogen sind (vgl. v. Glasersfeld 1996). Von Glasersfeld stellt seine
Erkenntnistheorie gerne in Abgrenzung von der traditionellen Erkenntnistheorie dar, die seit der Antike den Mainstream der Philosophie bildet und
die noch dem modernen positivistischen Wissenschaftsbegriff zugrunde
liegt. Ungeachtet aller Verschiedenheit der philosophischen Systeme von

Platon bis zum kritischen Rationalismus findet sich nach v. Glasersfelds Analyse überall die „repräsentationistische" Grundannahme, die auf der scharfen Trennung von Subjekt und Objekt beruht. Diese Grundkonstellation „umfaßt ein wahrnehmendes Subjekt und etwas, das wahrgenommen werden kann. Das bedeutet, daß der Wahrnehmende durch seine Sinnesorgane, die eine ‚vermittelnde' Funktion ausüben, ein ‚Perzept' erwirbt, das ... durch ein ‚außerhalb' befindliches Objekt ‚verursacht' wird" (v. Glasersfeld 1987a, S. 123). Die traditionelle Erkenntnistheorie nimmt also an, dass es außerhalb des menschlichen Erfahrungsbereiches Objekte gibt, von denen wir mittels unserer Sinnesorgane Informationen gewinnen, aus welchen wir unsere Wahrnehmungen zusammenfügen. Das heißt Erkenntnis besteht in der Erzeugung eines richtigen Bildes von der Welt. Wahr ist eine Erkenntnis dann, wenn sie mit der Realität übereinstimmt. Für v. Glasersfeld besteht also der Kern der „abendländischen Erkenntnistheorie" in der Annahme, „daß das, was ich erkenne, schon da ist" (Glasersfeld 1987b, S. 411), oder, wie er an anderer Stelle formuliert: „Erkennen wird so zu einem Akt der Duplizierung oder Replizierung dessen, was angeblich bereits *da* ist, und zwar außerhalb des erkennenden Subjekts" (v. Glasersfeld 1987a, S. 128; Herv. i. O.).

Dieser erkenntnistheoretische Realismus kann durchaus die Tatsache erklären, dass unsere Erkenntnisse nicht ein für allemal feststehen. So wissen wir beispielsweise, dass zwischen unseren Alltagswahrnehmungen und wissenschaftlichen Erkenntnissen eine Differenz besteht: Wo wir z. B. „rot" wahrnehmen, stellt die Physik Lichtwellen bestimmter Wellenlänge fest. Der erkenntnistheoretische Realismus arbeitet mit der Annahme, dass unsere empirische, alltägliche Wahrnehmung eine subjektive Vorstellung von der Welt erzeugt, während die Wissenschaft die Realität, so wie sie „objektiv" ist, abbildet. Auch die Tatsache, dass die Wissenschaft keine endgültige Erkenntnis von der Realität gewonnen hat, dass sie immer wieder vorhandene Erkenntnisse revidiert und in Bezug auf bestimmte Vorgänge, wie z. B. die Entstehung des Universums, unterschiedliche Theorien hat, lässt sich durchaus im Rahmen dieses erkenntnistheoretischen Realismus interpretieren, indem man (wissenschaftliche) Erkenntnis als einen Prozess der Annäherung an die Realität beschreibt. Das heißt, dass unser (wissenschaftliches) Bild von der Realität zwar nicht abgeschlossen, wahrscheinlich niemals abschließbar ist, dass aber der Erkenntnisprozess zu einer immer vollkommeneren Annäherung an das führt, was außerhalb von uns da ist.

Diesem erkenntnistheoretischen Realismus, der seit 2500 Jahren den Mainstream der philosophischen Erkenntnistheorie bildet (vgl. v. Glasersfeld 1987a, S. 102), stellt v. Glasersfeld die skeptische Erkenntnisauffassung des Radikalen Konstruktivismus entgegen. Ihr Kernstück bildet die Lehre, dass alle Inhalte des Erkennens ihren Ursprung in den Individuen haben. Dabei beruft sich v. Glasersfeld ebenfalls auf einen Strang der europäischen philosophischen Tradition, nämlich auf den Skeptizismus von den griechischen Sophisten über Locke, Vico, Kant bis hin zu Vaihinger (vgl. v. Glasersfeld 1997). Von Glasersfeld sieht das Grundproblem des Realismus in der Tatsache beschlossen, dass er einen wahrnehmungs- bzw. erfahrungsunabhängigen Zugang zur Welt voraussetzt, dass der Mensch aber stets im Umkreis seiner Wahrnehmungen und Erfahrungen gefangen bleibt. Von Glasersfelds Argumentation lässt sich etwa in folgender Weise rekonstruieren: Wenn ich behaupte und belegen will, dass meine Erkenntnis, mein „Bild", wahr ist, weil es mit der ontischen Realität übereinstimmt, so muss ich die Möglichkeit haben, mein Bild mit dieser Realität zu vergleichen. Das setzt jedoch voraus, dass ich unabhängig von meinem Bild einen Zugang zu dieser Realität habe. Einen solchen aber gibt es nicht. Alles, was ich über die Realität weiß, sind meine Bilder von ihr oder die Bilder anderer. Ich kann also immer nur Bilder mit Bildern vergleichen, nie mein Bild mit der ontischen Realität. Denn wir haben keine Möglichkeit, „unsere Umwelt von einem Standpunkt außerhalb unserer eigenen Erfahrung zu betrachten" (v. Glasersfeld 1987a, S. 127).

Von Glasersfeld zieht aus diesen Überlegungen eine Reihe von Folgerungen, die zur Begründung des Radikalen Konstruktivismus führen:

Die Wahrnehmung liefert kein Abbild der Seinsrealität. Denn der Prozess der Wahrnehmung verläuft nicht so, dass der Mensch durch die Sinne spezifische Vorstellungen in seinem Gehirn empfängt, aus denen er die Welt sozusagen zusammensetzt. Der Mensch erhält vielmehr unspezifische neuronale Erregungen, aus denen das Gehirn die Wahrnehmungsgegenstände produziert. Wahrnehmung ist also kein passiver Prozess des Abbildens von Vorhandenem, sondern ein aktiver Prozess der Produktion.

Erkenntnisse sind Konstruktionen der Erkennenden. Von Glasersfeld nimmt zwar – in Abgrenzung seiner Theorie von solipsistischen Positionen – an, dass der Mensch sich in einer Umwelt befindet, die auf ihn einwirkt und Anlass ist zu Veränderungen seiner Vorstellungen von der Wirklichkeit. Aber diese Perturbationen (zum Begriff der Perturbation vgl. die Einleitung in diesem Band) des wahrnehmenden Systems von außen sind absolut unspezifisch und können daher keine bestimmte Kognition verursachen. Sie sind vielmehr Anlass zu Selbstorganisationsprozessen der wahrnehmenden Individuen, in denen diese die in ihnen vorhandenen Erfahrungen so reorganisieren, dass sie zu Konstruktionen führen, die in der gegebenen Situation für den Erkennenden angemessen sind. Wahrnehmungen sind daher nach

Struktur und Inhalt selbstorganisierte Konstruktionen der wahrnehmenden Individuen. Von Glasersfeld macht seine Auffassung am Beispiel der Wahrnehmung eines Objektes klar: „Wenn Sie mir zustimmten, als ich sagte: Da liegt ein rotes viereckiges Objekt auf dem Tisch, dann bedeutet das mehrere verschiedene Sachen. Erstens haben Sie die Laute, die ich da produziert habe, als Sprache erkannt …; zweitens ist es Ihnen gelungen, die Begriffe, die Sie im Laufe Ihrer eigenen Spracherfahrung mit eben diesen Wörtern verbunden hatten, zu einer ‚sinnvollen' Begriffsstruktur zusammenzufügen; drittens waren Sie imstande, in Ihrem gegenwärtigen Wahrnehmungsfeld eine wahrnehmbare räumliche Einheit zu isolieren, der Sie Ihre eigenen Begriffe *rot* und *viereckig* als Eigenschaften zuschreiben konnten und die sich zudem von Ihrem Gesichtspunkt aus als ‚auf dem Tisch' beschreiben ließ. Nichts in diesem Vorgang verlangt, daß in der ontischen Welt da ein Objekt existiere, das *an sich* rot und viereckig wäre und sich an einem eindeutig bestimmbaren Ort des Universums befinde. Nötig ist einzig und allein, daß unsere Erlebniswelten jeweils reichhaltig genug sind, um diese Konstruktionen zuzulassen" (v. Glasersfeld 1987b, S. 405).

Von Glasersfeld beruft sich bei seinen Überlegungen gern auf Kant (vgl. v. Glasersfeld 1997, S. 11 und 20), der ja auch schon die Erkenntnis gewonnen hatte, dass die Welt unserer Erfahrung „Erscheinung", also Konstruktion, sei, und dass die Welt der Dinge an sich unerkennbar sei. Doch radikalisiert v. Glasersfeld Kants Position. Denn Kant hatte angenommen, dass diese Erfahrungswelt nach den allgemeinen und für alle Menschen geltenden Regeln der universellen Vernunft konstruiert werde. Als Träger der gleichen Vernunft konstruieren die Menschen ihre Erfahrungswelt zumindest in ihren grundlegenden Strukturen gleich.

Für v. Glasersfeld gibt es dagegen diese vorausgesetzte universelle Vernunft nicht. Jedes Individuum hat aufgrund seiner gattungsgeschichtlichen (phylogenetischen) und seiner lebensgeschichtlichen (ontogenetischen) Erfahrung seine eigene selbstorganisierende Struktur, aufgrund derer es seine Wirklichkeit in seiner eigenen Weise konstruiert. Die Menschen haben also ihre je eigenen Wirklichkeiten; und diese unterschiedlichen Konstruktionen der Welt sind prinzipiell als für das Individuum angemessen zu betrachten und daher gleichberechtigt. Für v. Glasersfeld führt der Radikale Konstruktivismus also zu einem Pluralismus prinzipiell gleichberechtigter Kognitionen. Dabei ist Pluralismus für v. Glasersfeld weder ein Durchgangsstadium auf dem Weg zur Entdeckung des eigentlich Geltenden noch ein Zustand der Desorientierung, der durch neue Werte überwunden werden muss, sondern es ist der zu akzeptierende und zu tolerierende Zustand der „condition humaine". Menschliche Erkenntnis ist grundsätzlich ungesichert.

Von Glasersfeld muss sich angesichts dieses relativistischen Konzepts natürlich mit der Frage auseinandersetzen, worin denn von seinen Voraussetzungen aus die Wahrheit von Erkenntnissen besteht. Denn eine Theorie der Kognition kann ja nicht auf die Markierung der Differenz zwischen Wissen und bloßem Meinen verzichten. Worin also liegt beispielsweise der Wahrheitswert der am Beginn der neuzeitlichen Wissenschaft durchgesetzten Erkenntnis, dass die Erde eine Kugel und nicht eine Scheibe ist? Von Glasersfeld ist von seinen Voraussetzungen aus natürlich die Antwort verbaut, dass die Annahme der Kugelgestalt der Realität entspreche oder zumindest näher komme. Er ersetzt daher den Begriff der Wahrheit durch den Begriff der Viabilität. Viabilität meint, dass eine Erkenntnis für das Weiterbestehen des Organismus brauchbar ist, dass sie also dazu dient, die Lebensfähigkeit des Individuums zu erhalten bzw. zu verbessern. „Begriffe, Theorien und kognitive Strukturen im allgemeinen sind viabel bzw. überleben, solange sie die Zwecke erfüllen, denen sie dienen, solange sie uns mehr oder weniger zuverlässig zu dem verhelfen, was wir wollen" (v. Glasersfeld 1987a, S. 141). Die Lehre von der Kugelgestalt der Erde war viabel, weil sie den Weg zu neuen Kontinenten öffnete, eine gewaltige Ausweitung der Seefahrt ermöglichte und eine neue und rationale Ordnung der Ozeane und der Landmassen auf der Erde schuf.

Diese Gleichsetzung von Kognition mit der Viabilität von Handlungen führt v. Glasersfeld zu einer Annäherung an Maturana und seinen biologisch fundierten Kognitionsbegriff. Denn viable Handlungen können natürlich letztlich von allen Organismen vorgenommen werden. Damit wird freilich der Begriff der Kognition so ausgeweitet, dass er nicht mehr dazu taugt, zwischen menschlicher und tierischer Kognition zu differenzieren.

Angesichts der massiven Argumente gegen den erkenntnistheoretischen Realismus bleibt die Frage, warum die Alltagserfahrung so zäh an diesen Vorstellungen festhält. Von Glasersfeld macht dafür eine gewohnheitsgestützte Konfundierung der Beobachterperspektive mit der Perspektive des Erkennenden verantwortlich. Die Einführung des Beobachters ist in der Tat ein ganz zentraler Gedanke für den Radikalen Konstruktivismus. Als Beobachter unserer Umwelt nehmen wir nicht nur die Dinge und Organismen in unserer Umwelt wahr, sondern wir stellen auch ständig Beziehungen zwischen ihnen her. „Als Beobachter in der Tradition der rationalen wissenschaftlichen Kultur des Abendlandes versuchen wir fortwährend, mehr oder minder permanente (oder zumindest rekurrente) Beziehungen zwischen den … Erfahrungselementen herzustellen, die wir ausgegrenzt haben" (v. Glasersfeld 1987a, S. 125).

Dieses Herstellen von Beziehungen dient uns dazu, Verhaltensweisen von Dingen und Organismen in unserer Umwelt zu erklären, indem wir sie auf von außen kommende Einwirkungen zurückführen. Wir erklären zum Beispiel den Sprung eines Frosches durch das Auftauchen einer Fliege in seinem Gesichtsfeld. Diese Zurückführung des Verhaltens – in diesem Fall des Frosches – auf ein wahrgenommenes für ihn von außen kommendes Ereignis ist für den Beobachter sinnvoll, weil er als Beobachter des Frosches einen eigenen Zugang zu dem Erfahrungselement hat, das er als Fliege bezeichnet (vgl. ebd., S. 127). Aus der Sicht des Beobachters gibt es tatsächlich ein von den kognitiven Konstruktionen des Frosches unabhängiges Element Fliege als Ursache für sein Verhalten. Aufgrund der Tatsache, dass wir permanent als Beobachter unserer Umwelt Beziehungen zwischen ihren Elementen feststellen, entwickeln wir die Gewohnheit, jedes Ereignis auf außerhalb seiner selbst liegende Ursachen zurückzuführen. Aufgrund dieser Gewohnheit verfahren wir in gleicher Weise, wenn wir von uns selbst als Wahrnehmenden sprechen. „Je mehr sich … ein Beobachter in die Herstellung von Kausalketten für die perzeptuellen Interaktionen zwischen Organismen und Dingen in deren Umwelt vertieft, umso leichter wird er anfangen, seine eigenen Erfahrungen als das Ergebnis ähnlicher oder zumindest analoger Interaktionen mit einer Umwelt anzusehen" (ebd., S. 126). Der Erkennende wird also seine Wahrnehmung auf Objekte in einer von ihm unabhängigen, vorgegebenen Welt zurückführen, in der letztlich die „Menge der Ursachen für unsere Wahrnehmungserfahrung" liegt.

In der Tat befinden wir uns aber nach v. Glasersfeld stets in der Welt unserer Erfahrung, deren Elemente unsere Erfahrungen sind. „Was wir selbst wahrnehmen, ob wir es nun Frosch, Landschaft oder ein Spiegelbild unser selbst nennen, ist schlicht nur das, was *wir* wahrnehmen, und da wir keine Möglichkeit haben, uns selbst und unsere Umwelt von einem Standpunkt außerhalb unserer eigenen Erfahrung zu betrachten, haben wir keinerlei unabhängigen Zugang zu irgendetwas, das wir in Analogie zum Frosch *als Ursache* für unsere Wahrnehmungen verantwortlichen machen möchten" (ebd., S. 127). Als Beobachter in der Erfahrungswelt stellen wir also ständig Beziehungen kausaler Art zwischen den Phänomenen unserer Beobachtung her, aufgrund derer wir ein bestimmtes Phänomen als Ursache für ein anderes ansehen. Dieses Rückführen auf Ursachen ist uns als Analysemodell so vertraut, dass wir es unreflektiert auch dort anwenden, wo es nicht hingehört, nämlich bei der Frage nach der Ursache unserer Wahrnehmung. Anders ausgedrückt: Wir schreiben auch unseren Wahrnehmungen bestimmte Ursachen zu, obwohl es außerhalb unserer Wahrnehmungen nichts Bestimmtes gibt, das als Ursache unserer Wahrnehmung gelten kann. Alle

Bestimmtheit unserer Wahrnehmungen – so die These des Radikalen Konstruktivismus – stammt von uns.

Die biologische Linie des Radikalen Konstruktivismus: Maturana und Varela

Auch Maturana/Varela gehen in ihrem umfassendsten konstruktivistischen Werk *Der Baum der Erkenntnis* davon aus, dass das Erkennen nicht einfach so zu verstehen ist, „als gäbe es, Tatsachen' und Objekte *da draußen*, die man nur aufzugreifen und in den Kopf hineinzutun habe" (Maturana/Varela 1987, S. 31). Denn jede Erfahrung von Dingen „draußen" wird in spezifischer Weise durch die Struktur des Erkennenden bestimmt, der unter dieser Voraussetzung nicht als Informationsempfänger, sondern als Handelnder verstanden wird. Dementsprechend formulieren Maturana und Varela auch ihre Zielsetzung: „Wir wollen das Phänomen des Erkennens untersuchen, indem wir die Universalität des Handelns im Erkennen, dieses Hervorbringen einer Welt, als Problem und als Ausgangspunkt nehmen..." (ebd., S. 33).

Ihrem biologischen Ansatz entsprechend spitzen Maturana und Varela die Frage nach der Kognition dahingehend zu, was das Erkennen für die Organisation des Lebendigen bedeutet. Auf der Suche nach einer Antwort verfolgen sie in ihrem Buch die Organisation des Lebendigen von den Einzellern über die Mehrzeller bis hin zu den Menschen. Dabei versuchen sie nachzuweisen, dass allen Lebensformen ein gemeinsames Prinzip zugrunde liegt, das sie mit dem Begriff der „Autopoiese" bezeichnen. Ganz allgemein meint dieser Begriff, dass Lebewesen dadurch charakterisiert sind, „daß sie sich – buchstäblich – andauernd selbst erzeugen. Darauf beziehen wir uns, wenn wir die sie definierende Organisation *autopoietische Organisation* nennen" (ebd., S. 50f.).

Maturana und Varela zeigen, dass schon in einzelligen Lebewesen sich selbst erhaltende Netzwerke von zirkulären molekularen Reaktionen bestehen, „die wiederum dieselben Klassen von Molekülen, aus denen sie selbst bestehen, erzeugen und integrieren..." (ebd., S. 47). Sie sehen diesen gleichen Prozess der Selbsterzeugung auch bei mehrzelligen Lebewesen bis hin zum Menschen am Werke. Denn mehrzellige Lebewesen entstehen durch die strukturelle Koppelung von einzelligen. Maturana und Varela bezeichnen sie als autopoietische Systeme zweiter Ordnung. Autopoiese verläuft also auf der Ebene der Einzelzelle ebenso wie auf der von Zellsystemen. Die Komplexität dieses Prozesses der Selbsterzeugung besteht darin, dass er Erhaltung und Veränderung ermöglichen muss. Denn jedes Lebewesen befindet sich in einer Umwelt, einem Milieu, das sich ständig verändert. Um diese Beziehung von Erhaltung und Veränderung begrifflich erfassen zu können, führt Maturana die Begriffe „Organisation" und „Struktur" ein. Der Begriff der Organisation meint dabei die grundlegenden Beziehungen zwischen den Komponenten eines Organismus, die diesen als einer bestimmten Klasse von Lebewesen zugehörig erscheinen lassen.

Unter Struktur dagegen versteht Maturana die tatsächlich vorhandenen Bestandteile und Beziehungen, die einen Organismus zu einem konkreten Fall einer Klasse von Lebewesen machen (vgl. Maturana 1987a, S. 92). Die Struktur des Lebewesens ist veränderbar, muss veränderbar sein, damit der Organismus veränderten Umweltbedingungen entsprechen kann. Die Organisation dagegen ist veränderungsresistent. Denn jede Veränderung der Organisation führt zum Verlust der Klassenidentität und damit zum Tode des Organismus. „[D]ie Klassenidentität einer zusammengesetzten Einheit bleibt unverändert, solange ihre Organisation unverändert bleibt ... [E]ine zusammengesetzte Einheit kann strukturelle Veränderungen ohne Verlust der Klassenidentität durchmachen und deshalb strukturell plastisch sein" (ebd., S. 93). So mag beispielsweise ein Zugvogel wie die Amsel, in städtischer Umgebung lebend, auf die alljährlichen Züge verzichten und in den Parks der Städte überwintern, was bestimmte Veränderungen z. B. der Lebensgewohnheiten, der Nahrungsaufnahme etc. voraussetzt. Die Aufrechterhaltung des autopoietischen Prozesses erfordert jedoch, dass bei allen Veränderungen die grundlegende Organisation des Lebewesens nicht infrage gestellt werden darf.

Die Möglichkeit der Strukturveränderungen eines Lebewesens ist also durch die Erfordernisse seiner Organisation begrenzt: d. h. die Autopoiesis als Lebewesen dieser Gattung muss weitergehen können. „Deshalb ist jeder strukturelle Wandel in einem Lebewesen notwendigerweise durch die Erhaltung seiner Autopoiese eingeschränkt" (Maturana/Varela 1987, S. 110ff.). Unsere Amsel wird also beispielsweise aufgrund der fehlenden Ausstattung mit Schwimmfüßen und Fettdrüsen etc. nicht zum Schwimmvogel werden können und bei einer lang anhaltenden Überschwemmung schlicht zugrunde gehen.

Mit dem Konzept der Autopoiesis verbindet Maturana die Vorstellung von der operationalen Geschlossenheit der Organismen. Das heißt, dass ihre Zustandsfolgen allein aufgrund ihrer spezifischen internen Struktur determiniert sind. Diese Strukturdeterminiertheit bedeutet, dass Veränderungen stets allein vom autopoietischen System abhängen. „Wenn ein strukturspezifiziertes System in eine Interaktion mit einer unabhängigen Einheit eintritt, dann ist alles, was ihm zustößt, durch seine Struktur spezifiziert und nicht durch die unabhängige Einheit, die in der Interaktion lediglich als Aus-löser für Strukturveränderungen des Systems dient" (Maturana 1987a, S. 93). Das heißt, Veränderungsprozesse von Organismen und damit auch beispiels-weise menschliche Lernprozesse werden nicht einfach nach dem Modell von Ursache und Wirkung von außen hervorgerufen, sondern auf die Perturbati-on aus dem Milieu antwortet das Lebewesen aktiv durch eine Veränderung, die seiner bisher erworbenen Struktur und den Bedingungen seiner Autopoi-esis entspricht. Es lernt also, was aufgrund seiner lebens- und gattungsge-schichtlichen Erfahrungen für seine Selbsterhaltung notwendig ist. Autopoi-etische Systeme steuern also ihre Lernprozesse selbst.

Wir hatten eingangs festgestellt, dass das Ziel von Maturana und Varela in der Erklärung des Kognitionsphänomens besteht. Die Brücke zwischen ih-ren bisherigen Überlegungen und dem Kognitionsbegriff schlagen Maturana und Varela durch eine handlungsorientierte Definition des Erkennens aus der Beobachterperspektive. „Als Beobachter erklären oder bewerten wir Kognition in einem bestimmten Bereich durch wirksames Handeln oder durch erfolgreiches Verhalten in diesem Bereich" (Maturana 1987a, S. 91). In der Tat kann ein Beobachter von außen stattgehabte Lern- oder Erkennt-nisprozesse nur an Verhaltensveränderungen des beobachteten Lebewesens ablesen. Wirksam ist solches Handeln für einen Organismus jedoch nur dann, wenn es der Aufrechterhaltung seiner Autopoiese dient. Also ist alles Verhalten, das die Autopoiese erhält, Erkennen. Maturana und Varela spit-zen dieses Ergebnis auf die These zu: „*Leben ist Erkennen* (Leben ist effek-tive Handlung im Existieren als Lebewesen)" (Maturana/Varela 1987, S. 191).

Erkennen ist also aus der biologistischen Sicht von Maturana und Varela keine Spezialität des Menschen. Denn Kognition im Sinne überlebensdienli-chen Verhaltens findet auf allen Stufen der Evolution statt. Erkennen hängt auch nicht vom Vorhandensein eines Nervensystems oder eines Gehirns ab. Nervensystem und Gehirn vervielfältigen die Verknüpfungsmöglichkeiten zwischen Wahrnehmung und Verhalten ins Unermessliche und ermöglichen damit die Pluralität und Plastizität menschlichen Handelns. Aber sie geben dem Erkennen keine neue Grundqualität.

Die Ineinssetzung von Leben und Erkennen führt auch Maturana und Varela zu der These, dass Kognition keine Erkenntnis über die (ontische) Realität erbringt. Denn der Maßstab für Erkennen besteht nicht in der Übereinstim-mung von Erkenntnisinhalten mit einer als unabhängig und schon vorhan-den gedachten Welt, sondern darin, das in der jeweiligen Situation Richtige zu tun, damit der Lebensprozess weiterläuft. Was richtig ist, lässt sich dabei nicht theoretisch und in universalen Aussagen festlegen, sondern es zeigt sich – im Überleben. Für unsere Amsel ist es völlig gleichgültig, wie die Welt an sich oder in Wahrheit beschaffen ist – es zählt nur, ob sie sich auf das im Winter vorfindbare Futter mit ihren Suchgewohnheiten, ihrem Aufnahme- und Verdauungsapparat einstellen kann oder nicht. Im Übrigen kann in einer gegebenen Situation – und gerade für den Menschen mit seinen vielfältigen Verknüpfungsmöglichkeiten zwischen Wahrnehmung und Verhalten – durchaus unterschiedliches Verhalten „richtig" sein. Während die Wahrheit im Sinne der Übereinstimmung von Vorstellung (Abbild) und gegebenem Objekt letztlich nur eine sein kann, gibt es durchaus verschiedene Möglichkeiten, also eine Pluralität von Alternativen, um in einer gegebenen Situation das Weiterleben zu sichern. Wie man sieht, gelangen Maturana/Varela von ihrem biologistischen Ansatz aus zu den gleichen erkenntnisskeptischen Folgerungen wie v. Glasersfeld: Die Frage nach der Wahrheit ist ein 2500 Jahre langer Irrweg der abendländischen Philosophie gewesen, der durch das Konzept der Viabilität zu ersetzen ist.

Einige kritische Notizen

Die folgenden Überlegungen sollen keine umfassende Kritik von v. Glasersfelds, Maturanas oder Varelas Konzeptionen bieten. Es geht uns hier nur darum, aus pädagogischer Perspektive einige Kritikpunkte zu notieren, um die Thesen des Radikalen Konstruktivismus nicht ganz unhinterfragt zu lassen. Dazu müssen wir aber einige Überlegungen über die pädagogische Perspektive vorausschicken. Wir gehen davon aus, dass ein grundlegendes Interesse des pädagogischen Denkens und Handelns darin besteht, den Menschen möglichst vielseitige Kompetenzen zu vermitteln. Wenn man ganz allgemein – also noch ohne Bezug auf bestimmte Gegenstandsfelder – über Kompetenzen im Zusammenhang mit unseren Erkenntnisfähigkeiten und Erkenntnisbedürfnissen nachdenkt, so öffnen sich Perspektiven in drei verschiedene Richtungen. Wir beschreiben sie hier in lockerem Anschluss an Habermas' Lehre von den erkenntnisleitenden Interessen (vgl. Habermas 1969).

Wir brauchen auf einer ersten Ebene ein in Bezug auf unsere Funktionen in der Gesellschaft nützliches Wissen, das uns die Dinge und Prozesse in unserer Umwelt verfügbar macht. Dieses Verfügungswissen reicht von den Kenntnissen zur Bewältigung unseres Alltags über spezifische Berufskenntnisse bis hin zu rechtlichen, kommunikativen und sozialen Kenntnissen, derer wir zur Teilhabe am öffentlichen Leben bedürfen. Insofern ist es völlig legitim, wenn wir unser Wissen – und das der anderen – nach seiner Brauchbarkeit bewerten.

Menschliche Erkenntnis beschränkt sich freilich nicht nur darauf, uns die Umwelt verfügbar zu machen und so unser Überleben zu sichern, sondern sie hat auch Sinn, d. h. sie bedeutet uns etwas. „Sinn" entsteht auf zwei Ebenen:

(a) Wir sprechen davon, dass eine Erkenntnis sinnvoll ist, wenn sie unser praktisches Interesse an Verständigung mit anderen fördert, wenn sie also dazu beiträgt, unsere Mitmenschen zu verstehen und solidarisch zu handeln. Sinnvolles Wissen reicht von soziologischen und psychologischen Einsichten in die Situation und Bedürfnisse von anderen, über die Verständigung in Bezug auf Normen und Werte, bis hin zum Verständnis für andere Weltanschauungen und Kulturen.

(b) Wir sprechen zweitens von Sinn in Bezug auf das Interesse an der Befreiung des Menschen von Herrschaftsansprüchen und Ungerechtigkeit. Verstehen tritt als die Kritik des Nicht-Hinzunehmenden auf. Sinnvolles Wissen reicht dann von der Einsicht, was ein Kind oder einen Jugendlichen bedrückt und rebellisch macht und wie er oder sie sich zur Wehr setzen könnte, bis hin zu der Suche nach Wegen, wie wir unsere Gesellschaft freier, gerechter und solidarischer machen können.

Sinnerfassen, als Verstehen, als Kritik, als Planen von besseren Verhältnissen setzt die Existenz eines aktiven Subjekts voraus, das Interesse an Verständigung mit anderen und an Emanzipation hat. Wir brauchen daher ein reflexives Wissen von uns selbst, das es uns möglich macht, unsere Aktivitätspotentiale, unsere inneren und äußeren Hemmungen und unsere Fähigkeit zur Überwindung solcher Barrieren einzuschätzen.

Nach diesen Vorüberlegungen wenden wir uns wieder dem Radikalen Konstruktivismus zu.

Maturana/Varela wie auch v. Glasersfeld machen in einseitiger Weise die Viabilität zum zentralen Kriterium des Erkennens. In der Tat gibt es aber menschliche Kognitionsleistungen, die mit diesem Kriterium nicht zu erfassen sind. Schon Roth (vgl. 1987, S. 269) hat darauf hingewiesen, dass das Komponieren oder Hören von Musik nicht im biologischen Sinne als überlebensdienlich für die individuelle Autopoiese oder selbst für die Autopoiese der Gattung beschrieben werden kann. Das gleiche gilt etwa für die Frage nach der Entstehung des Universums oder ganz alltäglich für das Verfolgen des Aufblühens einer Blume. Dabei spielt weniger die Frage nach dem Zusammenhang von Wahrnehmung und Wirklichkeit eine Rolle – in der Tat scheint es, als hätten sich die Autoren zu sehr in die Widerlegung des Ontologismus verbissen – als die Frage nach dem Sinn und der Bedeutung einer Erkenntnis in dem sozialen Lebenszusammenhang, dem die Erkennenden angehören. Dabei sind die sozialen Lebenszusammenhänge je nach Gegenstand und Inhalt verschieden, und damit auch die Wahrheitsansprüche. Es ist ein Unterschied, ob die Frage lautet, wie ein Familienfest zu feiern ist, oder ob es um die allgemeinen Menschenrechte geht.

Maturana und Varela verstehen den Erkenntnisvorgang als Strukturveränderung eines selbstorganisierenden autopoietischen Systems. Auf menschlicher Ebene wird dieser Vorgang als Veränderung der neuronalen Ensembles im Gehirn und im Nervensystem beschrieben. Am Beispiel des Sehvorganges analysiert beispielsweise Varela, wie im Gehirn aus der Aktivität der Neuronen globale Muster emergieren. „Jedes einzelne Neuron wirkt an vielen übergreifenden Mustern mit und ist von geringer Bedeutung, wenn man es isoliert betrachtet. In diesem Sinne besteht der Grundmechanismus des Wiedererkennens eines visuellen Objekts oder einer visuellen Eigenschaft darin, daß interagierende Neuronengruppen die Emergenz eines globalen Zustandes bewirken" (Varela 1990, S. 76). Und Varela unterstreicht ausdrücklich, dass es sich hier um „ein einheitliches Funktionsprinzip des ganzen Gehirns" handelt (ebd, S. 75f.). Diese Beschreibung reduziert Kognition auf einen „Tanz der Neuronen", der zu letztlich zufälligen, jedenfalls zu nicht intendierten Mustern führt, die so schnell wie sie emergieren auch wieder verschwinden. Das Ich als Subjekt des Denkens mit seinen Leistungen wie Zwecksetzung und Wille geht in diesem Wirbel unter. Damit aber widersprechen Maturana/Varela und auch v. Glasersfeld sich in mindestens dreifacher Hinsicht selbst.

Als erstes ist darauf hinzuweisen, dass der Radikale Konstruktivismus mit der Figur des Beobachters steht und fällt. Denn nur für den Beobachter sind Konstruktionen Konstruktionen. Der Beobachter beobachtet die Umwelt, selektiert die Organismen oder Dinge für die Beobachtung und stellt nach seinen Prinzipien Beziehungen zwischen ihnen her. Der Beobachter ist aber keinesfalls mit dem Gehirn identisch. Einmal abgesehen davon, dass die Ineinssetzung von Gehirn und Beobachter zu einem regressus ad infinitum führen würde, kann das operational als völlig geschlossen angenommene Gehirn weder das zu Beobachtende selektieren noch die Beziehungen zwischen den Organismen bzw. Dingen und ihrer Umwelt herstellen. Zwar emergieren, wenn wir Varelas Argumentation folgen, bei Wahrnehmungsvorgängen im Gehirn bestimmte neuronale Muster, aber diese Muster als Ensembles von aktivierten Neuronen haben nichts mit den Beziehungen zwischen Organismen und Dingen und ihrer Umwelt gemein. Die Annahme eines Beobachters setzt also ein vom Gehirn differentes Subjekt des Beobachtens voraus.

Der zweite Widerspruch ergibt sich daraus, dass Maturana und Varela – und das Gleiche gilt für v. Glasersfeld – trotz allem Relativismus ethische Postulate formulieren. Sie schreiben beispielsweise, dass unsere Erkenntnis „uns zu einer Haltung ständiger Wachsamkeit" verpflichtet (Maturana/Varela 1987b, S. 263); oder: „Sie verpflichtet uns dazu zu sehen, dass die Welt sich nur ändern wird, wenn wir anders leben" (ebd., S. 264); oder: wir sind aufgefordert, anderen Menschen „Liebe" entgegenzubringen (ebd., S. 266f.). Die Frage ist also, wer mit diesem „wir" gemeint ist. Wir können das hier nicht abschließend diskutieren (vgl. dazu unser Kapitel 7 zu den ethischen Implikationen des Konstruktivismus).

Auf jeden Fall dürfte aber deutlich sein, dass nicht das Gehirn mit seinen neuronalen Emergenzen dafür eintreten kann. Denn das Gehirn als operational geschlossenes, strukturdeterminiertes System „antwortet" auf Perturbationen von außen, wie es eben seiner jeweiligen Struktur entspricht, es kann aber keine Verantwortung für den Zustand der Welt übernehmen. Mit anderen Worten, wenn Maturana und Varela von „wir" sprechen, womit ja eine Vielzahl von Individuen gemeint sind, und diesem „wir" Verantwortlichkeit zuschreiben, dann unterstellen sie Subjekte zweckgerichteten Denkens und Handelns, die in ihrer biologistischen Erkenntnistheorie keinen Platz haben. Darin liegt nicht einfach ein Fehler ihrer Theorie, der durch neue Formulierungen ausgeglichen werden könnte, sondern es zeigt sich die von Kurt angemahnte Unhintergehbarkeit des Subjekts. „Aus der Neurophysiologie führt kein Weg zu einer Subjekttheorie. Das Gehirn erkennt nichts, und eine neurologische Affizierungskonfiguration ist keine Erkenntnis" (Kurt 1993, S. 332).

Ein weiteres Problem ergibt sich aus dem radikal individualistischen Ansatz, der aus der Definition autopoietischer Systeme folgt. „Als lebende Systeme existieren wir in vollständiger Einsamkeit innerhalb der Grenzen unserer individuellen Autopoiese" (Maturana 1987a, S. 117). Die Schwierigkeit besteht darin, von einem so individualistischen Ansatzpunkt aus, der zunächst überhaupt keine soziale Dimension umfasst, doch soziale Beziehungen zwischen den autopoietischen Einheiten zu denken. Die Radikalen Konstruktivisten entwickeln dafür die Theorie der Ausbildung konsensueller Bereiche zwischen den autopoietischen Einheiten.

Doch ist schwer zu sehen, wie operational geschlossene Systeme, die nur am eigenen Überleben interessiert sind, verlässliche Gemeinsamkeiten aufbauen können. Denn aus der Sorge um individuelles Überleben ergibt sich keine Verantwortlichkeit für andere. Uns scheint, als ob die Radikalen Konstruktivisten hier eine Harmonie zwischen den autopoietischen Einheiten unterstellen, sozusagen einen sozialen Trieb, die in ihrer Theorie eigentlich keinen Platz hat. Diese Schwierigkeiten umgehen die Vertreter des Sozialen Konstruktionismus, indem sie das Erkennen von vornherein als einen sozialen Prozess ansehen.

2. Der Soziale Konstruktionismus

Der Soziale Konstruktionismus als Kritik der positivistischen Erkenntnistheorie

In seinem Buch *Was heißt „soziale Konstruktion"?* (1999) lässt Hacking gleich auf den ersten Seiten eine Liste von Publikationen aufmarschieren, die alle den Begriff „soziale Konstruktion von ..." oder einen ähnlichen Titel führen. Er demonstriert damit, dass die Rede von „sozialer Konstruktion" in vielen Fällen eine Modeerscheinung ist: Ohne viel theoretischen Anspruch werden die Ergebnisse gesellschaftlicher Prozesse mit diesem Label versehen, obwohl es sich in vielen Fällen einfach nur um Entwicklungen handelt, die von sozialen oder ökonomischen Kräften verursacht werden und zu mehr oder minder neuen gesellschaftlichen Institutionen führen. Dieser zweifelhafte Gebrauch des Terminus darf freilich nicht vergessen lassen, dass der Soziale Konstruktionismus eine ernsthafte wissenschaftstheoretische Position kennzeichnet, die nicht zufällig im Zeitalter der Postmoderne mit seiner Erschütterung des Glaubens an eine allumfassende Vernunft auftritt.

Der Soziale Konstruktionismus mit seinen theoretisch anspruchsvollen Vertretern versteht sich genau wie der Radikale Konstruktivismus als Gegenposition zu einer weit verbreiteten erkenntnistheoretischen Position, die sich auf eine „ontological illusion" (Harré 1986, S. 4) gründet und sowohl den Alltagsvorstellungen der Menschen als auch dem durchschnittlichen Selbstverständnis vieler (Natur-) Wissenschaftler über die Bedeutung wissenschaftlicher Erkenntnisse zugrunde liegt, und die vor allem die implizite Basis der weiterhin einflussreichen Wissenschaftstheorie des Positivismus bildet. In den Publikationen des Sozialen Konstruktionismus wird diese positivistische Erkenntnistheorie vor allem mit drei Kriterien – in freilich je nach Autor und Erkenntnisinteresse wechselnder Akzentsetzung – beschrieben. Die Nähe von Radikalem Konstruktivismus und Sozialem Konstruktionismus zeigt sich dabei schon darin, dass auch v. Glasersfeld bei seiner kritischen Analyse des realistischen Mainstreams der europäischen Philosophie letztlich auf diese Kriterien stößt.

Das erste Kriterium ist das des Realismus. Die wissenschaftliche Erkenntnis stellt eine Wirklichkeit „dort draußen" dar, die durch die Forschung entdeckt wird. Hacking vermutet, dass die meisten Wissenschaftler glauben, „daß die Welt als solche mit einer inneren Struktur ausgestattet ist, die zu entdecken

ihre Aufgabe ist" (Hacking 1999, S. 133). Gergen beschreibt dementsprechend den logischen Empirismus als Theorie, die von der Annahme
einer abzubildenden Realität ausgeht: „As commonly maintained within the
science there is a world of palpable entities ... that may be explored and
understood through proper employment of the human faculties" (Gergen
1994b, S. 114). Dabei besteht die beste Nutzung der menschlichen Fähigkeiten darin, dass das „experiencing individual" sich zum möglichst passiven
Empfänger der Aktionen des „object of experience" macht. Denn: „Ideal
psychological representation ... occurs when the individual acts as a passive
recording device" (ebd., S. 115).

Das zweite Kriterium ist das der „Unvermeidlichkeit", ein Begriff, den Hacking in die Diskussion eingeführt hat. Die Erkenntnisse der Wissenschaft
sind unvermeidlich so, wie sie sind. D. h. der rationale Forschungsprozess
führt mit Notwendigkeit zu ihnen hin: „You can't wish them away" (Sismondo). Und diese Notwendigkeit gründet letztlich darin, dass in diesen
Erkenntnissen die objektive Realität erfasst ist. „Eine Eigenschaft von Naturgesetzen wie den Maxwellschen Gleichungen, die mich von ihrer objektiven Realität überzeugt, besteht darin, daß es keine Vielzahl gültiger Gesetze gibt, die dieselben Phänomene regeln" (Weinberg bei Hacking 1999, S.
141).

Das dritte Kriterium dieser positivistischen Erkenntnistheorie ist das der
„Kulturunabhängigkeit". Wissenschaftliche Erkenntnisse entspringen allein
dem Prozess einer rationalen Deduktion, der durch experimentell erzeugte
Fakten bestätigt bzw. zumindest nicht falsifiziert wird. Die kulturellen und
sozialen Zusammenhänge, in deren Rahmen die Entdeckungen stattfanden,
spielen für ihren Gegenstand, die Naturgesetze, keine Rolle. „But in general
the idiosyncracies of factious, polymorphous society are not part of science"
(Fishman 1996, S. 95). Es wird also eine strikte Dichotomie von kognitiven
und sozialen Faktoren angenommen (vgl. Knorr-Cetina 1991, S. 52f.). Pointiert formuliert: Bei der Erkenntnis und in der Formulierung von Naturgesetzen fließen persönliche Wahrnehmungen der Forscher, ihre Befindlich-
keiten, ihre Lebensgeschichte nicht ein. Person und Erkenntnis gelten als
strikt voneinander getrennt.

Der Soziale Konstruktionismus als Kritik der Unvermeidlichkeitsthese

Man kann sich dem Sozialen Konstruktionismus vielleicht am leichtesten
nähern, wenn man seine Kritik an der Unvermeidlichkeitsthese rekon-
struiert. „Konstruktion" heißt zunächst einmal, dass die Wirklichkeit, in der

wir leben, die wir erkennen und auf die hin wir handeln, nicht notwendigerweise so sein muss, wie sie sich in unseren Begriffen, Vorstellungen und
Mythen darstellt. Unsere Begriffe bringen also nicht das unverrückbare Wesen der Dinge zum Ausdruck, sondern eine kontingente Übereinkunft darüber, wie eine Gruppe von Menschen in einem bestimmten situativen Zusammenhang die Dinge sieht bzw. sehen will. Um die Konsequenzen dieser
Auffassung einschätzen zu können, ist es sinnvoll, zwei Anwendungsbere-
che des Sozialen Konstruktionismus zu unterscheiden.

Im Gegenstandsbereich der Sozial- und historischen Wissenschaften besteht
die Zielsetzung in der Tradition der Wissenssoziologie in der Aufdeckung
der Kontingenz von Begriffen und Vorstellungskomplexen, die als essentiell
ausgegeben und geglaubt werden. Die Bochumer Arbeitsgruppe von Jochen
Baecker u. a. leitet ihren Beitrag über Sozialen Konstruktionismus mit einer
Analyse von Instettens Ehrbegriff in Theodor Fontanes Roman *Effi Briest*
ein. Dieser verdinglichte Ehrbegriff treibt Instetten dazu, seinen ehemaligen
Freund Crampas, den Liebhaber seiner Frau, im Duell zu erschießen, weil
für ihn die Ehre ein unaufgebbarer, essentieller Bestandteil menschlichen
Zusammenlebens ist, von dessen Anspruch er sich nicht lösen kann. Baecker
u. a. kommentieren dieses Verhalten: „Tatsächlich: Es war alles einem Begriff zuliebe. Begriffe, Mythen, Vorstellungen, wie etwas zu sein hat, prägen
nicht nur die gesellschaftliche Wirklichkeit, sie bestimmen auch die Wirklichkeit jedes und jeder Einzelnen. ... Aus unserem sozial konstruktivistischen Blickwinkel betrachtet, gibt es jedoch Auswege. Wäre Instetten *unsere* Schöpfung und nicht die Fontanes – er hätte Crampas nicht getötet" –
weil er nämlich erkannt hätte, dass dieser Ehrbegriff nicht allgemeingültig
ist (Baecker u. a. 1992, S. 117; Herv. i. O.). Der Soziale Konstruktionismus
demontiert die Allgemeingültigkeit von Begriffen durch die Darstellung
ihrer Kontextualität. „'Soziales Konstrukt' ist ein Codewort mit der Bedeutung: ,nicht allgemeingültig', ,kein Bestandteil der alle Kulturen umgreifen-
den menschlichen Natur' und ,trample nicht mit deinen hegemonialen (ras-
sistischen, patriarchalischen) Knobelbechern auf mir herum'" (Hacking
1999, S. 38).

Einen wesentlichen Bestandteil dieser Demontage der Allgemeingültigkeit
bildet der Aufweis, dass die essentialistischen Begriffe funktional auf die
Interessen bestimmter gesellschaftlicher Gruppen und Institutionen bezogen
sind. Damit wird die Enthüllung ihrer Kontingenz zu einem moralischen
und politischen Befreiungsakt. „Bei der Entlarvung hofft man unter anderem
darauf, daß man [den Menschen; Anm. d. Verf.] die Fähigkeit verleiht, eine
gewisse Kontrolle über das eigene Schicksal zu erlangen, indem sie die auf
sie angewandten Kategorien selbst in den Griff bekommen" (ebd., S. 95).

Die befreiende Wirkung wird also nicht von einer gesellschaftlichen und politischen Revolution erhofft – denn die Gewissheiten, die dafür notwendig wären, hat man ja gerade nicht. Sondern es geht darum, „den Terror der Theorie", den „Wunsch nach Wahrem" zu unterbrechen (Lyotard 1979, S. 73). In diesem Wunsch nach einer „Destruktion der Theorie" (ebd., S. 92) treffen sich Postmoderne und Konstruktivisten. Die Revolution findet als eine Revolution der Kognition statt.

Angesichts des überragenden Interesses an Dekonstruktion spielen im Bereich der sozialen und historischen Wissenschaften metaphysische Fragen eine eher geringe Rolle. Im Mittelpunkt stehen Kategorien und deren Geltungsansprüche, die zur Beschreibung der sozialen Wirklichkeit dienen. Die Auseinandersetzung über Allgemeingültigkeit oder Kontingenz spielt sich also, mit Kant gesprochen, auf der Ebene der „Erscheinungen" ab. Der Frage, wie weit die Kategorien mit einem „Dort-Draußen" übereinstimmen oder nicht, kommt infolgedessen meist weniger Gewicht zu.

Nun kann man einwenden: Romane, soziale Ereignisse, Geschichte etc. haben immer den Menschen zum Mittelpunkt. Da ist es leicht, die Kontingenz von Wahrnehmung, Verhaltensweisen und Ritualen zu erkennen. Wie aber sieht es mit dem Wissen über die Natur aus? In den Arbeiten des Sozialen Konstruktionismus auf dem Gebiet der Naturwissenschaften und ihrer Forschung, wie sie u. a. von Pickering, Latour/Woolgar und Knorr-Cetina vorgelegt worden sind, zeigt sich in der Tat auch ein deutlich anderes Erkenntnisinteresse. Das hängt damit zusammen, dass sich im Bereich der Naturwissenschaften die Kategorien der Erkenntnis nicht auf mit Bewusstsein ausgestattete Akteure richten, die durch Enthüllung angemaßter Allgemeinheits- und Ewigkeitsansprüche Befreiung erlangen könnten. Infolgedessen treten erkenntnistheoretische Fragen in den Vordergrund. Wie wir schon anfangs angedeutet haben, gehen die Vertreter des Sozialen Konstruktionismus davon aus, dass führende Vertreter des naturwissenschaftlichen Denkens „Realisten" sind: Die Wahrheit ihrer Modelle basiert darauf, dass in ihnen die innere Struktur der Welt, ja das „Wesen der Schöpfung" zur Darstellung kommt. Pickering bringt diesen Anspruch der (Natur-) Wissenschaften auf den Punkt: „[B]y interpreting quarks and so on as real entities, the choice of quark models and gauge theories is made to seem unproblematic: if quarks really are the fundamental building blocks of the world, why should anyone want to explore alternative theories? ... Most scientists think of it as their purpose to explore the underlying structure of material reality ..." (Pickering 1984, S. 7). Wenn diese Vorstellung stimmt, dann sind die Ergebnisse der Forschung unvermeidlich. Aber es gilt auch umgekehrt: Wenn der von Pickering, Latour/Woolgar, Knorr-Cetina u. a. geführte

Nachweis akzeptiert werden muss, dass die in den Wissenschaften gewonnenen Erkenntnisse kontingente Ergebnisse eines sozialen Prozesses sind, der auch anders hätte verlaufen und zu anderen Ergebnissen, ja zu einer anderen Wissenschaft hätte führen können, dann verflüchtigt sich der Anspruch der Wissenschaft, Einblick in das Wesen der Schöpfung zu eröffnen. Denn die Struktur der Welt, wie wir sie beschreiben, liegt dann nicht in ihrer „Natur", sondern alles Strukturelle, das wir begreifen können, liegt in unseren Darstellungen. Der Soziale Konstruktionismus, angewendet auf die Naturwissenschaften, begnügt sich nicht mit einer Dekonstruktion bestimmter Kategorien und Theorien, sondern führt zur Dekonstruktion des ideologischen Fundaments der Wissenschaft selbst.

Wer sind die Konstrukteure?

Der Radikale und der Soziale Konstruktionismus unterscheiden sich nicht so sehr in ihren Annahmen über die Möglichkeiten und Grenzen menschlicher Erkenntnis. In Bezug auf diesen Fragenkomplex sind die Vertreter beider Richtungen der Auffassung, dass menschliche Erkenntnis nicht eine vorgegebene Welt abbildet und dass es infolgedessen auch keine universal geltenden Kategorien gibt. Beide Richtungen unterscheiden sich aber grundsätzlich hinsichtlich der Träger der Erkenntnis. Für die Vertreter des Radikalen Konstruktivismus ist Erkenntnis ein hoch individueller Prozess: Die Erkenntnisgegenstände sind Konstruktionen der nahezu monadisch isolierten Individuen, die die Perturbationen aus der Umwelt je nach ihren Verarbeitungskapazitäten und -strukturen bearbeiten. Eine Gemeinsamkeit mit anderen entsteht erst nachgängig durch Prozesse der Abgleichung über das Wahrgenommene, die zu konsensuellen Bereichen führen. Der Soziale Konstruktionismus geht dagegen von der These aus, dass die Konstruktion der Erkenntnisgegenstände nicht von isolierten Individuen vorgenommen wird, sondern dass sie in sozialen Zusammenhängen geschieht. Die erkennenden Individuen bewegen sich also immer auf dem Boden eines spezifischen Lebenszusammenhanges, der ihre Erkenntnisinhalte konstituiert. Dabei sind der soziale und kulturelle Kontext und die in ihm ablaufenden sozialen Prozesse keinesfalls etwas Marginales, das den eigentlichen Kern der Erkenntnis nicht berührt, sondern sie haben entscheidende Bedeutung für den Verlauf des Erkenntnisprozesses und damit für die Erkenntnis selbst. Das „Soziale" ist also nicht nur ein mehr oder minder angenehmes Ambiente, sondern es ist konstitutiv für die Entscheidungen, die den Forschungsprozess bestimmen.

Das zeigt sich bei den Beschreibungen der Scientific communities, die die Forschung tragen. Ludwig Fleck entwickelt den Begriff des Denkstils, der eine Wissenschaftlergruppe prägt und der darüber entscheidet, was überhaupt in den Kreis der Wahrnehmungen fällt. „Es gibt eine Gemeinschaft von Menschen mit gemeinsamem Denkstil. Er schafft eine gewisse bestimmte Bereitschaft, er verleiht sie den Mitgliedern der Gemeinschaft auf soziologischen Wegen, und er diktiert, was und wie diese Mitglieder sehen" (Fleck 1980, S. 75). Während bei Fleck der Denkstil eine über den Mitgliedern der Gemeinschaft schwebende Wesenheit zu sein scheint, arbeiten andere Soziale Konstruktivisten wie Gergen oder Pickering heraus, wie die „communal basis of knowledge" in den Interaktionen der Forschergruppe entsteht und durch sie zugleich bestätigt und verstärkt wird. „The terms in which the world is understood are social artifacts, products of historically situated interchanges among people. From the constructionist position the process of understanding … is the result of an active, cooperative enterprise of persons in relationship" (Gergen 1985, S. 267). Bei Latour/Woolgar und Knorr-Cetina, die die Forschung in Großlaboratorien untersucht haben, zählen zum sozialen Zusammenhang nicht nur die Wissenschaftler und ihre Mitarbeiter, sondern auch die Laboreinrichtungen, Messgeräte und Materialien, in denen sich Vorstellungen und Konzepte von Wissenschaft materialisiert haben, ferner die schriftlichen Veröffentlichungen und ihre Rezensenten, schließlich Forschungsanträge und ihre Adressaten samt ihren vermuteten Interessen und Wertungen, kurz der gesamte Kontext, in dem Erkenntnisse produziert werden. Diese Analysen zeigen deutlich, dass sich die Sozialen Konstruktivisten weit von der Vorstellung entfernen, dass der Forschungsprozess in Planung und Durchführung allein oder auch nur vornehmlich den Regeln wissenschaftlicher Rationalität folge. Er wird vielmehr geleitet von nur psychologisch oder sozialpsychologisch aufzuklärenden Motiven, von Interessen (an wissenschaftlicher Karriere, an der Gewinnung von Bundesgenossen), von pragmatischen Erwägungen (welche Apparate sind gerade da, mit welchen Materialien kann ich am besten umgehen), von einem konsensuellen Sprach- und Begriffsrepertoire – alles Bestandteile, die sich nicht mehr auf eine Logik der Forschung zurückführen lassen. Der Forschungsprozess verliert damit die Aura der Notwendigkeit und wird zu einem kontingenten Geschehen.

Was wird konstruiert?

Sergio Sismondo unterscheidet in Bezug auf den Sozialen Konstruktionismus eine schwache und eine starke Lesart. Zu der schwachen Lesart („weak reading") rechnet er alle die zahlreichen Forschungen, die die sozialen Prozesse analysieren, die zur Entstehung von Institutionen, wissenschaftstheoretischen Ansätzen und Wissenssystemen geführt haben und führen (vgl. Sismondo 1996, S. 58f.). Die Gegenstände der Wissenschaft erscheinen dann als sozial konstruiert in dem Sinne, dass sie aus der Tätigkeit von Menschen hervorgehen, ohne dass dabei schon etwas über ihren erkenntnistheoretischen Status gesagt ist.

Für das Verständnis und die Beurteilung der weitergehenden Ansprüche des Sozialen Konstruktionismus ist es wichtig, dass man zwei Ebenen auseinanderhält: Die eine Ebene ist unsere empirische Welt, die Welt der Erscheinungen, die letztlich von unserer Alltagswelt bis zu den wissenschaftlichen Welten reicht. Die andere Ebene ist das „Dort-Draußen", die materielle Welt, die als der empirischen Welt zugrunde liegend gedacht wird. Die Kernfrage in der Auseinandersetzung zwischen den Konstruktivisten und den positivistischen Wissenschaften ist die Frage, wie in der wissenschaftlichen Erkenntnis das Verhältnis der beiden Ebenen zueinander konzipiert ist.

Ein großer Teil der konstruktivistischen Veröffentlichungen blendet die Frage nach der materiellen Welt überhaupt aus und bewegt sich auf der Ebene der empirischen Welt und der auf sie bezogenen Erkenntnisse. Die Zielsetzung solcher Untersuchungen besteht darin, zu bestimmen, was von unseren empirischen Erkenntnissen eigentlich konstruiert und was gegeben ist. Ein sehr differenziert ausgearbeiteter Vorschlag – dessen Grundtendenz sich auch bei anderen Autoren aufweisen lässt – findet sich bei Hacking. Hacking unterscheidet in der empirischen Welt zwischen unmittelbar erfahrbaren Gegenständen und den Begriffen, mit denen sie klassifiziert werden. Nur letztere sind konstruiert. Hacking verdeutlicht das u. a. am Beispiel der Flüchtlingsfrau. „Sozial konstruiert ist zunächst nicht der einzelne Mensch, die Flüchtlingsfrau. Konstruiert ist die Klassifikation *Flüchtlingsfrau*" (Hacking 1999, S. 25; Herv. i. O.). In ähnlicher Weise unterscheidet Harré in seinen Studien über Gefühle zwischen dem, was konkret gegeben ist, und den Klassifikationen, mit denen wir Ordnung schaffen. „But what there is are angry people, upsetting scenes, sentimental episodes, grieving families and funerals, anxious parents pacing at midnight, and so on" (Harré 1986, S. 4). Was wir konstruieren, sind die Begriffe von Ärger, Trauer, Unruhe etc. Die Ideen, mit denen die Klassifikationen vorgenommen werden, „existieren nicht im luftleeren Raum. Sie bevölkern eine soziale Umgebung. Nennen wir das die *Matrix*, in deren Rahmen eine Idee, ein Begriff oder eine Art gebildet wird ..." (Hacking 1999, S. 25f.; Herv. i. O.). „Die Matrix, in der die Idee der Flüchtlingsfrau gebildet wird, ist ein Komplex aus Institutionen, Rechtsanwälten, Zeitungsartikeln, Juristen, gerichtlichen Entscheiden, Einwanderungsverfahren" (ebd., S. 26). Als sozial konstruiert ist die

Kategorie Flüchtlingsfrau im Sinne der weiter oben angeführten Überlegungen nicht unvermeidlich. Man könnte Frauen, die auf der Flucht sind, auch ganz anders klassifizieren, z. B. als „Gäste". Das setzt allerdings eine zumindest partiell andere Matrix voraus. Der Nachweis der Konstruktion von Klassifikationen wird natürlich erheblich brisanter, wenn es sich um stärker essentialistische, ideologisch hoch aufgeladene Begriffe handelt, wie z. B. „gender" oder „Rasse".

Während Hacking mit Aussagen über die Beziehung der beiden oben unterschiedenen Ebenen zurückhaltend ist, spielt diese Frage in den Untersuchungen von Knorr-Cetina schon eine größere Rolle – wenn auch vornehmlich negativ gewendet: Wissenschaftliche Erkenntnisse über die empirische Welt werden so produziert und sind so beschaffen, dass sie keine formulierbare Beziehung zu der materiellen Welt zeigen. Knorr-Cetina rückt in ihren Forschungen über *Die Fabrikation von Erkenntnis* (1991) die Hervorbringung von Fakten in den Mittelpunkt. Forschung – so ihre Feststellung – besteht nicht im Produzieren von Ideen und deren Testen, sondern in einem Aushandlungsprozess, in dem Behauptungen zu Gegenständen der Erkenntnis gemacht werden. An diesem Aushandlungsprozess sind – wie wir schon weiter oben beschrieben haben – die Wissenschaftler des Laboratoriums und eine breitere wissenschaftliche Öffentlichkeit mit ihren Erwartungen und Sprachregelungen beteiligt; beeinflusst wird der Prozess von den vorhandenen Apparaten und Messinstrumenten, von pragmatischen Erwägungen über die Einwerbung von Forschungsgeldern, von methodischen Übereinkünften in der Wissenschaftlergruppe des Laboratoriums etc. Schon angesichts dieser Kontingenzen ist die Vorstellung, dass in den Erkenntnisgegenständen die „Natur" der Welt erfasst wird, kaum zu halten.

In die gleiche Richtung weist die Künstlichkeit der Situation. „So finden wir zum Beispiel nirgends im Laboratorium die ‚Natur' und die ‚Realität', die von so kritischer Bedeutung für das deskriptive Modell ist. Das meiste, mit dem Wissenschaftler im Labor zu tun haben, ist hochgradig vorstrukturiert, wenn nicht zur Gänze artifiziell … Alle Ausgangsmaterialien sind speziell für das Labor erzeugt und gezüchtet. Die meisten der Substanzen und Chemikalien sind vorpräpariert … Die Natur scheint im wissenschaftlichen Labor nicht auf …" (Knorr-Cetina 1991, S. 23). „Genausowenig wie die Natur finden wir im Labor die Suche nach Wahrheit …"(ebd., S. 24). Damit wird die grundlegende Frage, ob es der Wissenschaft möglich ist, die „Natur" zu beschreiben, verneint. Die Erkenntnisproduktion der Wissenschaft ist so angelegt, dass sie die materielle Welt gar nicht erfassen kann. Sie bleibt beschränkt auf die empirische Ebene.

Ein deutlich radikalerer konstruktivistischer Ansatz lässt sich bei Pickering (1984) und bei Woolgar (1988) finden. Die wissenschaftlichen Konstruktionen konstituieren die Gegenstände der materiellen Welt. Der Repräsentationismus erscheint auf den Kopf gestellt: Die wissenschaftlichen Kategorien bilden nicht die Struktur der Welt ab, sondern erzeugen sie. Sismondo stellt unter Verweis auf Woolgars Arbeiten fest: „... the constructivist claim ... is not taken metaphorically and the object is taken to be a part of material reality". Und er attestiert ihm „the strong claim that representations constitute material reality or, in other words, that no distinction can be made between material and social reality, that the material should be incorporated into the more immediate social" (Sismondo 1996, S. 82).

Pickering schließlich kommt bei seinen Untersuchungen über die Hochenergiephysik zu dem Ergebnis, dass die im Forschungsprozess gefällten Entscheidungen nicht notwendig, sondern kontingent waren, d. h. dass andere Entscheidungen möglich gewesen wären, die konsequenterweise zu einer anderen Physik geführt hätten. „Historically, particle physicists never seem to have been *obliged* to make the decisions they did...This is an important point because the choices which were made *produced the world of the new physics*, its phenomena and its theoretical entities" (Pickering 1984, S. 404; Herv. i. O.). Diese Hochenergie-physik wurde von Wissenschaftlergruppen geschaffen, die „held to common agreements over phenomena and theories. The world of HEP was *socially* produced" (ebd., S. 406; Herv. i. O.). Hier wird der konstruktivistische Denkansatz bis zu der These vorangetrieben, dass die Bausteine des Universums selbst, die Quarks, nur im Rahmen einer bestimmten Physik auftreten, die selbst auf die kontingenten sozialen Prozesse in Gruppen von Wissenschaftlern zurückgeführt wird.

Der Soziale Konstruktionismus umfasst ein breites Spektrum von Konzeptualisierungen des Verhältnisses von Erkennen und Welt. Genauere Analysen zeigen, dass erkenntnistheoretisch sehr radikale Positionen nicht allzu häufig eingenommen werden. Aber gerade diese radikalen Varianten mit ihrem eingebauten Relativismus rufen die Verfechter einer auf Eindeutigkeit und Wahrheit fokussierten Wissenschaft hervor. Man darf ferner nicht übersehen, dass sich auch bei den Vertretern weniger radikaler Lesarten des Konstruktivismus Äußerungen finden lassen, die sich als Absage an Allgemeingültigkeit und Wahrheit interpretieren lassen. Es ist daher sinnvoll, das Problem der Wahrheit abschließend in den Vordergrund zu rücken.

Das Problem der Wahrheit

Man kann die Auseinandersetzung zwischen Konstruktivisten und Realisten nur angemessen analysieren, wenn man mehrere Begriffe von Wahrheit auseinander hält. Wir greifen zu dieser Differenzierung auf das schon oben angeführte Verhältnis der beiden Ebenen von empirischer und materieller Welt (= Welt dort draußen) zurück und beziehen es auf die Leistung der (wissenschaftlichen) Erkenntnis. Dann lassen sich drei Fälle unterscheiden, die wir auch bildlich verdeutlichen wollen:

1.

Wissenschaftliche Erkenntnis	Empirische Welt		Materielle Welt

Wenn man das Verhältnis der beiden Ebenen in dieser Weise vorstellt, bezieht sich wissenschaftliche Erkenntnis auf die empirische Welt und die in ihr beobachtbaren Fakten. Erkenntnistheoretisch entspräche das einem empirisch verstandenen Kantianismus. Die Beziehung der wissenschaftlichen Erkenntnis zur materiellen Welt wird überhaupt nicht thematisiert, sie hat daher mit der Frage nach der Wahrheit der Erkenntnis nichts zu tun. Erkenntnis legitimiert sich als wahr, weil sie sich auf anerkannte wissenschaftliche Methoden stützt. Prinzipiell sind verschiedene wahre Erkenntnisse möglich, beispielsweise in unterschiedlichen Wissensbereichen wie den Naturwissenschaften und den Geisteswissenschaften oder auch aufgrund eines Paradigmenwechsels. Kontroversen in Bezug auf die Konstruktion von Erkenntnissen machen sich an der Frage fest, die wir weiter oben am Beispiel der „Flüchtlingsfrau" diskutiert haben, ob die Kategorien zur Klassifikation der Gegenstände oder gar die Gegenstände selbst konstruiert sind. Wie erinnerlich vertritt Hacking die These, dass man sinnvollerweise nur in Bezug auf Ideen von Konstruktion reden könne.

2.

Wissenschaftliche Erkenntnis	Empirische Welt		Materielle Welt

Die in dieser Darstellung skizzierte Position ist die des Realismus. Auch hier ist die wissenschaftliche Erkenntnis (zunächst) auf die empirische Welt bezogen. Es wird aber angenommen, dass sich in den Inhalten der Erkenntnis die materielle Welt in ihren Strukturen und Inhalten zur Darstellung bringt. Die Wissenschaftler nehmen an, „daß die Welt als solche mit einer inneren Struktur ausgestattet ist, die zu entdecken ihre Aufgabe ist" (Hacking 1999, S. 133). Letztlich wird das „Dort-Draußen-Sein" zur Ursache der Erkenntnis. Unter dieser Voraussetzung besteht Wahrheit in der Übereinstimmung der Erkenntnis mit der als gegeben vorausgesetzten Struktur der materiellen Welt. Für diese Konzeption ist Erkenntnis nicht kontingent, und ihre Wahrheit ist auch nicht von dem Forschungsprozess abhängig. Denn seine Besonderheiten spielen, wenn erst einmal die Wahrheit entdeckt ist, keine Rolle mehr. So schreibt etwa der Physiker Weinberg: „Einerlei, welche kulturellen Einflüsse in die Entdeckung von Maxwells Gleichungen und weiteren Naturgesetzen eingegangen sind, sie sind inzwischen durch Verfeinerung ausgewaschen worden wie die Schlacke aus dem Erz" (Weinberg nach Hacking 1999, S. 138). Dementsprechend sind die wissenschaftlichen Wahrheiten auch von zeitloser Gültigkeit. Fishman beruft sich auf Galileis berühmten Satz: „ 'The secrets of nature are written in the language of mathematics.' He was referring to the symbolic representation of relationships expressed as mathematics usually expresses them, in the timeless present. Here we have no tenses; we are dealing, as in logic, with rules and their sequelae, which are timelessly true" (Fishman 1996, S. 89). Diese Konzeption von Wahrheit schließt natürlich Irrtum nicht aus. Aber was als Wahrheit erkannt ist, gilt uneingeschränkt, denn es beruht auf der Struktur der materiellen Welt selbst.

3.

Das ist die prinzipielle Position eines radikalen Sozialen Konstruktionismus. Die Pfeile in der Zeichnung geben die Richtung an, in der die Konstitution geschieht: Die wissenschaftliche Erkenntnistätigkeit konstituiert die Fakten und Gesetzmäßigkeiten der empirischen Welten. Diese treten in der Mehrzahl auf, weil der Forschungsprozess nicht determiniert ist. Ein Beispiel dafür bildet Pickerings Annahme, dass es auch andere Physiken als die tatsächlich entwickelte geben könnte. Die Arbeit der wissenschaftlichen Erkenntnis konstituiert aber darüber hinaus auch die Struktur der materiellen Welt. Latour und Woolgar stellen fest, „daß das ‚Dort-Draußen-Sein' nicht die Ursache, sondern die *Konsequenz* der wissenschaftlichen Arbeit ist"

(Latour/Woolgar nach Hacking 1999, S. 129; Herv. i. O.). An sich besitzt die Welt nicht das, was wir eine Struktur nennen; alles Strukturelle entstammt unseren Darstellungen. Und die Entscheidungen darüber, welche Richtungen der Forschungsprozess nehmen soll, gründen sich auf die sozialen Erwartungen und pragmatischen Erwägungen, die wir oben schon entwickelt haben. Die Wahrheit eines Forschungsergebnisses bemisst sich dann also nicht mehr daran, dass es einen Beitrag zur Erkenntnis der „Welt an sich" liefert, denn diese Welt gibt es letztlich gar nicht. Forschungsergebnisse sind dann fruchtbar, wenn sie anschlussfähig für den laufenden Forschungsprozess sind, wenn sie also dazu beitragen, dass die Forschungstätigkeit weitergehen kann, wenn sie angewendet werden können, wenn sie also viabel sind.

Die vorausgehenden Gegenüberstellungen zeigen einen grundlegenden Gegensatz der realistischen und der konstruktivistischen Position. Der Soziale Konstruktionismus hält fest, dass wissenschaftliche Forschung nicht als ein kultur-unabhängiger, von reiner Rationalität gesteuerter Prozess konzipiert werden kann. Denn die Entscheidungen, die den Prozess bestimmen, sind in lokale soziale Zusammenhänge (der Forschergruppe, des Forschungslabors) eingebunden, die wiederum in übergreifenderen Zusammenhängen (der Scientific Community, der Kultur) verankert sind. Seine Ergebnisse sind daher letztlich kontingent und können deshalb nicht als Repräsentation der Struktur *der* Welt verstanden werden. Die Vertreter einer realistischen Position machen demgegenüber geltend, dass soziale Einflüsse bei der Gewinnung von Erkenntnissen durchaus eine Rolle spielen mögen, dass das aber nicht gleichbedeutend damit ist, dass sie keine zutreffende Aussage über die Struktur der materiellen Welt enthalten. Es ergibt sich daher die Frage, ob so etwas wie ein konstruktivistischer Realismus denkbar ist.

Überlegungen in dieser Richtung werden von verschiedenen Autoren vorgetragen; sie liegen beispielsweise Donna Haraways „Perspektivalismus" oder Hackings gemäßigtem Konstruktivismus zugrunde. Auch die Vieldeutigkeit von Kuhns berühmtem Werk über die *Struktur wissenschaftlicher Revolutionen* (Kuhn 1976) rührt letztlich daher, dass er konstruktivistische und realistische Denkansätze miteinander verknüpft. Die weitestgehende und systematischste Entwicklung dieser Gedanken findet sich bei Sismondo (1996). Sismondo geht von zwei Ausgangspunkten aus:

Wissenschaftliche Theorien und Methoden sind bemerkenswert erfolgreich. Wenn man nach einer Erklärung für ihren Erfolg sucht, findet man als „beste Erklärung" – die noch dazu den Vorteil hat, dass sie mit dem gesunden Menschenverstand übereinstimmt – die Vorstellung, dass sie die Wahrheit enthalten, in dem Sinne, dass sie zumindest näherungsweise die Struktur der realen Welt repräsentieren. Um Sismondo gerecht zu werden, muss man sich freilich vor Augen halten, dass er den Erfolg nicht als Beweis für Erkenntnis von Wahrheit ansieht, sondern als eine plausible Erklärung dafür, dass man etwas über die Wirklichkeit der realen Welt erfahren hat. „[T]ruth is the best explanation for the success of scientific theories or the success of methodologies" (Sismondo 1996, S. 18). „The knowledge implicated in instrumentally reliable methodology is at least partly approximately true" (ebd., S. 25).

Zugleich akzeptiert Sismondo die Ergebnisse der wissenschaftshistorischen und der wissenschaftssoziologischen Forschung, die zum Sozialen Konstruktionismus geführt haben: Es gibt nicht die unvermeidliche Theorie, sondern eine Mehrzahl möglicher Theorien auch in Bezug auf die gleichen Phänomene; Fakten sind nicht neutrale Gegebenheiten, sondern Produkte interessierter Forschung; die wissenschaftliche Entwicklung wird von Paradigmenwechseln geprägt, die jeweils einen neuen Denkrahmen für Erkenntnisse schaffen.

Sismondo sucht die Widersprüche dieser beiden Positionen durch die Theorie eines konstruktivistischen Realismus aufzuheben. Seine Basis bildet die These, dass der Erfolg der Wissenschaft und der auf wissenschaftliche Erkenntnisse gestützten Technologien ohne den Begriff der Wahrheit im metaphysischen Sinne nicht erklärbar wäre. Mit dieser These verbindet Sismondo die Annahme einer hohen Komplexität der natürlichen Welt, die eine Abbildung in einer Theorie unmöglich macht. „If ... the natural world were spectacularly complex, then we would expect that each theory constructed would be at best barely adequate for a short while, until interests changed" (Sismondo 1996, S. 102). Dieser hohen Komplexität entspräche auf der Seite der Wissenschaft der Verzicht auf den Anspruch einer umfassenden, „absoluten" Erkenntnis und das Sich-Begnügen mit einer perspektivistischen Ansicht und Einsicht. „The solution is to abandon hopes for a 'God's Eye' perspective, and settle for 'partial perspectives' and 'situated knowledges'" (ebd., S. 108). Sismondos konstruktivistischer Realismus verbindet also die Vorstellung einer Erkenntnis der natürlichen Welt mit der Möglichkeit „of a number of highly successful yet competing world views. That is, it takes as a premise the notion that there is no unique, correct description of the natural world" (ebd., S. 103). Der Begriff der Wahrheit verschwindet also nicht, aber er wird pluralisiert. An die Stelle der Vorstellung der „einen wahren Geschichte" tritt die Möglichkeit vieler wahrer Geschichten. Das heißt letztlich: Wahrheit wird zu einer Sache der Entscheidung von Wissenschaftlern, die einen gemeinsamen Denkstil haben; von Politikern, die bestimmte Projekte fördern; von Pädagogen, die bestimmte Theorien und Erkenntnisse lehren.

Der Soziale Konstruktionismus – eine Konstruktion?

Wir haben den Sozialen Konstruktionismus als Theorie kennengelernt, die Erkenntnisse in sozialen Zusammenhängen entstehen sieht. Das „Soziale" ist dabei eine Community, die in Fragestellungen, Methoden und Antworten in wesentlichen Grundzügen übereinstimmt. Die Behauptung ist also, dass eine solche Community darüber entscheidet, was als Erkenntnis in Bezug auf bestimmte Phänomene gilt, ja was überhaupt als Phänomen angesehen wird. Natürlich liegt jetzt die Frage nahe, ob nicht diese Theorie über das Soziale als Einflussgröße selbst eine Konstruktion ist. Am konkreten Fall könnte man etwa fragen, ob das Labor so ist, wie Knorr-Cetina es beschreibt: ein soziales Netzwerk, in dem es nicht um „Natur" und Wahrheit geht, sondern darum, die Dinge am Laufen zu halten. Oder ob diese Beschreibung selbst eine Konstruktion ist. Man sieht, dass man sich hier leicht in einer Paradoxie verheddert. Denn entweder ist die These vom Sozialen als Einflussgröße richtig, d. h. es ist unvermeidlich, so zu denken – dann stellt sich die Frage, welchen Erkenntniswert die Beschreibungen über Forschungsprozesse in Laboratorien haben.

Das Problem lässt sich unseres Erachtens nicht lösen, solange man von dem abstrakten Gegensatz von Konstruktion und Nicht-Konstruktion ausgeht, d. h. solange man die Welt nur entweder als konstruiert oder als real gegeben auffasst. Die beiden Pole des Gegensatzes müssen, wie Sismondo es versucht, miteinander in Beziehung gesetzt werden.

Wir gehen also davon aus, dass der Soziale Konstruktionismus – genau wie der Radikale Konstruktivismus – eine Konstruktion ist, d. h. es ist nicht unvermeidlich, so zu denken. Man kann durchaus auch anders denken. Aber auch wenn die Theorie eine Konstruktion ist, so schließt das keinesfalls aus, dass sie Aspekte der Realität erfasst. Denn die Vorstellung, dass Forschungsprozesse und Forschungsergebnisse aus sozialen Konstellationen wie den Denkstilen von Forschergruppen, den in einem Labor geltenden Methoden etc. hervorgehen, ist durchaus plausibel. Auch die Erweiterung dieses Denkansatzes auf die Alltagswelt und das Zustandekommen von Alltagstheorien ist plausibel. Als plausibel bezeichnen wir eine wissenschaftliche oder Alltagstheorie, von der wir erwarten, dass sie uns Voraussagen über Vorgänge in unserer Welt erlaubt. Das ist aber nur denkbar, wenn die Theorie die Welt zumindest dergestalt zutreffend erfasst, dass man in und mit ihr handeln kann. Das erworbene Wissen über die Natur hat den

Beleg seiner Richtigkeit dann nicht in der Natur „dort draußen", sondern in der Möglichkeit, die Erkenntnisse als Basis weiterer Erkenntnisse zu verstehen. Wissen ist dann nicht zutreffende Erfassung von Welt, sondern die Möglichkeit, in ihr „etwas in Gang setzen zu können" (Stehr).

Pädagogische Perspektiven

Es wäre sicher falsch, wenn man aus dem Sozialen Konstruktionismus direkt die Wichtigkeit von Gemeinschaftserziehung überhaupt oder die Wünschbarkeit bestimmter Formen der Gemeinschaftserziehung, wie etwa Gruppenarbeit oder Arbeitsgemeinschaften, ableiten wollte. Denn Gemeinschaften in diesem pädagogischen Sinn haben nichts mit der erkenntniskonstituierenden Community des Sozialen Konstruktionismus zu tun. Die pädagogischen Gemeinschaften setzen einen bestimmten kulturellen Rahmen immer schon voraus, innerhalb dessen sie leben und arbeiten können, aber sie schaffen diesen Rahmen nicht selbst. Infolge ihrer face-to-face Struktur sind ihre Lernprozesse in dichte emotionale Zusammenhänge eingebettet, die in gruppendynamischen Prozessen manifestiert werden. Die Kulturen konstituierenden Communities sind dagegen keine pädagogischen Gruppen, die sich zum gemeinsamen Tun zusammensetzen oder zusammengestellt werden, im Normalfall – zumindest aber in vielen Fällen – kennen sich die Mitglieder solcher Communities gar nicht persönlich. Die Community, beispielsweise eine Scientific Community wie Fleck (1980) sie im Auge hat, besteht aus einem Netzwerk von Personen, die kompatible Vorstellungen von dem, was ein wissenschaftlicher Gegenstand ist, von Methoden der Erkenntnis und der Verifikation bzw. Falsifikation und von Technologien der Erkenntnisverwertung haben. Indem Menschen auf diese Weise in ihrem Vorstellen, Denken und Handeln nach übereinstimmenden Prinzipien verfahren, entsteht ein Bild der Welt – oder eines Ausschnittes von ihr – das für die Mitglieder der Community Geltung besitzt, zumindest bis ein Paradigmenwechsel einen neuen Denkstil herbeiführt.

Auch wenn, wie gesagt, aus den Theoremen des Sozialen Konstruktionismus nicht unmittelbare Folgerungen für die pädagogische Praxis abgeleitet werden können, so enthält er doch ein beträchtliches Anregungspotential für die Pädagogik. Wir wollen das an zwei Punkten festmachen:

Erstens: Der Individualisierung der Erkenntnis in der Moderne, wie sie gerade auch vom Radikalen Konstruktivismus vertreten wird, wird eine dialektische Gegenposition entgegengestellt: Erkenntnis wird gedacht als ein sozialer Vorgang, d. h. sie bezieht sich immer auf einen Horizont von Erfahrungen, Methoden und Theorien, die mit anderen geteilt werden. Mehr noch: Die jeweils mögliche Erkenntnis wird durch diesen Bezugshorizont generiert. Da es in der sich globalisierenden Welt eine Vielzahl von prinzipiell gleichberechtigten Erkenntnissituationen gibt, folgt aus den Thesen des Sozialen Konstruktionismus, dass es eine Mehrzahl von „communities" gibt, denen man sich anschließen kann. Man muss nur an die unterschiedlichen Richtungen in den Wissenschaften denken, um sich das klar zu machen. Der eigene Weg der Erkenntnis wird heute deutlicher als je zuvor zu einer Sache der Entscheidung. Daher bedeutet Lernen heute auch: entscheiden lernen, was man lernen will.

Zweitens: Die von einer Community ermöglichte Erkenntnis ist „wahre" Erkenntnis in dem Sinne, dass man mit ihr in der Kultur dieser Community etwas in Gang setzen kann. Es ist aber zugleich nicht unvermeidlich, so zu denken, wie es vielleicht die Vorfahren und die eigenen Eltern über Jahrhunderte hin getan haben, ja es ist vielleicht von einem bestimmten Zeitpunkt ab nicht einmal mehr produktiv. Man kann immer auch anders denken. Lernen bedeutet also nicht nur, das aufzunehmen, womit alle anderen mehr oder minder übereinstimmen, sondern danach zu suchen, wie man anders denken könnte, als allgemein akzeptiert wird. Pointiert formuliert: Pädagogik hat die Aufgabe, Querdenker zu bilden.

3. Der Methodische Kulturalismus

Die Konzeptionen des Radikalen Konstruktivismus von v. Glasersfeld, Maturana/Varela auf der einen und des Sozialen Konstruktionismus von Gergen, Knorr-Cetina, Sismondo und Rorty auf der anderen Seite bauen nicht aufeinander auf. Bezüge zwischen ihnen sind oftmals nur in wenigen Grundannahmen zu erkennen. In vielen Punkten sind die Theorien untereinander sogar inkompatibel.

Mit dem Satz, alle Wahrnehmung sei menschlich strukturiert und über die Welt „da draußen" ließe sich nichts Objektivierbares aussagen, das von diesem menschlichen Wahrnehmen zu lösen wäre, sind die Gemeinsamkeiten der genannten Theorien zumeist schon erschöpft (zu finden ist diese Aussage z. B. bei Maturana/Varela 1987, S. 31; v. Glasersfeld 1996, S. 150; Watzlawick 1992, S. 90f.; v. Foerster 1999, S. 40; Schmidt 1994, S. 13f.; Gergen 2002, S. 50ff.; Rorty – in Zustimmung zum Neo-Pragmatismus – 1994, S. 16; Luhmann 1990, S. 50f.). Versuche, auch nur „den" Radikalen Konstruktivismus als einheitliches Konstrukt darzustellen (vgl. v. Glasersfeld 1996), geraten schnell in die Kritik (vgl. Nüse 1995). Denn selbst der Radikale Konstruktivismus zerfällt in etliche Positionen und Theorien, die aus unterschiedlichen Traditionen (von der Biologie über die Kybernetik und Psychologie bis zur System- und Interaktionstheorie) heraus formuliert wurden. Von daher ist mit dem paradigmatischen Satz v. Foersters „Erfahrung ist die Ursache, die Welt die Folge" (v. Foerster 1993, S. 46) auch der wesentliche Aspekt des Einenden im Konstruktivismus schon benannt. Differenzierungen sind mithin angebracht.

Der Methodische Kulturalismus (im Folgenden nur: Kulturalismus) bezeichnet neben dem Radikalen und dem Sozialen Konstruktionismus einen dritten wichtigen Ansatz, der schon deshalb Aufmerksamkeit verdient, weil er auf der Basis einer dezidierten Auseinandersetzung mit dem Radikalen wie Sozialen Konstruktionismus formuliert wurde. Entwickelt hat den Kulturalismus eine Gruppe, die sich aus Philosophen und (oftmals gleichzeitig) Naturwissenschaftlern zusammensetzt. Mit dem Begriff „Kulturalismus" wird von seinen Verfechtern (Janich, Hartmann u. a.) ein philosophisches Programm bezeichnet. Theorien des Erkennens und Handelns werden darin so gefasst, dass mit ihnen Wahrnehmungen, Einstellungen und das Tun von Menschen als kulturell bedingt kenntlich werden. Von diesem Konzept wird behauptet, dass es besser geeignet ist als die neurobiologisch wie relativistisch argumentierenden Zweige des Konstruktivismus (so die Bezeichnungen für den Radikalen und den Sozialen Konstruktionismus im Kulturalismus), in sich stimmig zu sein.

Seinen Ursprung hat der Kulturalismus schon in der ersten Hälfte des 20. Jahrhunderts, und zwar in der Phänomenologie E. Husserls und – überraschenderweise – in der Mathematik. Husserl fragt in seinen Schriften immer wieder nach dem Bezug der Wissenschaften zum Handeln der Menschen. Indem er die historische Genese von Wissenschaften (vgl. Husserl 1954), speziell der Mathematik nachzeichnet, kommt er zu dem Schluss, dass die Wissenschaften letztlich aus dem gesellschaftlichen Alltagshandeln der Menschen resultieren. Ihre ursprüngliche Funktion war es, Alltagsprobleme zu lösen. So war die Geometrie und Vermessungskunst notwendig, um im alten Ägypten nach der Überschwemmung des Niltals durch das alljährlich wiederkehrende Hochwasser die Grenzen der Äcker neu zu bestimmen. Die Mathematik und ihre Anwendung zur Lösung von Alltagsproblemen waren demnach eng miteinander verbunden. Die Mathematik habe sich, so lautet nun Husserls Kritik, im Zuge immer weiterer Selbstbezüglichkeit längst von ihren Anwendungsfeldern gelöst: Mathematik, wie sie als Fachwissenschaft in den Universitäten betrieben würde, habe nichts mehr mit dem Alltagshandeln zu tun. Die Wissenschaft habe uns bei unseren Problemen der Lebensbewältigung daher oftmals nichts mehr zu sagen, so lautet der Vorwurf. Aus dieser Kritik heraus entsteht schon am Anfang des letzten Jahrhunderts eine konstruktive Mathematik, die schließlich in den „Erlanger Konstruktivismus" (Kamlah/Lorenzen 1973; Lorenzen 1974; Lorenzen 1987) mündet. Hier wird nicht nur für die Mathematik, sondern auch für alle Naturwissenschaften ein Bezug zum Handeln des Menschen gesucht. Nicht abstrakte, formal-logische Problemstellungen sind in diesem Konzept von Bedeutung, sondern die Frage, welche mathematischen / naturwissenschaftlichen Leistungen für welche Bereiche des Alltagshandelns von Bedeutung sind und welches vorwissenschaftliche Fundament die Mathematik / Naturwissenschaften haben.

Der Methodische Kulturalismus bietet gegenüber diesem Ansatz eine erhebliche Erweiterung und innovative Aspekte (vgl. Hartmann/Janich 1996a, S. 67ff.). Zunächst einmal wird die vorwissenschaftliche Basis jeglicher Erkenntnis und Wissenschaft – nicht nur der Naturwissenschaften, sondern auch der Geistes- und Sozialwissenschaften – betont. Alle Wissenschaften sind nach Ansicht der Kulturalisten historisch gesehen Resultat von Lebensbewältigungen. Im Zuge des Bemühens, die Erkenntnisse von Alltagserfahrungen und dem Subjekthaften zu lösen, also zu verallgemeinern, entstehen dann durch den langen Verlauf der Geschichte hindurch wissenschaftliche Standards. Diese sind durchaus in ihrer Leistungsfähigkeit und Notwendigkeit anzuerkennen. Es darf jedoch nicht vergessen werden, dass Wissenschaften kulturelle Leistungen sind. Sie sind Resultat menschlichen Handelns, das sich im Laufe der Geschichte wandelt. Im Kulturalismus wird nun darüber nachgedacht, wie Wissen im Kontext menschlichen Handelns entsteht. Die Antwort ist recht einfach: Wissen ist Resultat von erfolgreichem oder nicht erfolgreichem Handeln. Erkenntnisse sind dann immer Erkenntnisse einer jeweils besonderen Handlung. Dieses Handeln kann man nun nicht dem Subjekt als einem in völliger Entscheidungsfreiheit stehenden Wesen zurechnen. Vielmehr ist es „immer ein Subjekt in einer Gemeinschaft und in einer historischen Situation" (Hartmann/Janich 1996a, S. 34), das Entscheidungen trifft.

So zu argumentieren hat mehrere, auf konstruktivistische Reflexionen verweisende Konsequenzen. Die erste Konsequenz lautet: Naturwissenschaften entdecken keine Naturgesetze, deren ewige Gültigkeit sich behaupten ließe, denn sie sind kulturgebunden und müssen sich in den jeweiligen kulturellen Kontexten bewähren. Ihre Angemessenheit (nicht: ihre Richtigkeit oder gar: die Wahrheit über Natur) ergibt sich durch die Möglichkeit, mit den Erkenntnissen erfolgreiches Handeln initiieren zu können.

Aus diesen zunächst wenig aufregend erscheinenden Gedanken heraus formulieren Hartmann/Janich (1996a; 1998) den Anspruch, dass der *Kulturalismus* eine angemessene Antwort auf die Schwächen der anderen konstruktivistischen Konzeptionen bietet und eine neue Richtung des Konstruktivismus präsentiert. Denn mit ihm sollen sich sowohl Defizite des Radikalen Konstruktivismus als auch des Sozialen Konstruktionismus überwinden lassen. Es ist daher sinnvoll, sich dem Konzept des Kulturalismus zunächst von der Kritik am Radikalen wie Sozialen Konstruktionismus her zu nähern, da diese Kritik ein wesentlicher Baustein der Konzeption des Kulturalismus ist.

Kritik des Methodischen Kulturalismus an naturalistischen Konstruktivismen

Auch wenn sich im Radikalen Konstruktivismus zahlreiche Interpretationen über den Bezug zwischen Beobachtung und Handeln, zwischen Perturbation und der Viabilität der Reaktionen auf äußere Störungen finden lassen, so lassen sich bei aller Differenz doch einige grundlegenden Annahmen ausmachen, die für alle Autoren des Radikalen Konstruktivismus gelten – und nach Hartmann/Janich problematisch sind. Dazu gehört die *naturalistische Position* des Radikalen Konstruktivismus. Naturalistische Positionen haben zum Problem, dass in ihnen mehr als sichere Erkenntnis vorgestellt wird, als man belegbar und plausibel im Kontext konstruktivistischer Positionen belegen kann (vgl. zum Folgenden im Detail Hartmann/Janich 1996a, S. 14-27).

Es sind im Kern zwei Kritikpunkte, die unter dem Vorwurf des „Naturalismus" gegenüber dem Radikalen Konstruktivismus vorgetragen werden:

Naturalistische Positionen tendieren dahin, alles Geschehen als Naturgeschehen zu interpretieren. Das hat zur Konsequenz, alle Phänomene naturwissenschaftlich erklären zu wollen – menschliches Handeln und kulturelle Leistungen eingeschlossen.

Diese Position findet sich überraschend oft im Kontext des Radikalen Konstruktivismus, etwa von Maturana/Varela (1987): Erkennen wird zwar zunächst als effektive Handlung im Existenzbereich des jeweiligen Lebewesens definiert (vgl. ebd., S. 32ff.), dann aber wird das effektive Handeln näherhin als Ausfluss der autopoietischen Organisation des Organismus beschrieben und zurückgeführt auf zelluläre Funktionsweisen und die Biochemie des Organismus (vgl. ebd., S. 55). Dies setzt sich auch im Verständnis sozialer Verbände noch fort. Sie werden als evolutionärer Schritt über den Prozess struktureller Kopplungen erklärt (vgl. ebd., S. 85 u.ö.), die in der Ontogenese schließlich „Kultur" hervorgebracht haben, die letztlich aber definiert wird als Verhaltenskonfigurationen, die über Generationen hinweg stabil bleiben (vgl. ebd., S. 218). Zu ganz ähnlichen Positionen kommt der kybernetische Ansatz v. Foersters: „Ein lebender Organismus ist eine selbständige, autonome, organisatorisch geschlossene Wesenheit", heißt es bei ihm (2003, S. 42), um sodann zu erklären, dass es elektrische Ströme zum und im Hirn sind, die diese „Wesenheit" konstituieren.

Der darin aufscheinende „Hirn-Apriorismus" (Hartmann/Janich) hat zur Folge, Erkennen als biologisch motiviertes und physikalisch organisiertes Geschehen zu formulieren. Das impliziert wiederum – so die Kritik des Konstruktivismus –, dass erstens die Vorstellung verloren geht, alle Aussagen über die Natur, den Menschen etc. seien Konstrukte. Zweitens wird der Mensch dann nicht mehr als nach Zwecken handelndes kulturgebundenes Wesen kenntlich, sondern als Organismus beschrieben, dessen Leben im Prinzip nach den gleichen Mechanismen funktioniert wie das von Amöben.

„Geltungstheoretisch" (Hartmann/Janich 1996a, S. 18) kommt man mit dieser Position nach Auffassung der Kulturalisten nicht sehr weit. Denn so lässt sich im Rahmen des Radikalen Konstruktivismus von Maturana, Varela, v. Glasersfeld und v. Foerster zwischen Beobachter- und Teilnehmerposition nicht mehr unterscheiden. Und dieses, obschon gerade *diese* Differenz, die zwischen Beobachter und Gegenstand, für die Konstruktivismen konstitutiv ist. „In der Inkorporation systemtheoretischer und autopoietischer Modellbildungen verfehlt der gesamte radikal-konstruktivistische und hirnaprioristische Ansatz die methodische Ordnung seiner Theoriestücke und damit den geltungstheoretisch relevanten Unterschied von Beobachter- und

Teilnehmerperspektive: der mit Ansprüchen auftretende radikale Konstruktivist als Teilnehmer wissenschaftlicher und philosophischer Kommunikation kann von seiner eigenen Theorie nicht mehr eingeholt werden. Der Beobachter ist zum Naturgegenstand ohne Wahrheitsanspruch verkommen" (Hartmann/Janich 1996a, S. 18).

Naturalistische Positionen übersehen die Historizität ihrer eigenen Argumentationen.

So beruhen die Erkenntnisse, wie sie im Radikalen Konstruktivismus formuliert werden, auf veränderten Auffassungen in den Naturwissenschaften über die Formen von Wahrnehmungsverarbeitung im menschlichen Gehirn. Zudem ist das naturwissenschaftliche Wissen, auf das sich Maturana und andere in Hinblick auf das Fundament ihrer eigenen Erkenntnisse immer wieder beziehen, nicht als freischwebend existierend zu betrachten; es ist nicht frei von Interessen gewonnen. Vielmehr hat naturwissenschaftliche Forschung im zweckgerichteten Handeln von Sozietäten ihren Platz. Und diese Sozietäten wiederum unterliegen und betreiben kulturelle Veränderungen, die schwerlich als einem oder wenigen Prinzipien und Strategien folgend bezeichnet werden können. Dagegen wird der wahrgenommenen Natur Struktur, Zweckgerichtetheit (etwa: Selbsterhaltung, Evolution) und Funktionalität (Viabilität) zugedacht. Und der Erkenntnisprozess über diese Natur, so denken Maturana/Varela und andere Radikale Konstruktivisten, soll selbst auch den Mechanismen von erkannter Natur unterliegen. Aber Natur und Naturerkenntnis sind nicht identisch. Die Naturwissenschaftsgläubigkeit dieser Ansätze, in denen Atome und Moleküle, Zellen und Organismen Kognitionen und Wertentscheidungen erklären sollen, macht erstaunen. In der Konsequenz bedeutet dieses, dass, wenn Menschen einer Sache eine *Bedeutung* zuschreiben, Urteile fällen und normengeleitete Handlungsziele formulieren, sie einem Antrieb folgen und von den gleichen Mechanismen gesteuert werden wie Lurche, die sich in einem Tümpel paaren.

Zudem werden die Geltungsansprüche – so die Kritik der Kulturalisten – ja nicht gegenüber Organismen formuliert, sondern gegenüber Menschen in kulturellen Kontexten geäußert. Es ist dann auch nicht der Organismus, der die Geltungsansprüche akzeptiert oder nicht (sie machen den Organismus schließlich nicht mehr oder weniger lebensfähig), sondern es sind Kommunikationsgemeinschaften, die über die Haltbarkeit der Argumente entscheiden. Dagegen machen Positionen wie jene von Maturana/Varela den Eindruck, als würden die Moleküle in den Organismen miteinander kommunizieren, als würden Informationen weitergegeben anstatt sich auf die Einsicht zu beschränken, dass physikalisch gesprochen elektrische Ströme fließen. Dass dieses Kommunikation ist, ist ein Anthropomorphis-

mus. Neuronale Netze bekommen so den Charakter von kultur-
unabhängigen Vorhandenheiten – als seien sie vor historisch erst geworde-
nen Erkenntnisprozessen immer schon verfügbar.

Diesem Hang zu vermeintlich rationalen, naturwissenschaftlichen Erklärungen korrespondiert der Hang, aus dem Naturgeschehen selbst Normen für
das richtige Handeln gewinnen zu wollen, Natur und das Geschehen in ihr
zum Vorbild für eigenes Handeln und zwischenmenschliche Beziehungen
nehmen zu wollen. Von den „Staaten bildenden" Ameisenhaufen über den
Altruismus zum Zweck der Arterhaltung reicht die Belegstrecke, mit der z.
B. Maturana/Varela versuchen, Ethik als den höheren Organismen wenn
nicht immer schon implizit, so doch zum Zwecke des Erhaltungsprinzips
des sozialen Systems erlernt auszuweisen (1987, S. 213 und 217). Die damit
gegebene Kopplung zwischen Sein und Sollen wird uns noch im Kapitel
über Ethik beschäftigen.

Das von den Kulturalisten gezogene Fazit lautet: Konstruktivisten wie Maturana, Varela, v. Glasersfeld und v. Foerster scheinen eher Realisten als
Konstruktivisten zu sein. Das mag überraschen, lässt sich aber leicht belegen, wenn man bedenkt, dass der Realismus auf der Annahme basiert, dass
es unabhängig vom erkennenden Menschen eine in ihrer Struktur durch ihn
zu erkennende Wirklichkeit gibt. Zwar behaupten die genannten Autoren, es
gebe keine vom Beobachter unabhängige Welt „da draußen", aber ihre Positionen laufen am Ende doch darauf hinaus, eben diese Welt anzunehmen –
sei es in Form von sich selbst steuernden Organismen oder in Form von das
Hirn durchströmenden elektrischen Impulsen. Übersehen wird, dass es sich
immer um die Interpretation selbst erschaffener theoretischer Konstrukte
handelt, denen man nun im Sinne des Hineingedachten ein funktionierendes
faktisches Eigenleben zuspricht. Janich/Hartmann nennen diese Position
„naturalistisch".

Kritik des methodischen Kulturalismus am Kulturrelativismus des Sozia-
len Konstruktionismus

Zu den Protagonisten des Sozialen Konstruktionismus zählen L. Fleck, K. J.
Gergen, K. Knorr-Cetina, R. Rorty und S. J. Schmidt. Sie denken konsequent alle Wahrnehmung und alles Handeln – also auch jenes, das sich auf
Natur bezieht – als Resultat menschlicher Praxis und als Produkt menschlicher Kultur. In dieser Hinsicht stimmen sie mit Janich/Hartmann überein.
Hier ist es nicht das Interesse des menschlichen Organismus zu überleben,
welches das Verhalten antreibt, sondern der soziale Austausch.

Es ist nicht die Einsicht der Kulturabhängigkeit von Erkenntnis, die dem Sozialen Konstruktionismus vonseiten des Kulturalismus zum Vorwurf gemacht wird. Diese Einsicht gilt als in sich konsistent, zumal sonst nicht erklärt werden kann, dass es in Gemeinschaften bei aller Heterogenität dennoch geteilte Auffassungen über Wahrnehmungen und geteilte Ansichten über Normen, Regeln des Zusammenlebens und Erwartungen gibt. Kritisiert wird von Janich/Hartmann dagegen die im Sozialen Konstruktionismus aufgestellte Behauptung, dass inkommensurable Paradigmen, Theorien und Urteile nicht aufeinander bezogen werden können, dass sie nicht ineinander übersetzbar sind und damit letztlich über die Richtigkeit bzw. Angemessenheit der Paradigmen, Wahrnehmungen und Konstrukte nicht entschieden werden kann.

Der Ansatz von Hartmann/Janich zielt nun darauf darzulegen, dass sich über eine Kommensurabilität letztlich doch entscheiden lässt. Sie argumentieren zunächst nur in Bezug auf die Naturwissenschaften: In ihnen lässt sich in der Regel auf technische Fundamente der Theorien (Rechenoperationen, Maße etc.) zurückgehen. Einigt man sich auf die Operationen oder Maße, so ist eine Vergleichbarkeit möglich, die es auch erlaubt, das in diesem Rahmen konsistentere Paradigma zu identifizieren. Zudem, so wird weiter argumentiert, müssen sich Theorien in der Praxis bewähren, also als geeignetes Mittel für die Verfolgung bestimmter Zwecke erweisen. Theorien können dann in ihrer Anwendung, also im Handeln, scheitern. So scheitern etliche Forschungsstrategien in der Physik und Medizin, Manipulationsversuche an Menschen misslingen oft, Theorien erweisen sich im Rahmen ihrer praktischen Anwendung als untauglich. Damit aber sind Paradigmen durchaus als validierbar im Rahmen menschlicher bzw. sozialer Zwecksetzungen anzusehen.

Die Kritik am Sozialen Konstruktionismus wendet sich nicht nur gegen den Relativismus naturwissenschaftlicher Paradigmen, vielmehr zielt sie auch auf einen überzogenen Relativismus hinsichtlich der Geltungsansprüche von Normen und Werten, und damit auf die Geistes- und Sozialwissenschaften wie auf die Interpretation der sozialen Welt durch den Sozialen Konstruktionismus. Wenn man argumentiert wie Gergen, der meint, Geltung könne beanspruchen, was im Rahmen der jeweiligen Gemeinschaften an Errungenschaften und Traditionen als akzeptiert gilt (vgl. Gergen 2002, S. 27), dann, so der Vorwurf, würde man einer Beliebigkeit von Normen und Werten das Wort reden, die sich letztlich nicht halten ließe (vgl. Hartmann/Janich 1996a, S. 27ff.). Denn der Verweis auf die faktische Akzeptanz von Normen und Werten in einer spezifischen Sozietät ist kein hinreichendes Kriterium für Geltungsansprüche. Wenn man diese nur für die Gemeinschaft in Anspruch nimmt, die sich auf die jeweils spezifischen Geltungsansprüche beruft, so führt das in einen Kulturrelativismus. Zwischen den verschiedenen Gemeinschaften lässt sich dann aber nicht mehr unterscheiden hinsichtlich dessen, was als Wissen bezeichnet werden kann, und dem, was als Meinen und gar Irrtum zu bezeichnen ist. Aussagen sind dann immer nur Optionen, denen man sich gemeinschaftlich anschließen kann.

Die Kritik von Hartmann und Janich am Sozialen Konstruktionismus, dass gemeinsame Vorstellungen vom Richtigen und vom Rechten nicht zu haben sind, ist allerdings nicht durchgängig gerechtfertigt. So formuliert Rorty – der durchaus zu den Sozialen Konstrutionisten gezählt werden kann – zumindest *eine* übergreifende Vorstellung, nämlich die vom guten Miteinander. Dabei unterscheidet er aber streng zwischen dem, was aufgrund seiner Wahrnehmung gängige Praxis ist – dass es nämlich inkommensurable Norm- und Wertvorstellungen in unterschiedlichen Sozietäten gibt –, und einem universellen Orientierungsrahmen für den Umgang miteinander, der sich allerdings nicht aus abstrakten Moralgesetzen ableiten lässt. Unterschiedliche Sozietäten haben unterschiedliche Vorstellungen von dem, was gut und böse ist. Sie beruhen auf unterschiedlichen Erzählungen darüber. Rorty entwirft eine Moral, die zusammengehalten wird durch das „Wir", welches verhindern soll, den/die andere/n („eine/r von uns"), soweit diese/r kundtut zu leiden, leiden zu lassen. Rorty hält die Leidensfähigkeit und das Mitleiden-Können für ein – wenn auch schwaches – alle Kulturen verbindendes Gefühl. Dieses gilt es über Erzählungen zu kultivieren und auszubauen. Das ist freilich eine minimalistische Moral, aber sie ist insofern pragmatisch, als sie nicht abgehoben formuliert wird von den Sozietäten und Individuen, in denen bzw. für die sie zur Geltung gelangen soll. Es ist damit auch kein universeller Geltungsanspruch, der sich in der gemeinsamen Leidensfähigkeit ausdrückt. Es ist eine Möglichkeit, die Vorstellung von Zusammengehörigkeit zu entwickeln. Leiden ist ein subjektives, kulturell geprägtes Empfinden, dessen Anerkennung abhängig ist von der Zuwendung, die einem durch andere zuteil wird.

Nicht beim Gefühl und dem Mitfühlen des Leidens, sondern bei einem anderen Gefühl, dem der Liebe, setzt hingegen Maturana an (siehe Kap. 6). Von der Liebe als einendem Band, das der Missachtung von Unterschieden zwischen sozialen Gruppen und Menschen entgegenwirken kann, spricht auch Gergen (2002, S. 64f.). Der Kulturalismus dagegen sucht nach stärkeren Bindungen und Verbindlichkeiten zwischen Sozietäten statt einer (schwachen) Ethik des Mitleidens oder der Liebe, ohne das allerdings genau auszuformulieren.

Auch ist der Vorwurf gegenüber dem Sozialen Konstruktionismus, es käme ihm nur auf die Akzeptanz von Behauptungen und Handlungen in der eigenen Sozietät an, um sie für gerechtfertigt zu halten, nicht gegenüber allen Autoren, die man zum Sozialen Konstruktionismus rechnen kann, aufrechtzuerhalten. So findet sich in den Schriften Rortys der Gedanke, für die Auseinandersetzung mit Vorstellungen, Visionen, Zielsetzungen in Gesellschaften gelte als Orientierungskriterium die Frage, ob die Vorstellungen und Handlungsabsichten eine bessere Zukunft versprechen (vgl. Rorty 1994). Das ist ein über bloße existenzsichernde Nützlichkeit hinausreichendes Kriterium, da damit der Status quo überschritten und aufgeladen wird mit Visionen, Utopien, Wünschen und Hoffnungen.

Einem radikalisierten Sozialen Konstruktionismus mag auch Gergen in seinen jüngeren Publikationen nicht (mehr) folgen: Er kritisiert sozialdeterministische Positionen und belegt mit etlichen Beispielen die relative Selbstständigkeit des Individuums in dem Geflecht der jeweiligen Sozietät: Die Aneignung von Welt geschieht im Prozess der Sozialisation offensichtlich in individuell unterschiedlichen Formen. Die Individuen könnten auch Distanz zur Gesellschaft und zu den eigenen Handlungen entwickeln. Bei völliger sozialer Determiniertheit dürfte es diese beobachtbare Distanz gar nicht geben (vgl. Gergen 1999, S. 54).

Die vom Kulturalismus intendierte Abgrenzung gegenüber dem Sozialen Konstruktionismus ist, so wird schon an der differenzierteren Auseinandersetzung mit der Position Rortys deutlich, nicht immer hinreichend geklärt. Der Soziale Konstruktionismus ist sicherlich in sich widersprüchlich, kaum aber durchgängig dem Vorwurf eines Kulturrelativismus unterlegen. Was allerdings den Kulturalismus gegenüber dem Sozialen Konstruktionismus zunächst auszeichnet, ist das Insistieren darauf, dass sich Vorstellungen und Handlungsmuster, Interpretationen und Orientierungen im Alltag bewähren müssen, dass sie also funktional sein müssen für das Lösen von Problemen. Zudem ist der Hinweis auf die Möglichkeit der Verständigung zwischen den verschiedenen Sozietäten mit ihren unterschiedlichen Weltinterpretationen und Handlungsmustern von großer Bedeutung: Soweit man sich gegenseitig verständlich machen kann – so der Kulturalismus – ist es auch möglich, Orientierungen, Handlungen und Interpretationen miteinander zu vergleichen und letztlich zusammenzuführen oder zu optimieren. Es sind mithin zwei Aspekte, die den Kulturalismus vom Sozialen Konstruktionismus unterscheiden: Der Handlungsbezug von Aussagen und die Möglichkeit der Verständigung zwischen Personen und Sozietäten mit unterschiedlichen Auffassungen und Praxen.

Das Konzept des Methodischen Kulturalismus

Der Kulturalismus gewinnt wesentliche Impulse aus den Begründungs-schwächen des Radikalen Konstruktivismus wie aus der Kritik am Sozialen Konstruktionismus.

Die Differenzen des Kulturalismus zu den Theorien des Radikalen Konstruktivismus in der Tradition von Maturana/Varela beginnen dort, wo diese aus naturwissenschaftlichen Einsichten heraus ihre Erkenntnisse begründen und auf dieser Basis versuchen, menschliches Handeln zu erklären. Naturwissenschaftliche Erklärungsversuche werden im Radikalen Konstruktivismus in aller Regel so präsentiert, als ob diese unumstößlich seien, objektiv und von überdauernder Gültigkeit. Dagegen wird vom Kulturalismus geltend gemacht, dass auch naturwissenschaftliche Erkenntnisse in kommunikativen Kontexten entstehen. Wenn sie mit dem Anspruch vorgetragen werden, der Wirklichkeit angemessen zu sein, so führt dieses zu immanenten Widersprüchen im Konstruktivismus. Hartmann/Janich plädieren dafür, Aussagen und Erklärungen dann für angemessen zu halten, wenn sie sich im Verfolgen von mit ihnen verbundenen Zwecken praktisch bewähren. Ob sich Erkenntnisse bewähren, ist nicht aus den Naturwissenschaften selbst heraus erkennbar. Sie müssen sich praktisch unter der Prämisse bewähren, dass sie für eine gemeinsame, hinreichend funktionierende *Sozietät* nützlich sind.

Im Kulturalismus werden naturwissenschaftliche Erkenntnisse daher nicht als „natürlich" hingenommen, sondern als „kultürlich" wahrgenommen. Sie konstituieren sich (zunächst) aus der Lebenspraxis heraus. Naturwissenschaften sind Medien zur Bewältigung von Problemen, zur Erklärung ungeklärter Phänomene und sind Hoffnungsträger für einen Weg aus unsicheren Verhältnissen in sicherere, bessere Lebensarrangements. Insofern sind naturwissenschaftliche Erkenntnisse zurückgebunden an die Lebenspraxis und nicht Ausfluss genialer einsamer Gedanken von intelligenten Fachmenschen.

Um zu Erkenntnissen gelangen zu können, muss es – folgt man der Vorstellung, Erkenntnis hinge mit der Bewältigung von Problemen zusammen – erstens Anlässe geben, aus denen heraus Forschung betrieben wird. Diese Anlässe sind immer an kulturelle Kontexte gebunden. Sodann muss den Naturwissenschaften zweitens Transsubjektivität zu eigen sein: Methoden und Ergebnisse müssen in einer Sozietät nachvollzogen werden können. Schließlich und drittens muss über die Erkenntnisse und Einsichten reflektiert werden können. Die Reflexion betrifft nun nicht allein die Überprüfung von Geltungsansprüchen. Reflexion zielt auch auf die „Lebenstauglichkeit" der Erkenntnis ab. Diese „Lebenstauglichkeit" hat als Prüfkriterium den Handlungserfolg oder -misserfolg. Darin unterscheidet sich der Kulturalismus von den kritisierten Varianten des Sozialen Konstruktionismus. Es reicht nicht hin, dass in einer Sozietät formulierte Geltungsansprüche durch die anderen Mitglieder der Sozietät akzeptiert bzw. anerkannt werden. Als diskursunabhängiges Kriterium für die Angemessenheit von Wahrnehmungen und Handlungen gilt, dass sie erfolgreich für gesetzte Zwecke genutzt werden können (vgl. Hartmann/Janich 1998, S. 19f.). Es ist der Verdienst des Kulturalismus, die Wahrnehmungen und Handlungen zurückgebunden zu haben an die Sozietäten, in denen sie entworfen werden, und an die Anwendungstauglichkeit der Einsichten.

Leider halten die Autoren ihr Konzept der kulturellen Rückgebundenheit aller Erkenntnis nicht in letzter Konsequenz durch. Denn sie sprechen auch von einer Natur, die kulturell „unberührt" sei. Natur ist dann „dasjenige, was bzw. insofern es vom Menschen nicht handelnd verändert wird, bzw. ohne sein Zutun von selbst geschieht" (Hartmann/Janich 1996a, S. 39). Hier scheint eine Unterscheidung greifen zu wollen zwischen der Erkenntnis über Natur und der Natur, die ohne kulturelle Überformungen, ohne erkannt zu sein, „unberührt" existiere. Wie aber, so ist zu fragen, kann man darüber außerhalb kultureller Kontexte etwas wissen? Die Differenz zwischen kulturell überformter und erkannter Natur auf der einen und „unberührter" Natur auf der anderen Seite ist nicht widerspruchsfrei denkbar. So führen Hartmann/Janich zwar die von ihnen eingeforderte „Kulturkritik" vor, die sich mit „Welt- und Menschenbildern" und ihrer Wirkungsmacht auseinandersetzen soll, operieren dann aber wiederum mit der Dichotomie zwischen kulturell geformter und erkannter Natur auf der einen und unberührter Natur auf der anderen Seite, die nicht zurückgebunden wird an die Frage, welchem Zweck ein solches Denken über unberührte Natur für die so Redenden dienen kann.

Insgesamt gesehen bietet eine kulturalistische Position zwei Vorteile gegenüber den anderen hier behandelten Konstruktivismen, ist allerdings zugleich mit zwei Schwächen verbunden, die noch einmal genauer analysiert werden müssen. Der erste Vorteil ist, dass im Kulturalismus die Welt- und Menschenbilder, Handlungsmuster und Werteorientierungen etc. nicht beliebig ausfallen können, sondern zurückgebunden sind an ihre „Lebenstauglichkeit". Der zweite Vorteil liegt in der Einsicht, dass divergente Erkenntnisse und Orientierungen im Rahmen zwischenmenschlicher Verständigung als miteinander vergleichbar und somit schließlich auch als kritisierbar und ineinander überführbar angesehen werden. Die erste Schwäche betrifft die Auffassung, Wahrnehmung und Handeln seien in jedem Fall an ihrer rationalen Zweckhaftigkeit, letztlich an ihrem Nutzen (ihrer „Lebenstauglich-keit") zu messen. Die zweite Schwäche betrifft den im Kulturalismus ver-wendeten Kulturbegriff: Ihm fehlt eine kulturkritische Komponente. Die beiden Schwächen sollen im Folgenden näher betrachtet werden.

Die Orientierung am Nutzen und an der rationalen Wahl im Kulturalismus

Hartmann und Janich definieren Wissen als „*Verfügen über Mittel für ver-folgte Zwecke*" (1996a, S. 33; Herv. i. O.). Wissen ist nach dieser Auffas-sung immer Wissen zum Handeln. Damit käme man noch zurecht, ent-spricht diese Definition doch jener im Kontext der Theorien zur Wissensgesellschaft gebräuchlichen Verwendung des Terminus „Wissen": Danach kann man Wissen verstehen als Handlungskapazität bzw. als Fähig-keit zum Handeln und somit als Möglichkeit, etwas „in Gang zu setzen". Damit wird Wissen auf der Seite des Subjekts angesiedelt, als Kompetenz begriffen, die neben der wissenschaftlichen, technischen Seite das Wissen über die Möglichkeiten sozialen Handelns umschließt (vgl. Stehr 1994, S. 194ff.). Handeln ist in *dieser* Definition nicht abzulösen von der Frage nach dem *richtigen* Handeln, mithin von Reflexionen auf die Werte und Normen, an denen sich das Handeln ausrichtet. Wie diese ausfallen, ist damit noch nicht festgelegt. Im Kulturalismus allerdings wird Handeln an das Kriterium der Zweckrationalität gebunden. Wenigstens wird es von den Autoren so formuliert: Alle Prädikationen sind eingebettet in menschliche Handlungs-zusammenhänge, letztlich in Erfolg wie Misserfolg. „Der kulturalistische Versuch läuft darauf hinaus, *alles Wissen auf Handlungserfolg und Misser-folg zurückzuführen bzw. aus diesem zu begründen*" (Hartmann/Janich 1996a, S. 33; Herv. i. O.) Dieses gilt allemal für wissenschaftliche Theorien: „Die *Wahrheitskriterien* für wissenschaftliche Theorien liefert mit der Ori-entierung am erkenntnisleitenden Interesse letztlich der *Handlungserfolg* in der zu stützenden nichtwissenschaftlichen Praxis" (ebd., S. 46; Herv. i. O.). Dabei schränken die Autoren ein: „Absolut- oder Letztbegründungen sind damit nicht angestrebt, weil es kein bedingungsloses Ge- und Mißlingen gibt" (ebd., S. 33).

Handeln immer als „Mittel zur Realisierung von Zwecken" beschreiben zu wollen (wie Hartmann/Janich 1996a, S. 94 es vornehmen und nahezu alle Autoren des Methodischen Kulturalismus mit ihnen), ist ein riskantes Unter-fangen. Es muss nicht zwingend „eine Bedingung der Möglichkeit von Handlungsverstehen" (ebd.) sein, dass man die Zweckrationalität von Han-deln unterstellt. Ja, es ist fraglich, ob man dieses immer schon – auch gegen empirisch anders lautende Befunde – unterstellen darf, wie Hartmann plausibel zu machen versucht. Es ist zwar – seit wir die Psychoanalyse und mit ihr die nicht völlige Transparenz unserer Handlungen akzeptiert haben – fraglich, ob die Handlungsmotive, die wir dem eigenen Handeln zuschreiben, auch schon die sind, die das Handeln tatsächlich motiviert haben mögen. Aber die Zweckrationalität gegen alle Empirie immer schon zur Voraussetzung von Verstehen machen zu wollen, ist eine unnötige Begrenzung, wie Zitterbarth gegen das auch von ihm favorisierte Konzept des Methodischen Kulturalismus anführt (1996). Dass damit dem menschlichen Handeln ein wohl überzogener Rationalismus angeheftet wird, ist an dieser Stelle der entscheidende Hinweis auf die Ergänzungsbedürftigkeit dieses Ansatzes. Es kann die Betonung dessen nicht unterbleiben, dass auch außerhalb von Erfolgskriterien und Nützlichkeiten menschliche Leistungen beschreibbar sind.

Die Ursache für die instrumentelle Verkürzung des Handlungskonzeptes sieht Zitterbarth in dem Problem, dass der Kulturalismus das Handlungskonzept auf Max Webers Handlungstypologie fußen lässt. Dieses Konzept kennt utilitaristische, werthafte und affektive Ziele und räumt in diesem Kontext der Zweck-Mittel-Beziehung eine herausragende Position ein. Indem nun Weber sein Handlungskonzept so einleitet, dass Handeln nur dann vorliegt, „wenn und insofern als der oder die Handelnden mit ihm einen subjektiven *Sinn* verbinden" (Weber 1972, S. 1; Herv. i. O.), gerät das individuelle Handeln zum Ausgangspunkt von sozialen Entwicklungen. Weber sieht zudem im utilitaristischen Handeln die bedeutendste Handlungsorientierung, im affektiven die unbedeutendste. Höchster Sinn liegt in der individuellen zweckrationalen Mittelwahl. In diesen Kontext ist auch soziales Handeln eingebettet. Auch dieses Handeln wird in seinem Sinn nur über das Individuum erschließbar. Der Kulturalismus von Hartmann/Janich folgt dieser Konzeptionierung von Handeln, wie sie Weber vornimmt. Das ist erkennbar an der Fassung des Kulturbegriffs, wie ihn Hartmann/Janich formulieren (vgl. zum Folgenden Hartmann/Janich 1996a, S. 36ff.). Kultur entsteht aus der Bedürftigkeit des Menschen. Um ihre Bedürfnisse zu befriedigen, müssen Menschen ihr Handeln koordinieren, also Handlungszusammenhänge schaffen. Diese Handlungszusammenhänge lassen sich als Praxen begreifen, sofern sie regelmäßig, regelgeleitet und personeninvariant gestaltet sind. Diesen Kriterien entsprechend gäbe es technische Praxen des Gerätegebrauchs, soziopolitische Praxen der Konfliktlösung und viele andere mehr. Praxen, „obwohl als schematische, personeninvariante Handlungszusammenhänge charakterisiert …, manifestieren sich in den singulären Handlungen Einzelner" (ebd., S. 38). Die Engführung des kulturellen Handelns auf individuelle zweckrationale Ziele führt dann, wie Zitterbarth entfaltet, zu Verkürzungen im Kulturalismus (vgl. Zitterbarth 1996). Es lassen sich schließlich neben dem zweckrationalen Handeln noch andere Formen ausmachen. Mit Rekurs auf Habermas' Theorie Kommunikativen Handelns (1981) nennt Zitterbarth zwei: Erstens kommunikatives Handeln, das nicht unter der Prämisse individuellen Erfolgs steht, sondern sich vielmehr mit dem Ziel verbindet, die Definition von Zielen untereinander abzustimmen, ohne sich immer mit der eigenen Auffassung durchsetzen zu können. Zweitens lassen sich auch expressive Selbstdarstellungen und das Interesse an künstlerischer Expression, die unter dem wachsenden Interesse an ästhetisierter Lebensführung zunehmend an Bedeutung gewinnen, schwerlich immer mit Zweckrationalität in Verbindung bringen. Kunst anschauen, Musik genießen, sich selbst stilisieren, ohne dieses nach außen tragen zu müssen, ist unter Nützlichkeitserwägungen allein kaum zu erklären.

Neben dem zweckrationalen Handeln lassen sich damit auch andere Handlungstypen ausmachen. Für den an sozialen Kontexten interessierten Kulturalismus dürfte insbesondere das „kommunikative Handeln" von Interesse sein, wie J. Habermas es analysiert: „Im kommunikativen Handeln sind die Beteiligten nicht primär am eigenen Erfolg orientiert; sie verfolgen ihre individuellen Ziele unter der Bedingung, dass sie ihre Handlungspläne auf der Grundlage gemeinsamer Situationsdefinitionen aufeinander abstimmen können. Insofern ist das Aushandeln von Situationsdefinitionen ein wesentlicher Bestandteil der für kommunikatives Handeln erforderlichen Interpretationsleistungen" (Habermas 1981, S. 385). Ein Beispiel dafür kann die Abwägung in einer Lerngruppe sein, welches Unterrichtsprojekt man realisieren soll. Divergente Interessen müssen gegeneinander abgewogen werden. Man wird Rücksicht nehmen auf die Lernschwächeren sowie die weniger Lernmotivierten und vielleicht gerade deren Themenvorschlag folgen, damit sie einen großen Lerngewinn aus der Kooperation mit den anderen ziehen können. Die am Ende erzielte Gemeinsamkeit lässt sich nur schwer als gemeinsamer Oberzweck bezeichnen, für den die je individuellen Projektwünsche nur das Mittel darstellen. Man wird also gegenüber der Behauptung, alles Handeln sei zweckrational, Vorbehalte anmelden müssen. Dieser Vorbehalt muss schließlich auch gegenüber den an Zwecken orientierten Prozessen des Erkennens gemacht werden.

Ist rationales Verhalten immer rational? Es könnte sich schließlich herausstellen, dass die (Zweck-) Rationalität selbst nicht immer zweckrational ist und sich insofern – entgegen der Behauptung des Kulturalismus – noch andere Handlungsmotive identifizieren lassen, die sich als situativ angemessen erweisen.

Der Frage nach der Rationalität rationalen Verhaltens geht die Spieltheorie nach. Spieltheoretische Experimente zur rationalen Wahl haben längst die Frage aufgeworfen: „Is it rational to be 'rational'?" (Binmore 1996, S. 8). Es zeigt sich schnell, dass eine verlässliche Basis für die Entscheidung von Spielern, wie sie sich selbst in einfach konstruierten Spielen verhalten, nicht zu haben ist. Man benötigt immer situationsspezifische Zusatzinformationen. Das Spiel selbst legt nicht fest, mit welchem Zug die „rationalste" Wahl realisiert wird. Wenn es aber keine situationsunabhängige Rationalität gibt, dann sind auch generalisierende Zweck-Mittel-Schemata dem Alltag nicht sehr nahe. Zudem wird das Handeln des anderen aus diversen Motiven des Interpreten heraus immer auf Unverständnis stoßen können. Dieses gilt allemal für dilemmatische Situationen. Die Wahl in solchen Situationen – und diese sind beispielsweise in der Debatte um die Frage, ob der Rettung von Natur oder der Aufhebung des sozialen Elends in irgendeiner Region der Welt der Vorzug gegeben werden sollte, immer virulent – lässt sich zumindest nicht immer zweckgerichtet und moralisch zugleich lösen. Sagt einem die Maxime ökonomischer Rationalität, man solle sich an der eigenen optimalen Gewinnstrategie orientieren, so kann diese kollidieren mit der ethischen Maxime, man solle so handeln, dass man dieses ethisch rechtfertigen kann (etwa: keine Brandrodung betreiben und kein Tropenholz schlagen, oder dieses aus Gründen der Existenzsicherung für die Familie oder des Holzkonzerns doch tun). Vossenkuhl, von dem diese Überlegung stammt, macht damit deutlich, was sich bei Zitterbarth nur knapp artikuliert findet: Wie man handelt, „ist subjektiv, weil ... von meiner Urteilsfähigkeit und meiner Übersicht abhängig ... Wir stehen häufig, aber nicht notwendig immer, vor einer unstrukturierten Vielfalt von persönlichen und sozialen Verpflichtungen. Viele dieser Verpflichtungen übersehen wir in ihrer Tragweite nicht, manche schließen sich aus oder sind nicht gleichzeitig erfüllbar; z. B. dem Wohl der Gesellschaft durch höhere Steuern, den Kollegen durch mehr Leistung und Engagement und dem Wohl der Familie durch mehr Zuwendung, höheres Einkommen und mehr freie Zeit zu dienen. Schwierig an Situationen dieser Art ist, daß wir über keine eindeutige Rangordnung der Verpflichtungen verfügen, die uns die moralische Wahl unserer Handlungen erleichtert" (Vossenkuhl 1992, S. 163).

Uneindeutigkeiten kennzeichnen fast alle komplexen Situationen. Das wiederum ist kein Freibrief für eine willkürliche Wahl bei uneindeutigen Situationen. Viel eher *könnte* die Maxime – mit Vossenkuhl – lauten: „[w]ähle deine Handlungen kooperativ, solange Du damit weder Deine Glaubwürdigkeit noch Dein Selbstinteresse gefährdest" (ebd., S. 169). Das verweist auf die Kulturgebundenheit des Individuums zurück: Wer will sich schon gerne über das moralische Versagen oder über Unzuverlässigkeit und nicht lieber über eine positive moralische Wahl und Verlässlichkeit identifizieren lassen? In der Regel liegt Letzteres eher im Interesse des Individuums – wie der Sozietät.

Zusammengefasst: Die Suche nach eindeutigen, unstrittigen Kriterien der Entscheidung von Situationen des Handelns kann nicht erfolgreich sein, weil Handeln – selbst im Kulturalismus – immer schon durch die Möglichkeit gekennzeichnet ist, das Handeln auch unterlassen zu können – was schließlich auch eine Handlung ist. Es gibt keine unstrittigen, zweckrationalen Entscheidungen. Immer kommt es bei der Entscheidung für ein spezifisches Handeln auf die Situation, genauer auf Präferenzen an, die das Individuum im kulturellen Kontext und in der Sozietät, in der das Handeln sich ereignen soll, herausgebildet hat. Dass dabei dem Vertrauen in die anderen Akteure, die Mitmenschen, (wissenschaftliche) Erkenntnisse und politische Planungsabsichten eine zentrale Funktion zukommt, sei hier nur – mit dem Verweis auf die Risikowahrnehmungen – erwähnt (vgl. im Kontext der Kriterien für eine nicht-rationale Wahl in der Spieltheorie: Hollins 1991).

Darüber hinaus kann reklamiert werden, dass sich neben dem individuellen zweckrationalen Handeln auch andere Handlungsformen beobachten lassen. Das betrifft insbesondere das kommunikative Handeln, von dem sich nicht immer sagen lässt, es sei auf individuelle Zwecke hin ausgerichtet. Im kommunikativen Handeln werden individuelle Zwecke in Beziehung gesetzt zu denen anderer in einer Sozietät. Die damit verbundenen Abwägungen implizieren, eigene Zwecksetzungen aufgrund gesellschaftlicher Zwecksetzungen oder aufgrund der Zwecksetzungen anderer zurückstellen zu können. Wenn wir nun aber individuelle Zwecksetzungen und die Orientierung menschlichen Handelns an der Viabilität gleichsetzen, dann wird mit dem kommunikativen Handeln eine weitere Orientierung sichtbar, die wir als Orientierung an der Humanität bezeichnen möchten. Viabilität und individuelle Zwecksetzungen gleichzusetzen, scheint uns insofern möglich, als beides darauf hinauskommt, das Überleben zu sichern. Das Überleben zu sichern, muss schließlich nicht bedeuten, nur den Status quo zu erhalten zu trachten. Die Überlebenssicherung kann auch eine Optimierung der Lebensverhältnisse implizieren. Das Interesse an Kommunikation als Interesse am humanen Handeln zu bezeichnen, hat im Wesentlichen zwei Gründe: Erstens setzt Humanität Gemeinschaft und Kultur immer schon voraus. Sie kann nur gegenüber anderen gezeigt werden. Freilich impliziert Humanität, anders als Kommunikation, eine Ethik, die über das Sich-verständigenwollen hinausreicht. Wir werden eine Ethik, die aus konstruktivistischer Perspektive ebenso notwendig wie begründbar ist, in Kapitel 6 entfalten.

Kultur als Kulturkritik – der verkürzte Kulturbegriff des Kulturalismus

Wenn „die Grundhaltung des Methodischen Kulturalismus in nichts anderem als dem Bestehen auf der Möglichkeit von Kritik besteht" (Zitterbarth 1996, S. 274), dann wird man das Verhältnis zwischen Kultur und Kritik noch einmal näher betrachten müssen. In den Überlegungen zum Methodischen Kulturalismus wird zwischen Kultur und Kulturkritik getrennt. Kultur, das ist das lebensweltliche Fundament der Sozietäten und mithin auch der Individuen, während Kulturkritik darauf zielt, im Rahmen einer Rekonstruktion kulturelle Artefakte daraufhin zu überprüfen, auf welchen Erfahrungen sie beruhen, ob sie schlüssig sind und ob es sich um Konventionen, Handlungswissen etc. handelt, die letztendlich zum „guten Leben" beitragen (vgl. Hartmann/Janich 1996a, S. 56ff.). Die Kulturkritik ist damit nachgeordnet und sozusagen ein Prüfkriterium für die Beantwortung der Frage, ob die Artefakte und Konventionen sowie die Erfahrungen zweckmäßig sind in Hinblick auf schon gesetzte Ziele. „Für den Methodischen Kulturalismus besteht philosophische Kulturkritik in der kritischen Beurteilung von Praxen und ihrer Veränderung in der Absicht, das Sich-Verändern von Kultur entweder als vernünftig zu begreifen oder aber ein vernünftiges Sich-Verändern einzufordern. „Vernünftig" heiße in diesem Zusammenhang, daß eine Veränderung eine bessere Durchsetzung praxisleitender Interessen nach sich zieht" (ebd., S. 39).

Dagegen gibt es in der Theorietradition des Kulturbegriffs gute Gründe dafür, Kultur und Kulturkritik *nicht* zu trennen (vgl. insgesamt Schnädelbach 1985). Denn die Verbindung zwischen Kultur und Kulturkritik gehört zu den Kernbeständen der Aufklärung. Sie wurde erstmals von J. J. Rousseau formuliert. Rousseau hatte – noch gefangen in der Differenzierung zwischen Kultur und Natur und ganz ohne von konstruktivistischen Gedanken affiziert zu sein – Kultur als *Entfremdung* des Menschen von der ihm eigenen Natur und den ihm angemesseneren Entfaltungsmöglichkeiten betrachtet. Das liegt in Rousseaus negativer Einschätzung des Zivilisationsprozesses und der positiven Bewertung von Natur begründet. „Alles, was aus den Händen des Schöpfers kommt, ist gut; alles entartet unter den Händen des Menschen. ... Nichts will er so, wie es die Natur gemacht hat, nicht einmal den Menschen" heißt es am Anfang des Erziehungsromans *Emile* von Rousseau (1963, S. 107). Im Zivilisationsprozess, so denkt sich das Rousseau, kommen Herrschsucht, Neid, Niedertracht, Übervorteilung etc. ins Spiel, während der Mensch von Natur aus, wie die Natur selbst, gut sei. Es kommt nicht darauf an, dass Rousseau den *homme sauvage* als Ideal stilisiert, sondern dass er die Entfremdungsidee in den Kulturbegriff hineinträgt. Kultur, so wie sie ist, ist demnach weit entfernt von der Kultur, wie sie sein sollte. Im Prozess der Zivilisation hat sich der Mensch von seiner eigenen Natur entfernt. Von daher ist der derzeitige Zustand der menschlichen Gesellschaft notwendigerweise zu kritisieren. Das Reden über Kultur macht dann zugleich immer auch eine Kulturkritik erforderlich.

Seit Rousseau ist die Analyse von Kultur nicht von der Kulturkritik zu trennen, da der aktuelle Zustand der Kultur immer defizitär ist – entweder im Vergleich mit vergangenen Zuständen, oder (im Zuge des Fortschrittsdenkens zumindest westlicher Kulturen) gegenüber ihren (künftigen oder auch aktuellen) Möglichkeiten. Rousseau ist der erste Aufklärer über die Aufklärung. Er wendet die Mittel der Aufklärung im Rahmen seiner Kulturkritik gegen die Aufklärung selbst, indem er die Zivilisation seiner Zeit kritisiert als nicht der Humanisierung zuträglich, sondern der Verrohung der Verhältnisse. Man muss Rousseaus Kritik nicht folgen (wie auch nicht seinen rückwärts gewandten utopischen Idealen), um den Wert dieses Konzeptes zu erkennen. Mit ihm wird das Kulturverständnis darauf ausgerichtet, über die gegebenen Verhältnisse hinauszuweisen und zugleich auf Reflexion angelegt zu sein. Das bedeutet aber auch, dass mit dieser Überlegung Rousseaus (vgl. Rousseau 1971) in den Kulturbegriff ein utopisches Element eingefügt wird: Die Zustände in den Gesellschaften müssen andere werden, damit die Entfremdung des Menschen von sich, von seiner Natur, von seinen gesellschaftlichen Möglichkeiten aufhört. Wie die Entfremdung aufgelöst werden kann, hat dann in der Nachfolge Rousseaus unterschiedliche Ausformungen erfahren, etwa die der klassenlosen Gesellschaft (Marx) oder die der kommunitären Lebensgemeinschaft (Etzioni, Walzer). Das signalisiert in jedem Fall ein Element der *Offenheit* und *die Hoffnung auf eine bessere Zukunft.*

So anzusetzen, Reflexion über Kultur als Kulturkritik zu betreiben, hat einen immensen Vorteil gegenüber einer Argumentation, in der einerseits alles Wissen aus der Zweckrationalität und dem Handlungserfolg bzw. Misserfolg heraus begründet wird und andererseits nicht erklärt wird, warum sich Kulturen überhaupt wandeln, wenn man mit einmal gefundenen, erfolgreich praktizierten Handlungsmustern operiert. Mit der Kulturkritik wird nämlich nicht nur der Boden nachgängiger Überprüfung von Zweckrationalität verlassen, wie dieses im Kulturalismus der Fall ist. Wenn Kulturkritik verbunden ist mit Vorstellungen von anderen gesellschaftlichen Zuständen, dann bedeutet dieses, dass neben der gegebenen Welt ein Konvolut an Visionen, Utopien und Wünschen in der Gesellschaft existiert. Dann können wir zwar im Rahmen kommunikativen Handelns den Versuch unternehmen, zweckrational die Mittel für das Erreichen der Utopien und die Erfüllung der Wünsche zu identifizieren, die Zweckrationalität selbst aber kann nicht erklären helfen, ob die Wünsche und Utopien selbst rational oder irrational sind. Und selbst wenn wir mit den gewählten Mitteln keinen Handlungserfolg haben, werden damit die Wünsche und Utopien nicht hinfällig. Sie verlieren ihre Geltung nicht allein deshalb, weil sich ihre Verwirklichung aktuell nicht als zweckmäßig erwiesen haben mag (Mangel in der Gelegenheitsstruktur) oder weil die Mittel aktuell nicht vorhanden waren um sie umzusetzen.

Der weitere Vorteil der Integration von Kultur und Kulturkritik liegt in dem Auffinden eines Motivs für Veränderung von Gesellschaften, das der Kulturalismus nicht bietet. Im Kulturalismus ist allenfalls in der (nur äußerst knapp skizzierten) Orientierung am „guten Leben" ein Grund für gesellschaftlichen Wandel zu identifizieren. Ob aber diese sehr generalistisch formulierte Norm ein Antrieb für kommunikatives Handeln über gemeinsam getragene Wünsche, Hoffnungen etc. sein kann, ist völlig ungeklärt. Wenn dagegen – wie seit Rousseau – von einem Defizitmodell ausgegangen wird, die Differenz zwischen Status quo und Möglichkeit im Kontext von Kulturen, die von der Aufklärung beeinflusst sind, zum Selbstverständnis gehört, dann ist damit ein Motiv gefunden, das naturalistischen Verkürzungen entkommt. Man muss dann nicht auf eine biologische oder kulturelle Evolution setzen, um Veränderungen in Gesellschaften zu erklären, sondern kann diese festmachen an den Wünschen und Hoffnungen der Mitglieder einer Sozietät, die mit dem Status quo nicht einverstanden sind, sondern andere Lebensverhältnisse wollen als die bestehenden.

Zusammengefasst bietet der Methodische Kulturalismus vor allem aus seiner Kritik am Naturalismus des (Radikalen) Konstruktivismus heraus eine gute Basis, um im Konstruktivismus weiterzudenken. Vorgeschlagen wird daher, nicht nur im Rahmen des Konstruktivismus die Annahme zu teilen, dass über „die Welt da draußen" keine abschließenden Aussagen zu gewinnen sein werden und damit nicht gewusst werden kann, was diese Welt „in Wahrheit" sei. Vielmehr lässt sich mit dem Sozialen Konstruktionismus und dem Methodischen Kulturalismus sagen, dass alle Wahrnehmungen und Handlungen auf Konventionen und Möglichkeiten basieren, die in und durch Sozietäten geschaffen werden. Allerdings wird man die alleinige Orientierung an der Zweckrationalität und die Bewährung von Wissen an Handlungserfolgen, wie es der Kulturalismus vorschlägt, nicht zum alleinigen Kriterium für die Sinnhaftigkeit von Erkenntnissen machen können. Nicht alle Handlungen sind zweckrational, und das Handeln selbst unterliegt Motiven, denen Zweckrationalität nicht (immer) unterstellt werden kann. Zudem, und das ist entscheidend, wird man den Kulturbegriff gegenüber dem Kulturalismus konsequenter fassen müssen als dort angelegt. Der Kulturbegriff hat mehr in petto als nur die Deskription von historischen Kontingenzen oder von Lebensbewältigungsstrategien von Sozietäten. Über Kultur zu reden heißt immer zugleich Kulturkritik zu üben, da Urteile über den jeweiligen Zustand von Kultur ihr Maß außerhalb des Status quo haben, seit wir so etwas wie kulturellen Wandel und Fortschritt kennen. Dieser Kulturbegriff, der mit einem gewissen utopischen Überschuss operiert und zugleich kritisch ist, bietet den Vorteil, als Kriterium für die Angemessenheit von Normen, Werten, Handlungsmustern und Interpretationen nicht die bloße Funktionalität und Nützlichkeit unserer Interpretationen etc. an der Hand zu haben.

Man wird diesen „Überschuss" zudem zwingend annehmen müssen, um begründen zu können, dass an der Kultur in ihrem momentanen Zustand überhaupt Kritik geübt werden kann. Wozu soll sie sonst dienen, wenn nicht dazu, – wie immer auch unbestimmt – auf eine bessere Welt zu verweisen? Was dem Methodischen Kulturalismus mithin letztlich fehlt, ist der emanzipatorische Impuls, der in aufgeklärten Sozietäten erst nach Handlungsoptionen suchen lässt, die zweckrational ausfallen.

Wir plädieren auf der Basis dieser Überlegungen für einen Konstruktivismus als *kritischen* Kulturalismus. Das ist ein Kulturalismus, der neben dem individuellen zweckrationalen Handeln auch nicht zweckrationales sowie kommunikatives Handeln berücksichtigt und die Auseinandersetzung mit Kultur als Kulturkritik betreibt.

Ertrag für die Pädagogik

Wie der Soziale Konstruktionismus, so verweist auch der Kulturalismus auf die Kulturgebundenheit des Wissens und der Orientierungen der Mitglieder von Sozietäten. Das ist für pädagogisches Handeln ebenso wie für das Verstehen von pädagogischen Institutionen, ja selbst für das Begreifen der Relevanz, die Erziehung und Bildung in Gesellschaften zuerkannt wird, von außerordentlicher Bedeutung.

In Bezug auf pädagogisches Handeln wird mit dem Kulturalismus verdeutlicht, wie sehr das bereitgestellte Wissen, die Normen und Werte gesellschaftlich und historisch kontingent sind. Vom Kulturalismus her bietet sich immer die Frage an, welche Zwecke sich mit dem Wissen und den Orientierungen verbinden (lassen). Ist das im Unterricht angebotene Wissen funktional? Dass diese Frage im deutschen Schulsystem lange Zeit viel zu wenig Beachtung gefunden hat, zeigen die PISA-Tests seit 2000: Die Tests beziehen sich auf die Kenntnisse und das Urteilsvermögen der 15jährigen – und zwar *nicht* entlang der nationalen Curricula, sondern dezidiert mit Bezug auf die Alltagstauglichkeit und Anwendung von Wissen. In diesen Tests haben die Jugendlichen aus Deutschland im internationalen Vergleich oftmals nur unterdurchschnittliche Leistungen gezeigt. In Folge des „PISA-Schocks" bemüht man sich nun verstärkt, die Anwendungsfähigkeit des zu erwerbenden Wissens zu verstärken, das Lernen anhand alltäglicher Phänomene in den Mittelpunkt zu rücken. Insofern kann man die neueren Entwicklungen in Bezug auf die Unterrichtsgegenstände und ihre Präsentation durchaus im Sinne des Kulturalismus für angemessen halten. Freilich ist die Entwicklung auch skeptisch zu betrachten. Wenn der Anwendungstauglichkeit der Primat zugestanden wird, dann läuft der Kanon der Bildungsinhalte Gefahr, nur noch unter pragmatischen Gesichtspunkten zusammengestellt zu werden. Der Bereich der Ästhetik, aber auch Gelegenheiten zur Muße und selbst spielerische Elemente werden dann ebenso leicht marginalisiert wie Themenfelder, deren Nützlichkeit gesellschaftlich nicht sonderlich hoch im Kurs steht: Das gilt etwa für die alten Sprachen und die ältere Geschichte, aber auch für musisch-ästhetische Aktivitäten.

Mit dem Kulturalismus wird – entgegen dem Radikalen Konstruktivismus und dem Sozialen Konstruktionismus – verdeutlicht, dass die Wahrnehmung von natürlichen Phänomenen, die Interpretation von Kultur und Gesellschaft, auch Normen und Werte nicht beliebig sind, sondern sich in der Praxis bewähren müssen. Wissen und Werturteile werden in historischen und gesellschaftlichen Kontexten auf ihre Nutzbarkeit und Nützlichkeit hin überprüft. Sie sind damit auch vergleichbar. Im Kulturalismus wird in diesem Kontext auf die Möglichkeit hingewiesen, naturwissenschaftliche Erkenntnisse miteinander zu vergleichen. Aussagen über die Natur sind nicht beliebig, sondern unter zwei Bedingungen hinsichtlich ihrer Angemessenheit überprüfbar: Zum einen sind sie es, soweit gleiche grundlegende Operationen und Regeln bei der Erkenntnisgewinnung genutzt werden. Zum anderen sind sie hinsichtlich ihrer erfolgreichen Anwendung zu vergleichen. Das spricht nicht dagegen, Kindern und Jugendlichen die Möglichkeit einzuräumen, selbst Erklärungen für Naturphänomene finden zu lassen – in dieser Hinsicht ist die Didaktik von Wagenschein (vgl. Wagenschein/Banholzer/Thiel 1990) immer noch ein gutes konstruktivistisches Konzept. Denn mit dem darin propagierten entdeckenden Lernen wird nicht nur die Entdeckungsfreude, die Lust an der Erkenntnis entwickelt, vielmehr wird auch an den selbsttätigen Erwerb von Methoden herangeführt. Der Wissensgewinn der Schülerinnen und Schüler ist dann Resultat von erfolgreichem oder nicht erfolgreichem Handeln. Erkenntnisse werden so zu Erkenntnissen, die aus einer jeweils eigenen oder gemeinschaftlichen besonderen Handlung resultieren. Und doch ist dieses Handeln nicht dem einzelnen Lernenden als einem in völliger Entscheidungsfreiheit stehenden Wesen zuzurechnen. Die bearbeiteten Naturphänomene, die vorgenommenen Versuche und auch die Resultate stehen im Kontext einer gesellschaftlich herausgebildeten Lernkultur und können verglichen werden mit den Ergebnissen der naturwissenschaftlichen Forschung.

Ähnliches kann auch für Erkenntnisse im Bereich des Sozialen gelten: Auch hier sind Ansichten und Meinungen nicht beliebig. Sie sind jeweils – wenn auch nicht in dem strengen Sinne wie in den Naturwissenschaften – vergleichbar und auf ihre Angemessenheit hin überprüfbar. Denn soweit man sich untereinander verständlich machen kann ist man auch in der Lage, Orientierungen, Handlungen und Interpretationen miteinander zu vergleichen, abzuwägen, Vorstellungen zu verwerfen, sie zusammenzuführen oder zu optimieren. Dafür ist es allerdings notwendig, die normativen Kontexte und Wertorientierungen offen zu legen, aus denen heraus Meinungen geäußert, Urteile gefällt und Tatsachen behauptet werden.

Die Zweckgebundenheit menschlicher Aktivitäten in ihren kulturellen Kontexten, auf die der Kulturalismus insistiert, macht es auch möglich, die Institutionen von Bildung und Erziehung in ihrer Funktionalität zu hinterfragen. So ist es möglich, den Zweck und die Angemessenheit des dreigliedrigen Schulsystems kritisch zu durchleuchten, wenn es als allgemein geteilter Wert gelten kann, alle Kinder und Jugendlichen in der bestmöglichen Form fördern zu wollen.

Ebenso kann man die Funktionalität des 45-Minuten-Taktes bezweifeln, wenn der Anspruch gilt, Lerngelegenheiten optimal zu gestalten und individuelle Lernprozesse zuzulassen.

Es ist plausibel, mit dem Kulturalismus das Entstehen von Sozietäten und ihrer Kultur aus der Bedürftigkeit des Menschen zu erklären. Erst aus dem gemeinschaftlichen, koordinierten Handeln erwächst die Möglichkeit, die komplexen Bedürfnisse der Menschen in ihren Kulturen auch zu befriedigen. Im Kulturalismus werden die daraus resultierenden Handlungszusammenhänge als Praxen begriffen. Sie zeichnen sich durch ihre Regelgeleitetheit und ihre regelmäßige Wiederkehr aus. Zudem – und das ist an ihnen wesentlich – handelt es sich um relativ unabhängig von einzelnen Personen übliche Tätigkeiten: Es wird unterrichtet in dafür geschaffenen Institutionen, es werden Zertifikate über erworbene Qualifikationen verteilt und es gibt Einschulungstermine. Diese Vorgänge sind schematisiert, auch wenn die Handlungen der Einzelnen sich im gesetzten Rahmen unterscheiden mögen. Praxen setzen einen Rahmen für individuelles Handeln. Dieser kann recht weit sein und viel Gestaltungsspielraum lassen (etwa bezüglich der Unterrichtsmethoden), oder eng gesetzt sein (etwa bezüglich des Einschulungstermins). Kulturelles Handeln kann damit nicht allein, ja nicht einmal primär auf individuelle zweckrationale Ziele – etwa der einzelnen Lehrkraft – zurückgeführt werden. Das trifft auch für das Lernen der Schülerinnen und Schüler zu. Sie machen zwar ihre individuellen Lernerfahrungen, aber auch dieses ist eine gesellschaftliche Praxis: Die Lerngegenstände resultieren aus den kulturellen Kontexten der Sozietät und sie sind in aller Regel unabhängig von den Lernenden als relevant eingestuft worden, so dass sie allen oder zumindest vielen Schülerinnen und Schülern gleichermaßen präsentiert werden.

Die Leistungsfähigkeit des Kulturalismus für die Pädagogik hat allerdings auch ihre Grenzen. Wir sehen vier Grenzen, die aus unserer Kritik am Kulturalismus und unserem Plädoyer für einen kritischen Kulturalismus resultieren.

Erstens muss betont werden, dass auch außerhalb von Erfolgskriterien und Nützlichkeiten menschliche Leistungen beschreibbar sind. Nicht alle Lernprozesse können auf Zweckrationalität ausgerichtet sein. Weiter oben wurde auf die Theorie Kommunikativen Handelns von J. Habermas (1981) hingewiesen, der neben dem zweckrationalen Handeln auch kommunikatives Handeln und Handeln im Kontext von Ästhetik kennt. Kommunikatives Handeln steht nicht unter dem Zwang persönlichen Erfolgs. Vielmehr dient es der Verständigung zwischen Menschen über Ziele, Absichten und Wertvorstellungen. Sich mit den eigenen Interessen durchzusetzen ist dabei keinesfalls oberstes Ziel. In diesem Zusammenhang hatten wir das Beispiel von der Verständigung zwischen den Schülerinnen und Schülern über ein gemeinsam zu realisierendes Projekt gebracht. Für den pädagogischen Kontext ist kommunikatives Handeln mit dem Ziel der Verständigung und des Aushandelns von Zielsetzungen, der Diskussion von Werten und Urteilen von höchster Bedeutung. Denn schließlich ist eine wesentliche gesellschaftlich anerkannte Aufgabe der allgemeinen Bildung, die nachwachsende Generation zu befähigen, für das eigene Handeln wie für das Handeln in und für die Gesellschaft Verantwortung übernehmen zu können. Und dazu gehört die Fähigkeit, sich selbst mit den eigenen Interessen artikulieren, diese in Beziehung zu den Interessen anderer setzen und sich für das Gemeinwohl engagieren zu können. Das wiederum verlangt, ein gemeinsames Verständnis von Situationen, gesellschaftlichen Strukturen sowie biografischen und die Sozietät betreffenden Ereignissen zu entwickeln. Dabei tritt eine Orientierung am eigenen Erfolg zugunsten der Verständigung deutlich in den Hintergrund.

Zweitens wurde weiter oben schon das Problem thematisiert, dass mit einer seit der Jahrtausendwende zu verzeichnenden verstärkten Orientierung an der Zweckrationalität in schulischen Curricula die musischen Fächer und solche mit scheinbar wenig Alltagsrelevanz zurückgedrängt werden – soweit

ihnen nicht doch eine Zweckrationalität zugedacht wird (etwa dem Tanzthe-
ater für Jugendliche als Möglichkeit des Aggressionsabbaus). Expressive
Selbstdarstellungen, das Interesse an Bildender Kunst und Musik, die eigene
künstlerische Tätigkeit und selbst das Interesse an Selbststilisierung sind
allerdings nicht primär auf Nützlichkeit ausgerichtet. Sie sind mit Kontemp-
lation, Muße, Freude am Ausdruck der eigenen Person verbunden. In einer
allgemeinen Bildung, die der Entfaltung der Ausdrucksmöglichkeiten der
eigenen Person sich ebenso verpflichtet sieht wie der Förderung der Fähigkeit, Schönes und die Vielfalt menschlicher Expression von Welt- und
Selbstverständnis wahrzunehmen, ist Ästhetik in ihren vielen Facetten nicht
wegzudenken.

Drittens ist der vom Kulturalismus propagierte Zweckrationalismus kein
situationsunabhängiges Handlungskriterium. Die dauerhafte Gültigkeit und
Sicherheit in Bezug auf einmal formulierte Zwecke ist in unserer Gesellschaft hochgradig fragil, wie wir schon in der Einleitung mit Bezug auf U.
Becks These von der Risikogesellschaft dargestellt haben. Die Fragilität betrifft auch die Beziehung zwischen Zwecken und Mitteln. Ob die gesetzten
Zwecke sinnvoll sind, ob ihre Realisierung nicht von unbeabsichtigten und
nicht vorherzusehenden Nebenfolgen begleitet wird, ist oftmals nicht zu
klären. Die daraus resultierende Unsicherheit fließt aber in die situativen
Entscheidungsprozesse und Präferenzbildungen mit ein. Darüber hinaus
können die von einer Person verfolgten Zwecke miteinander kollidieren –
ohne dass es zu eindeutigen Präferenzbildungen kommen kann. Der Hintergrund dieser alltäglich erfahrbaren Problemlagen ist die regelmäßig auftretende Notwendigkeit, sich entscheiden und handeln zu müssen unter Bedingungen von Unsicherheit. Diese generelle Problemlage moderner Gesellschaften ist allerdings bisher kaum Thema im Bereich institutionalisierten
Lernens, obschon die Bedeutung von riskanten Entscheidungen und die
Formulierung von Werthaltungen unter Unsicherheit zunehmen. Ob man
zum Beispiel für oder gegen genmanipulierte Nahrungsmittel ist, kann man
nicht mehr auf der Basis vollständiger Informationen entscheiden, da niemand mehr in der Lage ist, die diffizilen naturwissenschaftlichen Hinter-
gründe zu erfassen – oder gar als Lehrkraft zu präsentieren. Zugleich tan-
giert die Entscheidung (wahrscheinlich) unmittelbar die eigene Person. An
diesem Beispiel zeigt sich die Begrenztheit der eindeutigen Zwecksetzungen
sehr schnell. Widerstrebende Interessen (gegen Schädlinge resistente Pflan-
zen und größere Erträge versus unsicherer Folgewirkungen für die Biodiver-
sität und Gesundheit) müssen gegeneinander abgewogen werden, ohne die
Tragweite der Entscheidung vollständig überschauen zu können. Die Entscheidung unter Unsicherheit, wenn Zwecke formuliert werden und gesetzte
Ziele erreicht werden sollen, verweist wiederum auf die Notwendigkeit,

dem kommunikativen Handeln einen größeren Raum im Kontext des Lernens einzuräumen. Denn im gesellschaftlichen Kontext sind Gewissheiten – ganz anders als bei physikalischen Experimenten – nur selten zu finden. Entscheidungen basieren oftmals weniger auf (vollständigem) Wissen als auf Vertrauen (z.b. in die Richtigkeit von Informationen in den Medien; das Handeln der Politik; die Urteile von Bekannten und Freunden). Insofern macht der Kulturalismus auch die Notwendigkeit deutlich, wie sehr die Beschäftigung mit den menschlichen Zwecksetzungen auf fragile Entscheidungsfindungen stoßen lässt und es erforderlich macht, den Umgang mit Unsicherheit zu erlernen (vgl. dazu auch unser Kapitel 7 zu den Emotionen).

Viertens schließlich soll ein Blick auf die Konsequenzen geworfen werden, die aus unserem Vorschlag resultieren, den Kulturalismus in Hinblick auf sein inhärentes Kulturverständnis zu erweitern. Wir hatten geltend gemacht, dass das Verständnis von Kultur seit der Aufklärung auch die Kulturkritik impliziert. Man kann sich zwar über den Zustand einer Kultur oder Gesellschaft in ihrem gegenwärtigen Zustand verständigen, hat aber immer auch zu vergegenwärtigen, dass es sich um eine Gesellschaft und Kultur im Wandel handelt. Insofern tritt neben das Registrieren von Ist-Zuständen der Vergleich – in Bezug auf Veränderungen, Fortschritte, Rückschritte oder auch Visionen von einer besseren Zukunft. Die Beschäftigung mit Zukunft, Visionen, Szenarien, Utopien und Wünschen ist im System institutionalisierter Bildung bisher kaum zu registrieren. Das schulische Curriculum gewinnt seine Gegenstände aus der Vergangenheit und offeriert kaum die Möglichkeit, sich mit möglichen Zukünften konstruktivistisch zu befassen. Dass dieses Defizit schwerwiegende Konsequenzen für die Entwicklung des Vorstellungsvermögens hat, mag ein Experiment verdeutlichen, von dem der Zukunftsforscher A. Toffler schon 1970 (S. 422ff) berichtet: An verschiedenen Universitäten in New York und Los Angeles wurden Studierende mit einer fiktiven Geschichte konfrontiert. Darin war von Herrn und Frau Hoffman sowie ihrer koreanischen kleinen Adoptivtochter die Rede. Die Studierenden erhielten nur den Anfang der Geschichte, eine Situationsbeschreibung: Das Kind steht, umringt von anderen Kindern da, es weint, die Kleidung ist zerrissen und die anderen Kinder starren die Weinende an. Die Studierenden sollten nun die Geschichte fortsetzen. Dabei waren sie allerdings – ohne es zu wissen – in zwei Gruppen unterteilt worden. Eine Gruppe bekam den Text in Vergangenheitsform präsentiert: Hier liefen, sahen, handelten die Personen. Aufgabe war es zu beschreiben, was Herr und Frau Hoffman taten, wie die Kinder reagierten usw. Die andere Gruppe erhielt die gleiche Geschichte in Zukunftsform. Sie waren aufgefordert zu erzählen, was Herr und Frau Hoffman tun werden, wie die Kinder reagieren werden.

Die Resultate waren grundlegend unterschieden. Während die Gruppe der Studierenden, die mit der Vergangenheitsform konfrontiert wurden, üppige Geschichten entwickelten, neue Figuren hinzu erfanden und plastische Darstellungen produzierten, sahen die Texte derer, bei denen die Geschichte in der Zukunft spielte, ganz anders aus: Hier blieben die Figuren blass, sie waren kaum ausformuliert, neue Charaktere fehlten. Für die Studierenden war es leicht, in der Vergangenheitsform zu schreiben, schwierig allerdings, Phantasien zu entwickeln für eine Geschichte, die in der Zukunft spielt.

Wie ist dieser Unterschied zu erklären? Toffler argumentiert, dass sich das schulische wie universitäre Lernen auf Vergangenes kapriziert. Man rekapituliert Wissensbestände, orientiert sich an der Geschichte von Disziplinen. Man weitet nicht den Blick in die Zukunft hinein. Man könnte auch sagen: Mit den Curricula (die sich in dieser Hinsicht heute von jenen der 1960er und 70er Jahre kaum unterscheiden) entwickeln die Lernenden sicherlich einen Vergangenheitssinn, kaum aber einen *Möglichkeitssinn*. Die Beschäftigung mit Kultur, die Formulierung von Zwecken ist aber, wenn damit Kulturkritik und die Verständigung über Zwecke verbunden sein soll, auf die Entfaltung des Möglichkeitssinns angewiesen.

Das lässt noch einmal einen ganz anderen Blick auf die Leistungsfähigkeit des Konstruktivismus zu: Es geht nicht allein darum, (individuelle oder aber soziale) Wirklichkeiten zu konstruieren, sondern individuelle wie gemeinschaftliche Möglichkeiten zu eruieren.

4. Systemtheorie als operativer Konstruktivismus

Luhmanns konstruktivistische Systemtheorie

Der Systemtheorie Niklas Luhmanns in diesem Band ein gesondertes Kapitel zu widmen, ihn mithin zu den Konstruktivisten zu zählen, das ist zunächst der Aufmerksamkeit geschuldet, die seine Auseinandersetzung mit dem Erziehungssystem in der Erziehungswissenschaft erfahren hat (vgl. Holtz, S. 62). Der entscheidende Grund ihn hier zu verhandeln ist allerdings, dass Luhmann sich in seiner Systemtheorie fundamentaler Kategorien des Konstruktivismus bedient. So nutzt er die Begriffe „System und Umwelt", „operative Geschlossenheit" und „Autopoiesis", die insbesondere im Radikalen Konstruktivismus von Maturana/Varela und v. Foerster eine zentrale Funktion haben (s.o., Kap. 1).

Luhmann bezeichnet sich selbst als Systemtheoretiker, der sich mit der Analyse von Gesellschaft, ihren Subsystemen und deren Zusammenwirken befasst. Luhmann rekurrierte in der Entwicklung seiner Theorie nicht von Anfang an auf den Konstruktivismus. Das geschah erst in den 1980er Jahren (vgl. Luhmann 1984; 1988; 1990a; 1990b). 1984 bezeichnet Luhmann seine Systemtheorie als „Theorie der sich selbst herstellenden, autopoietischen Systeme." (1984, S. 28) Man spricht, seit er den Autopoiesis-Begriff in sein Denken über soziale Systeme einbezogen hat, auch von der „autopoietischen Wende" Luhmanns: Seinen erkenntnistheoretischen Ansatz begreift er als „operativen Konstruktivismus".

Um Luhmanns Überlegungen zum Erziehungssystem zu verstehen muss zunächst geklärt werden, was er unter „System" versteht. Das lässt sich an seiner Konzipierung von „sozialen Systemen" erläutern – zu denen Luhmann das Erziehungssystem zählt. Soziale Systeme erzeugen sich durch permanente Reproduktion immer wieder selbst, und zwar „nicht nur ihre Strukturen, sondern auch die Elemente, aus denen sie bestehen" (Luhmann 1998, S. 65). Darin unterscheidet sich Luhmann von anderen, die das Wort „System" nutzen. So spricht man etwa von einem „Verkehrsleitsystem" als einer technischen Anlage, um entsprechend der Verkehrsdichte zum Beispiel die Ampelschaltungen zu verändern. Dieses System aber erhält sich (wie alle technischen Systeme bisher) nicht selbst. Das Regelwerk, nach dem das System funktioniert, ist von außen gemacht und wird von außen kontrolliert. Das ist anders bei sozialen und lebenden Systemen (s.o. Maturana/Varela in Kap. 1): sie stellen sich selbst immer wieder her – und können nicht von außen hergestellt werden: „Das Leben selbst kann jedenfalls als Autopoiesis begriffen werden. Das heißt: Leben produziert Leben, und nichts von außen kann Leben hinzufügen." (Luhmann 1995, S. 271) Luhmann überträgt nun den Begriff der Autopoiesis auch auf die Beschreibung der Funktionsweise von nicht-biologischen Systemen. Darin liegt für Luhmann insofern kein Problem, als ihn nur der „Mechanismus" interessiert, nicht die Frage, ob es sich um etwas Lebendiges handelt oder wo zwischen dem Lebendigen und einer Organisation der Unterschied liegt. Das ist nur konsequent, denn ihn interessiert ein Organismus in seiner Funktionsweise und nicht die Frage, was „lebendig sein" bedeutet.

Luhmann meint, fasziniert von den Beschreibungen Maturanas und Varelas bezüglich der sich selbst erhaltenden Mechanismen von Organismen, dass in sozialen Systemen (die sich allesamt durch Kommunikation auszeichnen) die Selbstreproduktion dieser Systeme ganz ähnlich abläuft, wie bei Organismen. Wie Organismen nur jene Stoffe und Reize aus der Umwelt aufnehmen, die sie zur Reproduktion ihrer selbst benötigen, so rezipieren soziale Systeme nur, was aus der Umwelt zu ihren Funktionen pass- bzw. anschlussfähig ist und das System weiter fortbestehen lässt.

Die Übertragung des Konzeptes der Autopoiesis aus der Biologie auf soziale Systeme ist nicht selbstverständlich. Luhmann sieht die Transfermöglichkeit durch die Evolution gegeben: Auf die biologische Evolution folgt (für die menschliche Entwicklung) die kulturelle. So sieht Luhmann den Anfang der Evolution in dem Wandel der Entwicklung der organischen Systeme (nur Lebendiges kann Lebendiges reproduzieren). Schließlich aber sind „psychische und soziale Systeme (…) im Wege der Co-evolution entstanden." (1984, S. 82). Im Zuge dieser Co-evolution (die biologische Evolution ist schließlich nicht abgeschlossen), kommt es zu immer weiteren Ausdifferenzierungen der sozialen (und psychischen) Systeme.

Dieses hat seinen Grund in der System-Umwelt-Differenz. Umwelt und (autopoietisches) System entwickeln sich unterschiedlich schnell und in unterschiedlichen Formen (weil unterschiedliche Funktionen erfüllend). Erst aus dieser Differenz heraus ist Evolution möglich – und notwendig. „Nur die *Differenz* von System und Umwelt ermöglicht Evolution. Anders gesagt: Kein System kann aus sich heraus evolvieren. Wenn nicht die Umwelt stets *anders* variierte als das System, würde die Evolution in einem ‚optimal fit' ein rasches Ende finden." (1997, S. 433). Man kann es – mit Luhmann – auch so formulieren: Systeme können ohne Umwelt keine Operationen vornehmen. So ist zwischenmenschliche Kommunikation nicht denkbar ohne engen Kontakt der Sprechenden zur Umwelt des Sprechens, zu der im Falle von Kommunikation das menschliche Gehirn gehört. Und dieses würde wiederum nicht funktionieren, gäbe es als Umwelt des Gehirns nicht den menschlichen Organismus, der Neuronen reproduziert.

Wenn ein System eine Umweltveränderung wahrnimmt, dann verändert sich auch das System, soweit die Veränderung als bedeutsam gewertet wird. Die Wahrnehmung der Umwelt ist dabei nicht nur selektiv, sondern auch an ganz spezifische Operationen gebunden. Verändern sich diese, dann verändert sich auch das spezifische System.

Da Veränderungen sich nur aus der System-Umwelt-Interaktion ergeben, ist für Luhmann – wie für die radikalen Konstruktivisten – die Unterscheidung zwischen System und Umwelt zentral. Diese Unterscheidung ist immer abhängig vom Beobachter. Das heißt, man kann gar nichts über ein System aussagen, wenn man sich nicht als Beobachter positioniert, indem man zunächst festlegt, *welches* System man beobachtet, und definiert, was für *dieses* System „Umwelt" ist. Umwelt ist dabei alles, „was nicht unmittelbar zur Reproduktion der Einheit dieses Systems und seinen Grenzen beiträgt." (Luhmann 1990, S. 7) Was hat man mit dieser fundamentalen Unterscheidung gewonnen? Luhmann meint, dass man mit dieser Unterscheidung einige Probleme abschafft, die immer wieder auftauchen, wenn man sozusagen „ganzheitlich" in der Theoriebildung wie in der Empirie vorgeht und zum Beispiel „den Menschen" beobachten will ohne festzulegen, ob man etwa die biologische, die psychologische oder die soziale Seite des Menschen betrachtet und in welchem System er gerade agiert und was dann als Umwelt für die gerade ausgefüllte Funktion gelten muss. Denn man kann nicht – so seine Überzeugung – „den" Menschen beobachten. Er ist nur zu betrachten als Teil von sozialen Systemen, als biologisches oder psychologisches System. In allen drei Systemen (mit ihren Subsystemen) bewegt sich der Mensch in verschiedenen Umwelten, und alle Systeme funktionieren autopoietisch – auch wenn der Organismus eine Umwelt für das psychische System darstellt. Es ist auch nicht der Blick aus der Perspektive eines Menschen auf seine Teilhabe an verschiedenen Systemen, der für Luhmann die Pointe an der Systemtheorie ausmacht, sondern – das sei noch einmal betont – die Erkenntnis, dass die verschiedenen Systeme ganz unabhängig davon existieren, welcher Mensch darin gerade anwesend ist.

Um mit der Unterscheidung zwischen System und Umwelt zu operieren – wir werden weiter unten zeigen, was man in Hinblick auf das System Schule zu sehen bekommt, wenn man so vorgeht – benötigt man den Konstruktivismus allerdings nicht, denn diese Differenzierung hat Luhmann schon vor seiner Wende in den operationalen Konstruktivismus genutzt. Luhmanns seit den frühen 1980er Jahren feststellbarer Zugriff auf den Konstruktivismus gründet auf seiner Annahme, dass mit Hilfe konstruktivistischer Kategorien die Systemtheorie sich über sich selbst aufklären kann. Mit dem Konstruktivismus, so Luhmann, sei es möglich, eine „Metaperspektive" (ebd.) einzunehmen. „Um eine Metaperspektive handelt es sich insofern, als man nicht nur das jeweilige Unterschiedene – also System auf der einen und Umwelt auf der anderen Seite – thematisiert, sondern die Unterscheidung selbst." (Ebd., S. 7.f.) Dass Unterscheidungen vollzogen werden, kann nur ein Beobachter an anderen Beobachtern (eines Systems) oder im Zuge von Selbstbeobachtung feststellen. Luhmann nennt dieses „Unterscheidungen zweiter Ordnung" (ebd., S. 8).

Es sind diese Unterscheidungsleistungen des Beobachters, die Luhmann zum Konstruktivismus führen. Der Konstruktivismus macht – insbesondere dann, wenn man dem Konzept der Autopoiesis folgt – darauf aufmerksam, dass Unterscheidungen immer Unterscheidungen eines Beobachters sind – und nicht solche, die in der Wirklichkeit da sind und nur erfasst werden müssen. Unterscheidungen werden konstruiert, denn jedes System folgt seinen eigenen Unterscheidungen zwischen dem Beobachteten und dessen Umwelt. Das jeweilige System (auch der Beobachter) erhält als autopoietisches System von Seiten der Umwelt keine Hinweise darauf, wie diese Umwelt durch das jeweilige System beobachtet werden muss oder soll. Die Umwelt existiert als solche unterscheidungslos. Umwelt wird erst aufgrund der Unterscheidungen, die ein System macht, konstruiert. Die Frage ist für Luhmann nun, welches System in welcher Weise seine Umwelt beobachtet, d.h. konstruiert. Dass Systeme ihre Unterscheidungen und mithin die Wahrnehmung ihrer Umwelt selbst initiieren, führt weiter in konstruktivistische Formen der Erkenntnis hinein. Wenn nämlich ein System seine Unterscheidungen selbst trifft, dann sind Systeme selbstreferentiell. Wie die Umwelt wahrgenommen werden kann, geht aus ihren eigenen ontogenetischen und phylogenetischen Erfahrungen hervor.

Damit wird aus der komplexen Umwelt (die man in ihrer Komplexität nur erahnen kann, wenn man als Beobachter zweiter Ordnung beobachtet, wie die funktional differenzierten Systeme Umwelt konstruieren und strukturieren) nur ein geringer Teil rezipiert und mit dieser Rezeption auch die Grenze zwischen Außen (Umwelt) und Innen (System) gezogen. Wenn soziale Systeme kommunizieren, dann tun sie das nach den ihnen eigenen Gesetzen, nach den im jeweiligen System kursierenden Vorstellungen von der Umwelt. Systeme sind mithin, wie schon weiter oben angedeutet, autopoietische oder selbstreferentielle Systeme (die Termini werden bei Luhmann nahezu synonym gebraucht).

Wie entstehen nun soziale Systeme? Sie haben differente Entstehensgründe. Für soziale Systeme gilt: „Ein *soziales System* kommt zustande, wann immer ein autopoietischer Kommunikationszusammenhang entsteht und sich durch Einschränkung der geeigneten Kommunikation gegen eine Umwelt abgrenzt. Soziale Systeme bestehen demnach nicht aus Menschen, auch nicht aus Handlungen, sondern aus Kommunikationen" (Luhmann 1986: 269). Jedes autopoietische System grenzt sich zudem mit Hilfe eines binären Codes von der Umwelt ab und hält auf der Basis dieser Codierung sich selbst aufrecht. So schlägt Luhmann vor, die in modernen Gesellschaften vorfindlichen Teilsysteme hinsichtlich ihrer binären Codierung zu untersuchen: Wirtschaft zeichnet sich durch den Code Zahlungsfähig / Nichtzahlungsfähig aus; Politik wird charakterisiert durch Macht / Machtlosigkeit; Religion durch Immanenz / Transzendenz.

Moderne Gesellschaften lassen sich – so Luhmann – als funktional differenzierte Sozialsysteme beschreiben (es gibt ein Wirtschaftssystem, ein Rechtssystem, ein Bildungssystem usw.). Diese Funktionssysteme (die Funktion des Bildungssystems wird weiter unten genauer beschrieben) sind als selbstreferentielle im konstruktivistischen Sinne operativ geschlossen, zugleich aber von anderen Teilsystemen (aus denen sich die Umwelt zusammensetzt) hochgradig abhängig (ohne Rechtssystem gibt es in modernen Gesellschaften kein Schulsystem). Diese operative Geschlossenheit kann man recht gut am Beispiel des Gehirns nachvollziehen: Es selbst verfügt über gar keinen qualitativen Zugang zur Umwelt. Das Gehirn erhält nur „Nachrichten" über das Nervensystem. Und das Nervensystem nimmt auch nicht die Umwelt außerhalb des Organismus wahr, sondern nur die wechselnden Zustände des eigenen Organismus. Das Gehirn kann nun keine Operationen außerhalb seiner selbst vornehmen. Es kann zwar Botschaften ins Nervensystem zurückgeben, die dann zu Muskelkontraktionen führen und zum Beispiel die Beine in Bewegung setzen. Aber es kann sich nicht selbst bewegen. (Vgl. Luhmann 1990, S. 36ff.) Wenn man *so* denkt, dann ist leichter zu verstehen, warum man mit einem ontologischen Konzept, das voraussetzt, alle Beobachter könnten eine Realität jenseits ihrer selbst übereinstimmend erfassen und man bräuchte nur Irrtümer in den Beobachtungen festzustellen und auszuschließen, nicht weiter kommt. Es gibt nicht „die" Beobachtung der Welt, die für alle identisch ist. Man muss immer angeben, von welchem System her die Gesellschaft gesehen wird. So kann ein christlicher Wohlfahrtsverband eine ganz andere Sicht auf die Kirche haben als ein Schulsystem, in dem der Religionsunterricht zur Disposition steht.

Wenn Luhmann bezüglich der gesellschaftlichen Subsysteme insbesondere nach der Bedeutung, genauer gesagt nach der Funktion fragt, die diese Subsysteme (etwa das Wirtschaftssystem, das Erziehungssystem, das Rechtssystem) für den Erhalt der Gesellschaft haben, dann ist damit nicht intendiert, etwas über das „Wesen" – zum Beispiel des Erziehungssystems – auszusagen. Vielmehr geht es immer um Relationen: Das Erziehungssystem wird in seiner Funktion für die gesellschaftliche Ordnung beschrieben (wie andere Subsysteme auch). So ergibt sich aus dem Beziehungsgeflecht von Subsystemen mit je spezifischer Funktion das gesellschaftliche Ganze – und seine Erhaltung. Den Subsystemen ist nicht nur zu eigen, dass sie das gesellschaftliche Ganze erhalten, sondern sie sind auch – wie wir das schon im Konstruktivismus von Maturana / Varela kennengelernt haben – auf Selbsterhaltung und Stabilität ausgerichtet. Die Subsysteme sind nach Luhmann strikt voneinander getrennte und geschlossene Systeme, die sich voneinander abgrenzen. Andere Subsysteme sind für das jeweils in Augenschein genommene Subsystem „Umwelt". Das Subsystem erhält sich aufrecht, indem es selbst festlegt, was zum System gehört und was nicht. So erklärt sich etwa das Rechtssystem nicht für zuständig, wenn es um die Frage geht, welche Unterrichtsmethode angemessen für optimiertes Lernen ist, und das Erziehungssystem wird den Auftrag abwehren, für die Einhaltung der Produkthaftung von Unternehmen Verantwortung übernehmen zu sollen. Wenn über Recht oder Unrecht entschieden werden muss, dann wird das Rechtssystem den Anspruch anmelden, dafür zuständig zu sein. Und wenn Wissen vermittelt werden soll, dann fällt das in den Aufgabenbereich des Erziehungssystems und nicht des Rechtssystems. Um das gesellschaftliche Ganze aber erkennen zu können, ist es notwendig, sich zunächst dessen Subsystemen zuzuwenden. So hat Luhmann u. a. das Wirtschafts- Wissenschafts-, Rechts-, Politik- und Erziehungssystem analysiert, um am Ende der Beschäftigung mit diesen Subsystemen abschließend in dem Werk „Die Gesellschaft der Gesellschaft" (1998) den Ertrag dieser Studien zusammenzuführen.

Gesellschaften sind dabei nicht statisch zu denken. Vielmehr unterliegen sie einem evolutionären Wandel. Konkret: unserer heutigen, funktional differenzierten Gesellschaft geht eine stratifikatorische und dieser wiederum eine segmentäre Gesellschaft voraus. Ein evolutionärer Wandel hin zu einer weiteren Ausdifferenzierung findet dabei immer dann statt, wenn sich die Entwicklungsmöglichkeiten in einem Gesellschaftstypus in Hinblick auf die Probleme, die wahrgenommen werden, erschöpft haben. So ist die historische Herausbildung des Erziehungssystems u. a. dem Problem geschuldet, dass die komplexen Anforderungen, die an das Individuum in einer modernen Gesellschaft gestellt werden (wachsende Wissensbestände, Ausdifferenzierung der Tätigkeitsfelder, Trennung zwischen Lebensort und Ort der Berufstätigkeit z.B.) nicht mehr ohne systematische Vermittlung von Wissen und Einstellungen erfüllt werden können. Das führt zu einem Funktionsverlust häuslicher Erziehung sowie der Erziehung en passant (etwa am

Arbeitsplatz) und mündet in ein durchstrukturiertes Schulsystem, in das alle Nachwachsenden eingebunden werden.

Luhmann schreibt dazu: „Die Bedeutung von Differenzierungsformen für die Evolution von Gesellschaft" geht unter anderem auf die Bedingungen zurück, „dass es innerhalb vorherrschender Differenzierungsformen begrenzte Entwicklungsmöglichkeiten gibt. So können in segmentären Gesellschaften größere, wiederum segmentäre Einheiten gebildet werden, etwa Stämme oberhalb von Haushalten und Familien; oder in stratifikatorisch differenzierten Gesellschaften innerhalb der Grunddifferenz von Adel und gemeinem Volk weitere Ranghierarchien. (...) Evolution erfordert an solchen Bruchstellen eine Art latente Vorbereitung und eine Entstehung neuer Ordnungen innerhalb der alten, bis sie ausgereift genug sind, um als dominierende Gesellschaftsformation sichtbar zu werden und der alten Ordnung die Überzeugungsgrundlage zu entziehen." (Ebd., S. 611f.)

Dieser Prozess der Ausdifferenzierung führt schließlich (in unserer Zeit) zu einer Struktur und Funktion von Subsystemen, die man (nur) aus sich selbst heraus interpretieren kann. Das ist der Fall, „ wenn für Politik nur noch Politik, Kunst nur noch Kunst, Erziehung nur noch Anlage und Lernbereitschaft (...) zählen." (Ebd., S. 708) Luhmann gibt dafür selbst ein Beispiel, das Erziehungssystem betreffend: Gegen Ende des 18. Jahrhunderts ist man im Zuge der Aufklärung um die Neutralisierung von Herkunftseinflüssen auf die gesellschaftlichen Chancen des Individuums bemüht. Diese Neutralisierung setzt voraus, dass allen Bürgern die gleichen Chancen eröffnet werden, jenseits des Status der Eltern und ihrer Herkunft Lebensperspektiven zu erlangen. Die öffentliche, von allen zu besuchende Schule mit einem schließlich durchorganisierten, Leistungen vergleichenden Prüfungssystem und mit der Möglichkeit der individuellen Spezialisierung in Schulen und Universitäten hat sich aus diesem Anliegen heraus entwickelt (vgl. ebd., S. 733).

Das Erziehungssystem

Luhmann hat sich in zahlreichen Publikationen mit dem Erziehungssystem beschäftigt – und mit seinen Analysen heftige Reaktionen ausgelöst. Luhmann warf der pädagogischen Profession – weit vor seiner Hinwendung zum „operativen Konstruktivismus" vor, dass sie nicht in der Lage sei zu akzeptieren, dass Erziehung mit nicht auflösbaren Paradoxien verbunden ist. Diese Paradoxien deckt Luhmann durch historische Untersuchungen auf. Als man in Deutschland am Anfang des 19. Jahrhunderts die schon von Comenius im 17. Jahrhundert aufgestellte Forderung umzusetzen begann, dass alle mit den gleichen Bildungsinhalten konfrontiert werden, wollte man eine Vereinheitlichung der Bildung für alle erreichen. Es sollte nicht mehr das Privileg der Herkunft gelten, wenn es um die Verteilung von Lebenschancen geht. Luhmann sieht darin eine Umstellung von Herkunft auf Zukunft als Perspektive für den Ausbau des Erziehungssystems. Eine von staatlicher Seite beaufsichtigte Schule für alle sollte eine durch Geburt festgelegte soziale Selektion verhindern. Indem nun aber Prüfungen, Zensuren, unterschiedliche Schulformen und Abschlüsse eingeführt wurden, wurde schließlich doch wieder eine Zuteilung von Lebenschancen durch Selektion etabliert. Die Absicht, Chancengleichheit durch die Schule herzustellen, wurde so unterlaufen. Zwar ist nicht mehr die Herkunft (von der Intention des Bildungssystems her gesehen, nicht von den faktischen Verläufen von Bildungskarrieren aus betrachtet) für die Zuteilung von Lebenschancen verantwortlich, nun aber ist es die Schule mit den in ihr erworbenen Zertifikaten: Sie dirigiert den künftigen sozialen Rang. Schule hat damit eine Selektionsfunktion, die sich in einem binären Code ausdrückt: Man ist in einem Fach bzw. in der Schule mehr oder weniger „gut" oder „schlecht" – und wird danach selektiert.

Diese binäre Codierung lässt sich in allen Subsystemen finden. Sie fällt notwendigerweise unterschiedlich aus. In jedem Subsystem gilt eine andere Codierung, ja es wird gerade durch diese Codierung zu einem von anderen abgrenzbaren Subsystem: So gilt für die Wirtschaft die Codierung „zahlungsfähig / nicht zahlungsfähig", für das Rechtssystem der Code „Recht/Unrecht" und für das Erziehungssystem „gut/schlecht": Wer sich im Subsystem Erziehung bewegt, kann sich nur innerhalb dieses Codes bewegen. Man kann eben nicht auf bessere Noten hoffen, wenn man die Lehrkraft darauf anspricht, man könne für gute Noten auch zahlen, oder einklagt, man habe ein Recht auf eine bessere Note – auch jenseits der erbrachten Leistungen.

Von der Codierung des Erziehungssystems ist nach Luhmann das Erziehungsprogramm abzugrenzen. Das Erziehungsprogramm (niedergelegt in Schulgesetzen und Lehrplänen usw.) hält fest, worauf die Zuordnung von Codewerten zu Tatbeständen fußt: Ob man gut oder schlecht ist, wird kenntlich gemacht an den in Bezug auf die Lehrpläne erworbenen Fähigkeiten und Fertigkeiten bzw. daran, in welchem Maße man Kompetenzen erworben hat.

Erziehungsprogramme unterliegen Veränderungen, weil sie immer wieder auf Veränderungen der Umwelt reagieren. So wurden im Zuge der Diskussion um den Stand der Kompetenzen von 15jährigen, wie sie in den PISA-Tests eruiert wurden, in Deutschland neue Bildungsstandards für die Schulen festgelegt. Sie halten auch fest, mit welchen Kompetenzniveaus man sich zu den eher guten oder eher schlechten Schülern zählen darf. Man reagierte also auf das Problem des im internationalen Vergleich schlechten Leistungsstandes der 15jährigen mit einem neuen Erziehungsprogramm – ohne den Code zu verändern, dass mit den Schulnoten Zuordnungen vorgenommen und letztlich Lebenschancen verteilt werden, denn das würde das Subsystem selbst infrage stellen. Die Lehrkräfte sind sowohl an das Programm wie auch an die Codierung gebunden. Wenn ein neues Erziehungsprogramm vorliegt, dann muss sich die Lehrkraft ebenso daran halten wie an die Codierung, die für dieses Subsystem gilt. Die Lehrkraft muss sich selbst dann daran halten, wenn sie der Meinung ist, dass Zensuren unsinnig sind oder das Erziehungsprogramm der heutigen Zeit nicht angemessen ist.

Damit ist auch eine der Pointen der Luhmannschen Theorie identifiziert: Im Erziehungssystem kommt es auf die Akteure als Personen nicht an. Die Lehrkräfte mögen wechseln und einer Schülergeneration wird eine andere folgen. Sie alle werden das System im Rahmen der vorgegebenen Programme und des Codes reproduzieren. Wenn Lehrer A die Schule verlässt, wird Lehrer B sozusagen den Stab aufnehmen, und wenn die Klasse 12b einer Schule das Abitur in Händen hält, wird es eine neue Klasse 12b geben. Das soziale Subsystem „Erziehung" mit ihrer Organisationsform „Schule" ist so strukturiert, dass es auch unabhängig von den in ihr agierenden Personen funktioniert.

Für die Beschreibung sozialer Systeme ist zudem wichtig, dass die Kommunikation in ihnen mit Hilfe von symbolisch generalisierten Kommunikationsmedien stattfindet. Ein Symbol ist zum Beispiel ein Geldschein. Innerhalb des entsprechenden Währungsraums ist er gegen Waren und Dienstleistungen eintauschbar, obschon der reine Papierwert völlig unerheblich ist. Wie es sich mit Geldscheinen so verhält, dass sie für die Bezahlung ganz unterschiedlicher Gegenstände und Dienstleistungen genutzt werden können, so verhält es sich mit allen Symbolen: Sie müssen sich in den unterschiedlichsten Situationen verwenden lassen. Mit symbolisch generalisierten Kommunikationsmedien verhält es sich nun so, dass sie in spezifischen Subsystemen akzeptiert sind (Geld etwa beim Warenkauf) und die Akteure zudem bereit sind, sich im Rahmen ihres Handelns aufgrund dieser Kommunikationsmedien motivieren zu lassen. Wenn zum Beispiel in der Schule, die als symbolisch generalisiertes Kommunikationsmedium Noten nutzt, ein Schüler die Note 4 bekommt, dann wird er diese Note anerkennen, wenn die Regeln für die Notenvergabe eingehalten wurden. Und Schüler werden, weil es Noten gibt, zu Leistungen motiviert oder sie werden aufgrund permanent schlechter Leistungen auch demotiviert. Ob man das gut findet oder schlecht, ist für Luhmann sekundär, da es darum geht zu klären, *wie* das System funktioniert, nicht darum, ob dieses aus der Perspektive eines Schülers oder einer ganzen Gruppe von Personen als kritikwürdig angesehen wird. Moralische Gesichtspunkte fallen damit notwendig aus der Betrachtung heraus. Die symbolischen Kommunikationsmedien neutralisieren gerade diese Diskussion, solange das Procedere – etwa der Notenfindung – nachvollziehbar und transparent ist. Das ist historisch gesehen nicht immer so gewesen. In der mittelalterlichen Welt erkannte man zum Beispiel die Wahrheit einer Aussage über die Natur daran, dass der Mensch, der diese Aussage formulierte, ein moralisch integrer Mensch war. Heute wird niemand mehr die Erkenntnis eines Physikers für wahr oder falsch halten, je nachdem ob man ihn als guten oder schlechten Menschen bezeichnet. Moral ist also kein generell anzuwendendes Medium in der Kommunikation (etwa über Naturerkenntnisse oder über Schulnoten) mehr. Es mag zwar noch wirksam sein (wenn etwa über gerechte Noten gestritten wird), aber es ist keine generelle und übergreifende Form der Koordination von Kommunikation mehr.

Luhmann bietet selbst ein anderes Beispiel: „Man mag gentechnologische Forschungen noch so sehr verbieten: wenn sie trotzdem zustande kommen, hat der Rechtsbruch keinen Einfluss auf die Wahrheit bzw. Unwahrheit ihrer Feststellungen." (Luhmann 1992b, S. 221) Luhmann will damit die Frage nach der Moral nicht abschaffen, sein Ansatz ist vielmehr als amoralisch (nicht: unmoralisch) zu bezeichnen. Er will zeigen, dass in funktional differenzierten Gesellschaften Moral durch symbolisch generalisierte Kommunikationsmedien einen Ersatz findet: In der Wissenschaft ist Wahrheit (genauer: was in der Wissenschaftlergemeinschaft deren Kriterien für „Wahrheit" entspricht) das Kommunikationsmedium, in der Schule sind es Noten.

Nun kann aber mit Moral den generalisierten Kommunikationsmedien auch moralisch entgegengetreten werden. Nehmen wir noch einmal das Beispiel der Chancengleichheit, die im Kommunikationsmedium „Noten" ihren Ausdruck findet. Die PISA-Tests haben gezeigt, dass – ganz entgegen der seit der Aufklärung verfolgten Intention – das Schulsystem keine Chancengleichheit erzeugt. Vielmehr verhält es sich so, dass die Schichtzugehörigkeit durch das Schulsystem perpetuiert wird: Kinder aus Migrationsmilieus und den unteren Bevölkerungsschichten haben weitaus geringere Chancen ein Abitur zu erwerben und zu studieren als die Kinder von höheren Angestellten und Beamten. Wer nun die Notengebung kritisiert, weil er sie für ungerecht hält, da die Kinder aus spezifischen Milieus nicht hinreichend gefördert wurden, hat die Moral – auch mit Luhmann – sicherlich auf seiner Seite, kann aber das Kommunikationsmedium Noten damit nicht abschaffen, sondern nur in Verruf bringen. Man kann also die Schule mit normativen Ansprüchen konfrontieren. Aus der Perspektive des Subsystems Erziehung handelt es sich dann um eine aus der Umwelt heraus auftretende Störung, die Irritationen erzeugt und zum Beispiel dazu führt, dass eine stärkere Förderung der Schüler mit Migrationshintergrund die Folge ist, da diese Gruppe nur sehr geringe Chancen hat, im Bildungssystem höhere Abschlüsse zu erwerben.

Paradoxien

Wir haben in den bisherigen Ausführungen zu Luhmann schon eine Unterscheidung eingeführt, die an dieser Stelle explizit und in ihren Konsequenzen bedacht werden soll. Es ist die Unterscheidung zwischen Gesellschaft, ihren Subsystemen und Organisationen einerseits und Interaktionen zwischen Personen andererseits. Die Gesellschaft und ihre Subsysteme sind historisch gewordene, für den Einzelnen immer schon vorhandene Institutionen der Kommunikation, die den Kommunikationsrahmen festlegen. Personen sind die Träger von Kommunikation. Damit Menschen kommunikationsfähig werden, bedürfen sie der Erziehung. Denn: „Menschen werden geboren, Personen entstehen durch Sozialisation und Erziehung." (Luhmann 2002, S. 38) In diesem Prozess wird das Verhaltensrepertoire vermittelt, das die Personen in ihren gesellschaftlichen Subsystemen kommunikationsfähig und gesellschaftsfähig macht.

Die Aufeinander-Bezogenheit des gesellschaftlichen Subsystems Schule mit seinen Regelungen und Organisationen und der personalen Kommunikationseinheiten mit ihren kontingenten Möglichkeiten, den Ansprüchen zu entsprechen, führt zu einer Reihe von Paradoxien. Wir bezeichnen die erste Paradoxie als die Paradoxie von Gleichheit und Selektion. Betrachtet man das Verhältnis von Organisation und Interaktion im Fall der Schule, so zeigt sich: Die Organisation der Schule zwingt durch die Vergabe von Noten zur Selektion, die wiederum erforderlich macht, dass man das Programm, d.h. den Lehrplan einhält und dass der Unterricht in aller Regel in Klassenverbänden in unterschiedlichen Schulformen stattfindet. Zugleich soll aber mit diesem organisationalen und programmatischen Gerüst Gleichheit im Sinne von Chancengleichheit verwirklicht werden. Beide Zielsetzungen nötigen den Lehrkräften in der Schule widerstreitende Interaktionen ab, die es ihnen unmöglich machen, alle an sie gerichteten Ansprüche zu erfüllen.

Das mag dazu führen, dass eine Lehrkraft sagt, sie lasse sich doch durch den Lehrplan nicht deformieren und werde den Lehrplan nicht einhalten, da seine Schüler gar nicht in der Lage seien, den Stoff angemessen aufzunehmen. Oder die Lehrkraft mag die Notengebung dadurch unterlaufen, dass sie allen die gleiche Note gibt. Oder die Lehrkraft wehrt sich gegen das Unterrichten im Klassenverband, da so eine individuelle Förderung gar nicht möglich sei, denn alle könnten einfach nicht zur gleichen Zeit das gleiche in gleichem Tempo lernen. Wenn sich eine Lehrkraft nun dazu entscheidet, anders zu handeln als vorgegeben, also sich nicht an den Lehrplan zu halten oder allen gleiche Noten zu geben, dann wird sie dieses nicht mehr als Mitglied der Organisation Schule tun, sondern als Person, die sich ihre eigenen Normen und Ziele gibt: „Jeder kann immer auch anders handeln und mag den Wünschen und Erwartungen entsprechen oder auch nicht – aber nicht als Mitglied einer Organisation." (Luhmann 1998, S. 829)

Die angezeigte Paradoxie wird einerseits dadurch verschärft, dass beide Aufgaben, Selektion wie Gleichheit, vom Staat in derselben Organisation Schule organisiert werden. Zugleich bringt der Versuch, die Sicherung dieser Aufgaben in Form von Schule zu organisieren auch erhebliche Vorteile für die Alltagsbewältigung von Erziehung und Unterricht.

Der Lehrer braucht „nicht auf den Fluren umherzuirren und zu versuchen, irgendwo mit seinen Ideen akzeptiert zu werden. (…) Die gute Absicht zu erziehen, gewinnt mit Hilfe von Organisation Form, und insofern kann man auch erkennen und eventuell korrigieren, wenn irgendwo etwas falsch läuft." (Luhmann 2002, S. 160). Es sind also nicht willkürliche Motive, die den Lehrer leiten, und es sind auch nicht die Lust oder Unlust der Schüler, die ein (zufälliges) Aufeinandertreffen beider (un)möglich machen. Organisationen reduzieren die Komplexität und lassen höhere Komplexität zugleich zu: In der Schule geht es nicht um alles Mögliche, sondern um den Lehrplan, der in sich strukturiert ist und Kontinuität ebenso sichert wie die Aufteilung des Tages in Schulstunden. Das reduziert die Komplexität in Bezug auf die Aktivitäten, die denkbar wären, um die Absicht zu erziehen zu verwirklichen. Wenn die Organisation von Schule einerseits komplexitätsreduzierend wirkt, so hat das zugleich zur Folge, dass in anderer Hinsicht komplexitätserhöhende Effekte erzielt werden. Nun kann man nämlich aufgrund der systematischen Struktur der Curricula sehr viele – auch komplizierte – Lerngegenstände behandeln, da man nicht permanent wieder von vorn beginnen muss: Systematik und Kontinuität sichern den Aufbau komplexen Wissens – sollten es zumindest. Das wäre nicht möglich, wenn heute Lehrkraft A auf die Schülergruppe X trifft und am nächsten Tag auf Gruppe Y, die zuvor vielleicht von der Lehrkraft B instruiert wurde. Die entlastende Funktion von Organisationen wie der Schule wird auch daran deutlich, dass in den internen Kommunikationsprozessen nicht immer wieder die Prämissen, unter denen gehandelt wird, erörtert werden müssen. In der Organisation Schule wird entschieden, weil die Entscheidungen schon vorher gefallen sind: Lehrpläne, Unterrichtsorganisation, Notengebung etc. – das alles steht fest und muss nicht in der Schule täglich neu diskutiert werden.

Als zweite Paradoxie des Schulsystems lässt sich die Paradoxie von Autonomie und Integration identifizieren. Die Schule dient einerseits der Herstellung von Gesellschaftsfähigkeit der Schüler. Da Gesellschaft durch Kommunikation konstituiert ist, verlangt Gesellschaftsfähigkeit die Vermittlung der Regeln und des Verhaltensrepertoires, das die Person in ihrem sozialen System / Subsystem kommunikationsfähig macht. Die Vermittlung dieses Verhaltensrepertoires geschieht durch Erziehung und führt zur Integration in das jeweilige soziale System. Zum pädagogischen Anspruch, der seit der Moderne für Lehrer die Legitimationsbasis ihrer Tätigkeit bildet, gehört aber auch das Versprechen, Schule trage zur Selbstverwirklichung der Individuen bei. Zur Selbstverwirklichung würde das Finden eigener Regeln der Kommunikation oder zumindest die Mitwirkung bei der Festlegung der gemeinsamen Kommunikationsregeln gehören. Damit gerät aber die Pädagogik in einen unlösbaren und unaufhebbaren Widerspruch. Denn zur autopoietischen Reproduktion des Systems Schule gehört genau der immer neue Vollzug der Integration bewirkenden allgemeinen Kommunikationsregeln, die die pädagogische Legitimationsgrundlage der in ihr Tätigen in Frage stellen.

Wir wollen als drittes noch auf die Paradoxie, bezogen vor allem auf die Lehrkräfte, von Professionalität und Vereinzelung hinweisen. Die Schule als Organisation gibt bestimmte Regeln und Festlegungen auch für die Lehrer vor, wie z.B. dass Noten zur Bewertung von Schülerleistungen in bestimmter Weise ermittelt und vergeben werden. Personen handeln als Lehrer professionell, wenn sie diese Regeln kennen und befolgen. Diese Professionalität gründet in Fähigkeiten, die die Lehrer in ihrer Ausbildung erworben haben. Sie ist unabhängig von Abstammung, Schichtzugehörigkeit und sonstigen spezifischen Eigenschaften der Person. Gesichert wird diese Professionalität durch die kollegiale Aufsicht der in höhere Funktionen aufgestiegenen (früheren) Kollegen.

Doch gehört es zugleich zur Eigenheit des Schulsystems, dass die konkrete Berufspraxis von Vereinzelung gekennzeichnet ist. Wenn der Lehrer die sprichwörtliche Tür hinter sich zumacht, ist er allein. Er kann tun und lassen, was er will, er ist aber auch allein den Schülern ausgeliefert. Die Vereinzelung des Lehrers unterläuft die (kollegiale) Kontrolle, die die Professionalität sichern soll.

Aus dieser Spannung zwischen Kollegialität / Professionalität auf der einen und Selbstverantwortung der Lehrkraft auf der anderen Seite wird sehr schnell deutlich, dass Innovation in der Schule nicht einfach zu bewerkstelligen ist: Kollegial gefasste Beschlüsse können nicht nur von Einzelnen unterlaufen werden, sondern wirken zudem nicht zwingend als bindend für die einzelne Lehrkraft – wie diese selbst auch Innovationen betreiben kann, ohne sich um das Kollegium und professionelle Vorgaben zu kümmern. Die fehlende Verbindlichkeit kollektiven Handelns macht die Schule zugleich veränderungsresistent.

Pädagogische Überlegungen

Luhmann betrachtet die Schule, wie auch andere pädagogische Subsysteme, als ein autopoietisches selbstreferentielles System: Es entsteht nicht aus den Zielen, Absichten und dem Willen von Individuen, sondern ist ein sich selbst setzendes und sich selbst erhaltendes System. Insofern ist zu warnen vor jeder Selbstüberschätzung ihrer eigenen Handlungs- und Veränderungsmöglichkeiten durch die Pädagogen. Luhmann rückt den Befund in den Mittelpunkt, dass die Funktion von Schule in der Selektion besteht: Schule ist so organisiert wie sie ist, weil sie die Schüler nach Leistung selektieren soll. Diese Selektionsfunktion der Schule kann nicht von einzelnen Lehrern aufgehoben werden. Verzicht auf Selektion bedeutet, sich außerhalb der Organisation Schule zu stellen. Selektion steht also nicht zur Disposition. Aus dem autopoietischen Wesen der Schule erklärt sich auch die Veränderungsresistenz von Schule. Ihre Aufgabe ist nicht Erneuerung ihrer selbst, der Menschen oder gar der Gesellschaft, sondern Erhaltung der Anschlussfähigkeit, d.h. Aufrechterhaltung des Zusammenhanges der Kommunikation: Jede Kommunikation muss zu jeder anderen „passen". Dieses problemlose „Passen" würde aber genau durch Veränderungsabsichten in Frage gestellt. Ein weiterer Gewinn, den man aus Luhmann ziehen kann, besteht darin, dass er die so häufig wenig präzise Rede vom Menschen in der Pädagogik in Frage stellt. Das geschieht, indem er auf die Kategorie „Mensch" als Träger sozialer Systeme verzichtet. Der Begriff „Mensch" ist zu undifferenziert, denn was ist mit dieser Rede gemeint: Sein Körper (das biologische System), sein Denken (das psychische System), seine Sozialität (das soziale System). Da diese Systeme jeweils nach eigenen Gesetzmäßigkeiten ihre Autopoiesis vollziehen, hält Luhmann Eingriffs- bzw. Steuerungsversuche eines Systems in ein anderes wie auch den Versuch differente Systeme zu Ganzheiten zu verknüpfen – wie etwa bei der Bildung der Kategorie Mensch – grundsätzlich für problematisch und nur für sehr begrenzt möglich. Das Gesetz der Autopoiesis setzt daher nach Luhmann den Bemühungen um eine allgemeine rationale und gerechte Gestaltung der gesellschaftlichen Verhältnisse enge Grenzen. Daher gilt Luhmann etwa im Vergleich zu Jürgen Habermas oder Ulrich Beck als konservativ.

Luhmann stellt durch seine Paradoxien viele Mythen des Schul- und Bildungssystems in Frage – vor allem den Mythos, die Pädagogen könnten eine ganz andere Schule haben, wenn sie nur wollten. Insofern trägt Luhmann viel zur Ernüchterung hochfliegender Pläne bei. Kritisch ist freilich anzumerken, dass das Bildungssystem auf zwecksetzende und planende Subjekte nicht verzichten kann. Denn die Anpassung seiner Funktionen an die Bedürfnisse der Gesellschaft ist kein Selbstläufer, sondern bedarf der Planung. Eine solche Planung würde zeigen, dass Schule zumindest heute nicht mehr nur aus dem Prinzip der Selektion gedacht werden kann, sondern dass sie je länger je mehr vor allem für die Förderung zuständig ist. Dieses ist zumindest seit der Diskussion um die PISA-Ergebnisse 2002ff deutlich in den Vordergrund gerückt, wenn Haupt- und Realschule zusammengelegt, die frühkindliche Förderung intensiviert und Kinder wie Jugendliche mit Migrationshintergrund besser integriert werden sollen.

Ein weiterer Einwand gegen Luhmanns Separierung von sozialen Systemen ist der faktische Einfluss des politischen Systems auf das Erziehungssystem, wie er seit der Jahrtausendwende registriert werden kann. Es scheint so zu sein, dass das politische System das Bildungssystem dermaßen „stören" kann, dass dieses mit massiven Veränderungen auf die Störungen reagieren muss: Das reicht von der Veränderung der Professionalität über die Organisation und Lerninhalte bis hin zur Unterrichtsgestaltung und Kompetenzmessung. Es war ja nicht der immanente Problemdruck, der die aktuellen Bildungsreformbemühungen erzwungen hat, vielmehr waren es Beobachtungen bzgl. des Bildungssystems von außen (auch durch Bildungsforschung), die einen Wandel erzwungen haben. Von daher sind die sozialen Systeme offenbar von größerem Einfluss aufeinander, als Luhmann glauben machen möchte.

5. Wahrheit und Realität

Die Kontroverse zwischen Konstruktivismus und (empirischer)
Wissenschaft am Beispiel des Wahrheitsbegriffs

Bei all ihrer Unterschiedlichkeit stimmen die vielen Spielarten des Konstruktivismus darin überein, dass die Gegenstände der Erkenntnis Konstruktionen der Erkennenden sind. Diese These ist unabhängig davon, ob man wie im Radikalen Konstruktivismus von individuellen Konstruktionen ausgeht, die dann durch Rückkopplungsprozesse mit anderen Konstrukteuren verallgemeinert werden, oder wie im Sozialen Konstruktionismus von sozialen „existing forms of interpretation" (Gergen 1994b, S. 197), sodass also soziale Festlegungen schon den Ausgangspunkt des Erkenntnisprozesses bilden. Die Konstruktivisten stimmen auch in der Feststellung überein, dass keine Aussage über die Wahrheit von Erkenntnissen möglich ist, sondern dass Wahrheitsbehauptungen sich bei näherer Betrachtung auf Viabilitätserwägungen reduzieren.

Wenn man nach den Gründen für die durch diese Konzeption ausgelöste Kontroverse fragt, die bis zum Vorwurf der Scharlatanerie gegen die Vertreter des Konstruktivismus reicht (vgl. z. B. Gross/Levitt/Lewis 1996b), so stößt man auf die In-Frage-Stellung des für das Selbstverständnis vieler Wissenschaftler, gerade auch Naturwissenschaftler, konstitutiven Wahrheitsbegriffs. Um dieses Problem zu verstehen, muss man sich klar machen, dass es mehrere unterschiedliche Wahrheitskonzeptionen gibt. Es genügt für unseren Zweck, drei Wahrheitsbegriffe zu unterscheiden:

Der alltägliche Wahrheitsbegriff ergibt sich daraus, dass eine Erfahrungsaussage mit anderen Erfahrungsaussagen verglichen und Übereinstimmung bzw. Nicht-Übereinstimmung festgestellt wird. Wahr im Sinne eines pragmatischen Wahrheitsbegriffes sind Aussagen, die mit den Erfahrungen relevanter anderer Personen übereinstimmen. Die Frage nach dem Zugang zur (absoluten) Wirklichkeit ist nicht relevant, obwohl vermutlich viele Menschen in ihrem Alltagsdenken naiv von einer Übereinstimmung zwischen Erfahrung und Wirklichkeit ausgehen.

Der theoriebezogene Wahrheitsbegriff setzt voraus, dass aus einer Theorie abgeleitete theoretische Entitäten mit beobachtbaren Ereignissen in Beziehung gesetzt werden. Je nachdem, ob die Hypothesen falsifiziert oder nicht falsifiziert werden können, kann man mit ihnen weiterarbeiten oder nicht. Die Frage nach der Beziehung der Hypothesen zur (absoluten) Wirklichkeit spielt hier ebenfalls keine Rolle. Auch in Bezug auf diesen Wahrheitsbegriff stellen die konstruktivistischen Thesen also kein prinzipielles Problem dar.

Dieser theoriebezogene Wahrheitsbegriff wird zum metaphysischen Wahrheitsbegriff weiterentwickelt, wenn die Annahme beobachtbarer Fakten dahingehend zugespitzt wird, dass über diese Fakten eine Welt empirisch zugänglich wird, die unabhängig von den Subjekten existiert. Die von der wissenschaftlichen Forschung festgestellten Tatsachen und die zwischen ihnen festgestellten Gesetzmäßigkeiten sind also Bausteine der Welt an sich: In ihnen erfassen wir die wahre Natur des Kosmos.

Dieser metaphysische Wahrheitsbegriff spielt bei der Entstehung der modernen Wissenschaft eine zentrale Rolle. Denn die in der Moderne entstehenden empirischen Wissenschaften sehen ihre Legitimation für den Umsturz des mittelalterlichen Weltbildes „in der kosmologischen Absicht, das Weltall in seiner gesetzmäßigen Ordnung theoretisch so zu beschreiben, wie es ist" (Habermas 1969, S. 148). Diese Zielsetzung lässt sich bis zur Gegenwart hin vor allem – aber nicht nur – in den Naturwissenschaften verfolgen. Gerade in der Auseinandersetzung mit dem Konstruktivismus greifen viele (Natur-)Wissenschaftler auf die Vorstellung zurück, dass von Wissenschaft und Erkenntnis nur die Rede sein kann, wenn man an der Wiedergabe einer vom Erkennenden unabhängigen Wirklichkeit festhält. Die Beziehung zwischen erkennenden Menschen und Natur kann dabei unter zwei Aspekten betrachtet werden. In dem einen Fall wird betont, dass die menschlichen Erkenntnisinstrumente die „secrets of nature" erfassen können. Fishman zitiert Galileis Diktum: „The secrets of nature are written in the language of mathematics" (Fishman 1996, S. 89). Analog dazu vertritt Levitt die These, dass Mathematik die Struktur der Realität selbst verstehen lässt (Levitt 1996, S. 47). Gross sieht in der Naturwissenschaft ein einzigartiges Phänomen „because of its ability to produce accurate accounts of nature" (1996, S. 257). Unter einem zweiten Aspekt rückt die Determination der Erkenntnis durch die Natur in den Vordergrund. Herschbach beschreibt die Natur als Akteur: „[S]he is the boss; we try to discover her rules; she lets us know the extent to which we have done so ... Ultimately, Nature forces scientists, willing or not, to her truths" (Herschbach 1996, S. 18f.). Eine andere Metapher Herschbachs beschreibt die Natur als eine Wirklichkeit, die zu uns „in many tongues" spricht. In dem Maße, in dem es den Wissenschaftlern gelingt, ihre Sprache zu entziffern, „we gain the ability to decipher many messages that Nature has left for us" (ebd., S. 16).

Beide Aspekte stimmen in der Forderung überein, dass eine realistische und rationale Wissenschaftstheorie die Existenz einer unabhängigen metaphysischen Realität als erkennbar anerkennt: „A typical realist epistemology, then, implicitly acknowledges the existence of an independent ontological reality – a real 'thing in itself' – that can be known to some extent" (Held 1996, S. 199). Beide Aspekte stimmen auch darin überein, dass soziale Prozesse für den Inhalt einer Erkenntnis nur von marginaler Bedeutung sind. Nach Cole können die Konstruktivisten höchstens zeigen, dass soziale oder kulturelle Umstände den Forschungsprozess in Bezug auf die Raschheit seines Voranschreitens oder die zeitweise Schwerpunktsetzung beeinflussen, während die Inhalte der Erkenntnis davon nicht berührt werden. Den Thesen der Konstruktivisten wird daher Irrationalismus, Antirealismus und Relativismus vorgeworfen. Cole hält den Konstruktivisten vor, dass „the epistemological position taken was highly relativistic. Scientific facts were not constrained by nature but were socially constructed or made up in the laboratory by the scientists" (Cole 1996, S. 275).

Wenn die Empörung über die Konstruktivisten und ihre postmodernen „science studies" auch unter Naturwissenschaftlern besonders heftig ist, so lassen sich prinzipiell die gleichen Einwendungen gegen geistes- und kulturwissenschaftliche Untersuchungen beispielsweise in Geschichte, Anthropologie oder Ethnologie finden. Auch hier vertreten die Gegner der Konstruktivisten die These, dass „facts" das darstellen, was ist. Wenn man sich an die Fakten hält, so ist beispielsweise die Anthropologie „able to answer real questions about the real world: to establish scientific truths" (Fox 1996, S. 333). Wenn man freilich die Fakten von der „real world" ablöst, so sind sie für jede Manipulation anfällig, ja schlimmer noch: Man dispensiert sich von jeder Sorgfalt im Umgang mit Fakten, gerät auf die schiefe Bahn einer „history without facts", in der die Historiker Geschichte erfinden. „There is no knowledge, then; there are merely stories, 'narratives,' devised to satisfy the human need to make some sense of the world" (Gross/Levitt 1997, S. 72).

Der metaphysische und der konstruktivistische Wahrheitsbegriff

Die Vertreter des metaphysischen Wahrheitsbegriffs gehen also von der Grundthese aus, dass wahre Erkenntnis feststellt, wie die Welt in ihrem So-Sein ist. Dieses So-Sein ist eindeutig und daher auch eindeutig erkennbar. Aus diesen Grundannahmen werden eine Reihe von Folgerungen für den Erkenntnisprozess abgeleitet. Die wichtigste Folgethese besagt, dass es nur eine (wahre) Erkenntnis gibt, dass also kein Pluralismus von Erkenntnissen zugelassen wird. Wenn unterschiedliche Auffassungen bestehen, müssen die nicht zutreffenden eliminiert und aufgegeben werden. Dieser Prozess ist häufig langwierig, es ist auch durchaus nicht davon auszugehen, dass man immer zur endgültigen Wahrheit gelangt, dass es also glückt, das abschließende Bild der Welt in die Hand zu bekommen: Dennoch bleibt es das Ziel der Erkenntnis. Die sozialen und kulturellen Rahmenbedingungen, die gesellschaftlichen Interessen wie auch die persönlichen Interessen der Akteure berühren den Erkenntnisprozess und seine Ergebnisse nicht. Mehr oder minder große gesellschaftliche Aufmerksamkeit auf bestimmte Forschungen kann zwar die wissenschaftliche Produktion auf bestimmten Gebieten beschleunigen oder verlangsamen, berührt aber die inhaltlichen Ergebnisse letztlich nicht. Der wissenschaftliche Erkenntnisprozess schreitet unbeeindruckt durch die Subjektivität und ihre Idiosynkrasien voran. Die hier kurz skizzierten Vorstellungen führen zu einem Wahrheitskonzept, das für eine plurale Gesellschaft in einer sich globalisierenden Welt wenig tauglich ist, weil es der Vielfalt der Weltdeutungen nicht gerecht zu werden, geschweige denn sie zu erklären vermag. Es verbindet sich auch leicht mit einem wissenschaftlichen und kulturellen Imperialismus, der die Deutungen der Mehrheitskultur für Manifestationen der einen Wahrheit erklärt.

Diesem metaphysischen Wahrheitsbegriff steht der pragmatische des Konstruktivismus gegenüber. Konstitutiv für ihn ist die Grundannahme (vgl. Kap. 1), dass Erkenntnis eine Konstruktion aufgrund von kontingenten Wahrnehmungen, strukturellen Determinanten des Erkennenden und konsensuellen Regeln ist. Damit wird die Erkenntnis von jeder Fundierungsbeziehung zu einem An-Sich-Sein gelöst. Es gibt daher auch keine an sich seiende Realität mehr, die ihre Wahrheit in irgendeiner Weise verbürgen könnte. Die Wahrheit von Erkenntnissen wird daher in ihrer Viabilität, d. h. in ihrem Beitrag zur Bewältigung von Lebensaufgaben gesehen. Genauer gesagt: Wahr sind diejenigen Erkenntnisinhalte, die das Überleben und Weiterleben meiner Gruppe sichern. Von einem solchen Wahrheitsbegriff aus ist es durchaus möglich, einer Vielfalt von Erkenntnissen gerecht zu werden. Denn für unterschiedliche soziale und kulturelle Gruppen können durchaus unterschiedliche Erkenntnisse über die Erfahrungswelt existenzsichernd sein. Damit ist auch die Vorstellung von einer Deutungshoheit bestimmter Vorstellungen vom Tisch. Die Künste und Kenntnisse des Schamanen können in ihrem kulturellen Kontext genauso viabel sein, wie die der an vorderster Front forschenden Physiker oder Mediziner in dem unseren. Auf den ersten Blick erscheint also der Konstruktivismus als die geeignete Erkenntnistheorie für eine pluralistische Welt, weil er anerkennt, „dass mehrere Verständigungsgemeinschaften nach- und nebeneinander existieren." (Reich 2008, S. 81).

Das zentrale Problem der konstruktivistischen Konzeption besteht allerdings darin, dass es für sie keine wissenschaftlichen, moralischen oder kulturellen

Erkenntnisse gibt, die allgemeine Geltung beanspruchen können, und für die es sich demgemäß lohnt, mit unserer ganzen Person einzutreten. Die Auflösung unseres Wissens in Sprachspiele nimmt unseren Ideen und Gedanken die Verbindlichkeit, die in der Vorstellung ihrer Beziehung auf den Kosmos immer enthalten war. Mit dem Anspruch auf allgemeine Geltung jeglicher Erkenntnisse verschwindet auch die Möglichkeit, dem Denken und Handeln der Menschen in irgendeiner Richtung Verpflichtungen aufzuerlegen. Denn die Feststellung, dass es für uns prinzipiell unmöglich sei, uns mit der Welt jenseits unserer Sprachspiele in Beziehung zu setzen, trifft ja nicht nur die Welt der Dinge und der mechanischen Abläufe, sondern ebenso sehr die Welt des Geistes, in der solche Verpflichtungen im Laufe der Menschheitsgeschichte entstanden und kodifiziert worden sind. Wenn die Welt des Geistes unzugänglich wird, verlieren beispielsweise auch die Menschenrechte ihre bindende Kraft. Der Konstruktivismus kann uns also wohl zur Auseinandersetzung mit der Pluralität unserer Welt Impulse geben, er kann aber keine rechte Antwort auf die Frage geben, wie Überzeugungen entstehen, behauptet und durchgesetzt werden können, ohne dass es dabei zu dem mit Recht kritisierten kulturellen Imperialismus kommt.

Die Einseitigkeit der beiden Positionen

Die bisherigen Überlegungen haben uns dahin geführt, dass beide wissenschaftstheoretischen Positionen aufgrund ihrer Einseitigkeit zu Schwierigkeiten führen, die ihre Verwendung als Grundlagentheorie für eine moderne Pädagogik infrage stellen. Beide Positionen sind in ihrer radikalen Zuspitzung total antagonistisch. Hier die These, dass wir die Realität nicht erkennen können, sondern uns im Erkenntnisprozess stets unseren Konstruktionen gegenübersehen, von denen keine eine über ihre Nützlichkeit hinausgehende Verbindlichkeit hat. Dort die Behauptung, dass unsere Erkenntnisse geradezu von der Natur als dem großen Akteur diktiert werden; daher gibt es jeweils auch nur eine richtige Vorstellung; alles, was davon abweicht, ist falsch. Beide Positionen werden dem Orientierungsbedürfnis der Menschen nicht gerecht.

Es erscheint uns daher sinnvoll und hilfreich, die Einseitigkeiten beider Denkrichtungen zu hinterfragen.

Wenn man wie die Konstruktivisten das Interesse auf den Konstruktionsprozess unserer Erkenntnisse richtet, wenn man unser Lernen über die Welt nicht als ein Ablesen und Abbilden, sondern als schöpferische Aktivität interpretiert – heißt das zugleich auch, dass aus dieser Tätigkeit unseres Wahrnehmens und Denkens keine Erkenntnisse über die Realität hervorgehen? Wenn jahrtausendelang von vielen bedeutenden Denkern die Auffassung vertreten und begründet worden ist, dass wir uns einen Erkenntniszugang zum Sein-an-sich verschaffen können – waren das alles Irrwege der Vernunft? Gewiss, hier ist nichts endgültig beweisbar, aber es lassen sich doch plausible Begründungen für die Annahme finden, dass wir nicht im Horizont unserer subjektiven Konstruktionen eingefangen sind.

Wenn man demgegenüber wie die „Metaphysiker" davon ausgeht, dass das Sein erkennbar ist, – muss das dann heißen, dass es nur eine wahre Erkenntnis gibt, dass also aller bunte Pluralismus des Fühlens, Denkens und Handelns unzulässig ist? Muss man wirklich akzeptieren, dass die Wahrheit der Natur sich nur in der Sprache der Mathematik ausdrückt, oder gibt es nicht vielmehr viele gleichberechtigte Sprachen, in denen wir über die Welt fabulieren können?

Die Überlegungen in Sismondos Buch „Science without Myth" (1996), in denen der Autor eine konstruktivistische Metaphysik zu entwerfen sucht, können uns beim Umgang mit diesen Fragen helfen. Wir erinnern an das, was wir schon in dem Kapitel über Sozialen Konstruktionismus angeführt haben. Sismondo geht von einer hohen Komplexität der natürlichen Welt aus, die eine „Abbildung" in einer Theorie unmöglich macht. Unsere Erkenntnisse sind also wohl auf die reale Welt bezogen, bilden sie aber nicht ab, sondern öffnen eine partielle Perspektive auf sie. Dieser Perspektivismus führt über die Einseitigkeiten der zwei rivalisierenden wissenschaftstheoretischen Ansätze hinaus: „Perspectivalism allows us to leave behind both relativism and objectivism, the two being opposite sides of the same coin. It allows us to accept the historical contingency of scientific knowledge while maintaining that it is knowledge *about* something" (ebd.; Herv. i. O.). Es gibt für Sismondo also keine einzigartige, allein richtige Beschreibung der natürlichen Welt, sondern „a number of highly successful, yet competing world views" (ebd., S. 103). Diese „Weltbilder" sind einerseits in der sozialen Situation der Forscher, dem kulturellen Rahmen ihrer Forschungen, dem Denkstil ihrer Gruppe und den geltenden methodischen Regelungen verankert, sie entstehen aber andererseits in Interaktionen mit den Entitäten und Strukturen der natürlichen Welt. In dem Widerstand, den die Natur uns leistet, enthüllt sich – zumindest partiell – ihr Sein. Unsere Erkenntnisse sind also weder bloße Konstruktionen noch getreue Abbilder, sondern sie sind Resultate eines Interaktionsprozesses zwischen uns und der Welt, Resultate, die ebenso viel über uns selbst und unseren Erkenntnisprozess wie über die natürliche Welt aussagen. Wissenschaft ist also für Sismondo eine soziale, politische und kulturelle Institution, die aber zugleich eine Beziehung zur „material world" und damit zu Wahrheit in einem durchaus traditionellen

Sinne hat. Denn „there are grounds for accepting that some of our beliefs about the world are approximately true, in a traditional sense of 'true' – true beliefs represent an antecedently existing world" (Sismondo 1996, S. 13). Der Begriff der Wahrheit steht für Sismondo also in einer komplexen Beziehung zum Begriff der Wirklichkeit. Unsere Vorstellungen sind wahr, insofern sie Einblicke in eine unabhängig von uns existierende Welt ermöglichen, also auf eine aller Erkenntnistätigkeit vorausliegende Wirklichkeit verweisen. Diese Wirklichkeit wird nicht nur wie das v. Glasersfeldsche Sein an sich als ein bloßer, nicht näher spezifizierbarer Widerstand erfahren, sondern ihre Strukturen und Beschaffenheiten werden tatsächlich (partiell) entschlüsselt. Insofern uns diese Entschlüsselung gelingt, sind unsere Vorstellungen „wahr". Wir wissen aber aufgrund der vorausgesetzten hohen Komplexität der natürlichen Welt, dass wir sie immer nur aspekthaft ergreifen können. Unser Erkennen schlägt Schneisen des Lichts in das Dunkel des Gegebenen. Und ebenso, wie in einem Forst viele Schneisen in das Dunkel der tiefen Waldungen führen, so gibt es viele Schneisen des Erkennens, die uns die Tiefen des Kosmos erschließen. Jede dieser Schneisen leitet uns zu „Wahrheit", aber keine dieser Wahrheiten ist exklusiv in dem Sinne, dass sie keine anderen neben sich duldet.

Aus diesen Überlegungen muss man in Anlehnung an Rorty die Schlussfolgerung ziehen, dass man die Diskussion um den metaphysischen Wahrheitsbegriff einstellen sollte. Denn ob die Welt an sich so ist, wie wir denken, oder nicht, trägt nichts Wesentliches zum menschlichen Glück, zum „guten Leben" bei. Das bedeutet aber nicht, das sei hier noch einmal unterstrichen, dass man auf den Begriff der Wahrheit als operatives Prinzip unseres Denkens verzichten könnte. Denn in vielen Lebenszusammenhängen ist er als Motor unseres Denkens und Handelns unersetzlich. Das können wir uns durch einen Blick auf die Voraussetzungen pädagogischer Arbeit verdeutlichen.

Die Bedeutung von Wahrheit für die Pädagogik

Die Frage nach der Wahrheit im Sinne der Öffnung von Durchblicken auf die Wirklichkeit der Welt ist gerade in der Pädagogik keine müßige. Es gibt sicher viele Motivationen für Lernprozesse, aber eine zentrale besteht in dem Bestreben herauszufinden, wie etwas wirklich ist oder vor sich geht. Man will wissen, was Sache ist. Hier wurzelt die Neugier des Kindes mit ihren vielen Fragen über Gott und die Welt ebenso wie das Forschen der Erwachsenen. Auch die Untersuchungen von konstruktivistischen Wissenschaftlern über den Ablauf von Forschungsprozessen in Großlaboratorien verfolgen das Ziel herauszufinden, wie diese Prozesse tatsächlich ablaufen. Die Behauptung, wir könnten die Wahrheit prinzipiell nicht erkennen, nimmt unserem Handeln daher einen zentralen Impuls. Zugleich verliert unser Erkennen jeden transzendenten Bezugspunkt außerhalb seiner selbst, auf den es sich bei seiner Auseinandersetzung mit Institutionen, Traditionen und Ideologien stützen kann. Die Möglichkeit der Berufung auf (größere) Wahrheit macht innovatives, quer liegendes Denken überhaupt erst möglich. Denn was hätte beispielsweise Galileis Satz: „Und sie bewegt sich doch" für einen Sinn, wenn dieses „Doch" nicht auf eine Seinsgegebenheit verwiese, der letztlich auch die Kurie nicht zuwiderhandeln und -denken kann. In dem „Doch" steckt die Überzeugung Galileis, dass die Realität (auch) so ist, wie Kepler und er sie in ihren Forschungen erkannt haben. Nur wenn es diese Appellationsinstanz der Wirklichkeit gibt, nur wenn eine Verpflichtung zur richtigen Erkenntnis der Schöpfungswelt besteht, nur dann entsteht der Mut, die herrschende Meinung herauszufordern.

Doch darf dieses Beharren auf Wahrheit nicht zu einem Dogmatismus führen, der nur eine Auffassung, und zwar die eigene, für wahrheitsfähig erklärt. Die Provokationen der Konstruktivisten haben insofern recht, als sie die Vorstellung von Erkenntnis als eindeutigem Abbild einer eindeutig gegebenen Welt infrage stellen. Es gibt nicht ein Abbild, sondern es gibt viele mögliche auf der Basis von Interaktionen zwischen Ich und Welt gewonnene Vorstellungen, deren Differenzen sich aus den sozialen und kulturellen Kontexten, den Gruppenzugehörigkeiten, dem individuellen Erkenntnisstand, dem Lebensalter etc. ergeben.

Diese Konstruktionen öffnen jeweils eigene Perspektiven auf die Komplexität der Welt. Ein Pluralismus der Erkenntnisse ist also durchaus mit dem Festhalten am Begriff der Wahrheit zu vereinbaren. Der perspektivische Erkenntnisbegriff macht es möglich, Vielfalt der Kulturen und Weltanschauungen und Wahrheit dialektisch zusammenzudenken. Damit ergeben sich für die Pädagogik ganz neue Aufgaben. Die Einstellung auf eine multikulturelle globale Welt erfordert bisher wenig gepflegte Kompetenzen. Hierzu gehören beispielsweise die Kompetenz, Ambivalenzen und Nicht-Eindeutigkeiten auszuhalten, die Kompetenz, die intellektuellen und emotionalen Perspektiven anderer zu übernehmen, wie auch die Kompetenz, die grundsätzliche Gleichheit des Differenten zu erkennen. Die Kunst, die eigene Kultur zu schätzen und wichtig zu nehmen und sie doch nicht für besser oder wertvoller als andere zu halten, ist eine Grundvoraussetzung für solidarisches Handeln. Sie befreit die Wahrheit von der Bürde, nur eine zu sein und macht es möglich, Vielfalt und Wahrheit zusammen zu denken. In dieser Dialektik von Vielfalt und Wahrheit öffnen sich für die Pädagogik ganz neue Horizonte.

6. Ethische Implikationen des Konstruktivismus

Die Absage an eine rationale Ethik

Eines der zentralen Probleme für die Begründung der Pädagogik durch den Konstruktivismus ist das der Ethik. Denn die moralische Erziehung der heranwachsenden Generation als wesentliche Aufgabe der Pädagogik setzt Klarheit über die zu vermittelnden Werte, über ihre Legitimation, ihre Beziehung zum Selbstverständnis der Menschen und ihre Realisierung in individuellem Handeln und gemeinsamen Projekten voraus – alles Themen, mit denen sich traditionellerweise die Ethik beschäftigt. Eine der grundlegenden Annahmen des bisherigen philosophischen Denkens über eine rationale Ethik besteht darin, dass ethische Prinzipien universelle Geltung und Allgemeinverbindlichkeit besitzen. Ihre Geltung ist also unabhängig von den Interessen bestimmter Gruppen oder von individuellen Wünschen und Neigungen. Gerade der heutigen Debatte um die (fehlende oder unzulängliche) Wertevermittlung in Familie, Schule und anderen Erziehungsinstitutionen liegt die Überzeugung zugrunde, dass es sich dabei um allgemein menschliche kulturübergreifende Werte handelt.

Eine philosophische Denkschule wie der (Radikale oder Soziale) Konstruktivismus muss solche Geltungsansprüche mit großer Skepsis betrachten. Denn wenn alle kognitiven Inhalte Konstruktionen der Erkennenden sind, die der Aufrechterhaltung der Autopoiese in sich wandelnden (Um-) Welten dienen, wenn Wahrheit als Viabilität begriffen wird, bleibt kein Raum für universelle Sollensaussagen. Den Radikalen Konstruktivisten bleibt nicht einmal der Weg Kants offen, auf den sie sich sonst ja gern berufen. Kants Annahme einer allgemeinen menschlichen Vernunft, verbunden mit seiner Unterscheidung zwischen einer an die Sinne gebundenen Verstandeserkenntnis und den die Erfahrungswelt übersteigenden Ideen der Vernunft, macht es ihm möglich, das Sittengesetz als ein für alle vernünftigen Wesen geltendes Postulat zu begreifen. Obwohl keine absoluten Erkenntnisse möglich sind, gibt es ein universell geltendes Prinzip des moralischen Handelns. Wenn aber die Vorstellung einer allgemein menschlichen Vernunft selbst eine Konstruktion ist, kann sie natürlich nicht aus dem moralischen Relativismus hinausführen.

Die individuelle Autopoiese vollzieht sich aber nun doch nicht in der völligen Einsamkeit der je eigenen Konstruktionen. Denn um intersubjektive Erkenntnisse von bloßen Illusionen unterscheiden zu können, sind Prozesse der Rückkoppelung und der Konsensbildung mit anderen Individuen erforderlich, in denen man, wie v. Glasersfeld es beschreibt, feststellt, „daß diese

Konstrukte nicht nur bei einem selber funktionieren, sondern auch bei selbständigen Dingen in der Erfahrungswelt" (v. Glasersfeld 1987b, S. 417). Das zeigt nach v. Glasersfeld, dass man, „um ein verläßliches Niveau von Wirklichkeitskonstruktionen erreichen zu können, ... ganz offensichtlich die Anderen" (ebd.) braucht. Damit wird das Thema der Ethik auch für v. Glasersfeld relevant: „Das zeigt m. E., daß man bei der Konstruktion einer Ethik die Anderen in Betracht ziehen muß" (ebd.) Freilich hält v. Glasersfeld immer daran fest – und damit ist er der Repräsentant einer radikal subjektivistischen Position –, dass man auf der Basis des Radikalen Konstruktivismus keine Aussagen über die Legitimität oder Präferenz von Werten oder Wertskalen machen kann. Denn: „Man kann eben nie sagen, daß ein Wert oder eine Wertskala in einem *absoluten* Sinne besser ist als eine andere" (ebd., S. 430).

Anders als der sonst von ihm so oft zitierte Kant, für den Gefühle und Neigungen wegen ihrer heteronomen Bestimmtheit ohne ethische Relevanz sind, fundiert v. Glasersfeld die Entscheidung über das Handeln im Gefühl. „Man muß *fühlen*, was gut ist. Die Entscheidung liegt immer im eigenen Gefühl" (ebd.). Aber dieses Gefühl ist keiner rationalen Begründung zugänglich. Von Glasersfeld lehnt ausdrücklich ab, es einer Analyse zu unterziehen. Eine ähnlich individualisierte Position findet sich bei v. Foerster. Er formuliert zwar eine Art ethischen Imperativ: Auf die Frage seines Gesprächspartners: „Meinen Sie, daß die Entstehung neuer Wahrnehmungsformen und neuer Möglichkeiten zu denken und zu handeln per se zu begrüßen ist?" (v. Foerster/Pörksen 1998, S. 35), antwortet v. Foerster: „Ich meine, daß sich in der Verwirrung, die neue Möglichkeiten sichtbar werden läßt, ein ethisches Grundprinzip manifestiert. Es entsteht Freiheit. Ich habe einmal gesagt: *Handle stets so, daß die Anzahl der Möglichkeiten wächst*. Das ist mein ethischer Imperativ ..." (v. Foerster/Pörksen 1998, S. 36). Aber abgesehen davon, dass v. Foerster den Allgemeinheitsanspruch sofort relativiert, indem er nur die Formel: „Heinz, handle stets so, daß die Anzahl der Möglichkeiten wächst", für zulässig erklärt – abgesehen davon, erklärt er, dass es keine allgemein verbindliche Antwort auf die Frage, wessen Möglichkeiten denn vergrößert werden sollen, geben kann. Obwohl v. Foerster für sich selbst feststellt, dass er als sittliche Haltung die Verbundenheit mit der Welt und den Schicksalen anderer präferiert, erklärt er doch zugleich, „daß sich prinzipiell nicht entscheiden läßt, welche von diesen beiden Haltungen die richtigere oder die wahrere ist. Verbunden mit der Welt oder getrennt von der Welt – das ist aus meiner Sicht unentscheidbar" (ebd., S. 158f.) – was für v. Foerster allerdings heißt: unentscheidbar im Sinne einer rational begründbaren, auch andere mit Notwendigkeit überzeugenden Entscheidung. Gerade weil das so ist, laufen ethische Fragen auf persönliche und ganz individuelle Entscheidungen hinaus, die keinerlei Verpflichtungscharakter für andere, ja noch nicht einmal für mich in meiner ganzen Lebensgeschichte haben. Die ethische Basis des Handelns schrumpft also auf eine letztlich einsame, keinem anderen rational vermittelbare Entscheidung zusammen.

Dieser Individualismus wird noch unterstrichen durch den von v. Foerster – wie auch bei anderen Konstruktivisten – eingeführten Begriff der Verantwortung. Denn es gibt keine ethische Instanz, die diese Verantwortung einfordern könnte. Das gilt sowohl für die Verantwortung sich selbst als auch den anderen gegenüber. Was den ersten Fall betrifft, so gibt es niemanden – weder Gott noch die Natur noch meine Erzieher und Lehrer –, vor denen ich Rechenschaft darüber ablegen müsste, was ich aus mir gemacht habe. In Bezug auf den anderen Fall gibt es niemanden, der von mir fordern dürfte, dass ich mich um andere kümmere, statt ihnen durch meine Handlungen Unbill zuzufügen. Ob man „ein Kindermörder oder ein Schulbusfahrer" wird, entspringt einer letztendlich zufälligen Wahl aus sehr subjektiven Präferenzen (v. Foerster/Pörksen 1998, S. 36). Der Begriff Verantwortung wird damit völlig entleert und besagt letztlich nur noch, dass ich aus einer Vielzahl möglicher Konstruktionen die eine und nicht die andere gewählt habe.

Freilich: So individualistisch dieser Begriff der Verantwortung auch konzipiert ist, so ist er dann doch ein Beispiel dafür, dass von vielen (Radikalen) Konstruktivisten Begriffe in Anspruch genommen werden, die über den relativistischen, ethischen Rahmen hinausgehen. Denn wenn die Forderung nach Verantwortung für ihre Konstruktionen für alle Konstrukteure gelten soll, so ist sie offensichtlich nicht nur eine individuelle Konstruktion, sondern ein Satz mit einem rational begründeten universellen Anspruch. Die Feststellung, dass es richtig ist, Verantwortung zu übernehmen, und die abwertende Aussage: „Natürlich ist es bequem, sich zu entlasten", indem man Verantwortung abgibt (v. Foerster/Pörksen 1998, S. 36), beides impliziert doch, dass offensichtlich doch Differenzen des Verhaltens argumentativ und mit dem Anspruch auf allgemeine Geltung legitimiert werden.

Auf der Suche nach ethischen Prinzipien

Von Glasersfeld und von Foerster konstatieren die Unmöglichkeit, auf dem Boden des Radikalen Konstruktivismus ethische Prinzipien rational zu begründen. Wir haben allerdings bei unserer kurzen Diskussion von v. Foersters Position bereits festgestellt, dass er mit dem Begriff der Verantwortung ein Konzept einführt, das über den Rahmen des ethischen Relativismus hinausweist. Eine Reihe anderer Autoren versuchen, aus den wissenschaftstheoretischen Grundannahmen des Radikalen Konstruktivismus unmittelbar einige ethische Prinzipien abzuleiten, die insofern verallgemeinerbar sind, als sie mit dem konstruktivistischen Ansatz als solchem gegeben sind. Ein mit großer Aufmerksamkeit verfolgter Versuch dazu findet sich bei Maturana (Maturana 1987a und b) und in dem von Maturana und Varela gemeinsam publizierten Buch *Der Baum der Erkenntnis* (1987). Maturana versteht den Menschen – wie wir an anderer Stelle bereits diskutiert haben (vgl. Kapitel 1) – als ein biologisches, mit seiner Autopoiese beschäftigtes Wesen, das im Laufe seiner Evolution Gesellschaft (Sozialität), Kultur und natürlich auch die Prinzipien sittlichen Verhaltens aus den biologischen Prämissen und Prozessen erzeugt. Maturana markiert vier ethische Prinzipien: Liebe, Verantwortung, Toleranz, Freiheit (vgl. Hungerige/Sabbouh 1995, S. 135ff.*)*, von denen wir hier aber nur die beiden ersten exemplarisch diskutieren wollen. Doch soll schon an dieser Stelle festgehalten werden, dass diese Prinzipien vornehmlich der subjektiven Seite der Ethik, dem Bereich der ethischen Haltungen, zuzurechnen sind, während die gesellschaftlichen Werte wie Gerechtigkeit, Gleichheit, Solidarität, das Gute fehlen.

Maturana geht von der These aus, dass die biologische Verfasstheit des Menschen als isoliertes, nur mit seiner Autopoiese beschäftigtes Lebewesen die Kooperation mit anderen erfordert, damit Sozialität entsteht: „Als lebende Systeme existieren wir in vollständiger Einsamkeit innerhalb der Grenzen unserer individuellen Autopoiese. Nur dadurch, daß wir mit anderen durch konsensuelle Bereiche Welten schaffen, schaffen wir uns eine Existenz, die diese unsere fundamentale Einsamkeit übersteigt ...“ (Maturana 1987a, S. 117). Schon die Argumentation des letzten Satzes zeigt, dass sich Maturana sozusagen unter den Händen die Seinsaussage in eine Sollensaussage verwandelt. Das wird noch deutlicher, wenn er die Forderung formuliert, dass wir andere bedingungslos „mit allen Unterschieden und Gemeinsamkeiten“ akzeptieren müssen (Maturana 1987b, S. 301), und wenn er schließlich die „Liebe“ zum ethischen Grundgefühl und Fundament des Menschseins ausruft (vgl. Maturana/Varela 1987, S. 266f.; Maturana 1987a, S. 117; 1987b, S. 299ff.). Denn Liebe lässt uns eine „interpersonelle Kongruenz“ erleben, „die uns den anderen *sehen* läßt und dazu führt, daß wir für sie oder für ihn einen Daseinsraum neben uns öffnen“ (Maturana/Varela 1987, S. 266).

Bezeichnenderweise unterlässt es Maturana, seinen Begriff der Liebe näher zu bestimmen. Er wäre dann vielleicht auf die Schwierigkeit gestoßen, den Bedeutungs- und den Werthorizont dieses Begriffes einfach auf die biologische Verfasstheit des Menschen zurückzuführen. Liebe als die ethische Basis menschlicher Gemeinschaft ist im europäischen Kulturkreis ein durch eine lange und differenzierte Tradition mit Bedeutungen aufgeladener Begriff, der von Platons Liebe der Seele zu ihren geistigen Ursprüngen über die christliche Caritas bis zur romantischen Liebe zweier im Du ihre Ganzheit wiederfindenden Individuen reicht. Im Begriff der „Liebe" ist also ein ganzes Bündel von Werten des „guten" Lebens als Konnotationen enthalten, ohne dass Maturana sich und dem Leser darüber Rechenschaft ablegt. Mit anderen Worten: Maturana führt in seine Argumentation implizit ethische Werte ein, die weit über den theoretischen Rahmen seiner Ethik hinausreichen. Der Gedanke liegt nahe, dass eine Ethik ohne Bezug auf solche universellen Werte nicht begründbar ist.

Ein vergleichbares Vorgehen lässt sich in Bezug auf das auch bei Maturana wichtige Prinzip der Verantwortung feststellen. Maturana und Varela leiten aus der These, dass die Menschen die Konstrukteure ihrer Wirklichkeit sind, die Konsequenz ab, dass wir die Verantwortung dafür haben, was in der Welt geschieht (vgl. Maturana/Varela 1987, S. 268; Maturana 1987b, S. 301). Hier ist zunächst nur kurz darauf hinzuweisen, dass nach der Aufhebung aller transzendenten Instanzen wie Gott, der allgemeinen Menschenvernunft oder dem „Geist" jeder Bezugspunkt für Verantwortung verloren gegangen ist. Es müsste also zunächst einmal festgehalten und begründet werden, wem das Subjekt und wofür verantwortlich ist. Gerade diese Präzisierung des Begriffs der Verantwortung wird aber bei Maturana nicht vorgenommen, sodass der Begriff mehr oder minder ins Leere läuft. Die Behauptung einer Verantwortung für das, was in der Welt geschieht, ist aber vor allem insofern überraschend, als wir ja aus konstruktivistischer Sicht bestenfalls Verantwortung für die eigenen Konstruktionen haben können, da es ja so etwas wie allgemein gültige Regeln oder Prinzipien des Handelns nicht gibt. Noch überraschender ist, dass Maturana bei dieser einfachen Folgerung nicht stehen bleibt, sondern sie mit der normativen Frage nach der wünschenswerten Beschaffenheit der Welt verknüpft. Es geht ihm also nicht nur darum, dass wir verantwortlich sind, sondern auch darum, wofür, für welche Welt wir Verantwortung haben. Als Antwort beschwört er die Vision einer Welt, in der alle Menschen gleich sind und gleiche Rechte haben, in der wir anderen bereitwillig Hilfe leisten, mit ihnen teilen und ihnen das gleiche Recht auf Wohlstand zubilligen (vgl. Maturana 1987b, S. 300ff.). Der Leser ist einigermaßen überrascht von all den universellen Werten und wertbezogenen Verhaltensweisen und fragt sich, wie solche Urteile auf dem Boden des Radikalen Konstruktivismus legitimierbar sind. Der Trick Maturanas besteht darin, dass er alle diese Verhaltensweisen in unserem „basalen biologischen Sein" verankert, ohne zu reflektieren, dass ja diese Vorstellung selbst auch eine Konstruktion ist. Der Mensch ist durch seine biologische Verfasstheit zum Altruismus bestimmt und verpflichtet. Deswegen handelt es sich für Maturana bei den Aussagen über Gleichheit, Hilfsbereitschaft etc. nicht um von außen kommende Sollensforderungen, sondern nur um die Aufforderung an den Menschen, „zu seinem eigenen biologischen Sein" zurückzufinden. In Maturanas ethischem Konzept werden also eine Reihe von Prinzipien, die er für ableitbar aus den Prämissen des Radikalen Konstruktivismus erklärt, mit einer Reihe von universellen Wertbegriffen sozusagen angereichert, die aus dem menschenrechtlichen Denken stammen. Doch werden diese Anleihen bei einer normativen Ethik weder klar benannt noch reflektiert.

Bei Hejl schließlich wird offen ausgesprochen, dass der Konstruktivismus auf universelle Wertbegriffe zurückgreifen muss, wenn er ethische Fragen diskutieren will. Ausgangspunkt von Hejls Überlegungen ist die konstruktivistische Annahme, dass es eine Vielzahl von individuellen Akteuren gibt, die eine Pluralität von Wirklichkeiten erzeugen (vgl. Hejl 1995, S. 53). Jedes Individuum weiß um die Anwesenheit anderer (alter ego) als Konstrukteure ihrer Wirklichkeiten. Die bloße Akzeptanz dieser Tatsache genügt nach Hejl aber nicht als Basis für ethisches Handeln, sondern es muss offenbar noch ein explizites Gleichheitspostulat hinzukommen. Denn „[o]hne die Gleichheit der beteiligten Konstrukteure ist der Pluralismus nur ein Denkspiel …" (Hejl 1995, S. 53). Erst auf der Grundlage dieses Gleichheitspostulats ergeben sich die weiteren ethischen Postulate: „Toleranzgebot, Verantwortungsakzeptanz und Begründungspflicht" (ebd., S. 55). Mit der Einführung des Gleichheitspostulats geht Hejl sowohl über den ethischen Individualismus eines v. Glasersfeld als auch über den Biologismus Maturanas hinaus. Denn das Gleichheitspostulat ist offensichtlich ein allgemeines Vernunftpostulat, das sich an alle Menschen unabhängig von ihren jeweiligen Wirklichkeitskonstruktionen richtet. Es ist also selbst keine individuelle Konstruktion, sondern es ist ein Gebot, das die Vielzahl der verschiedenen Wirklichkeitskonstruktionen übergreift. Seine Notwendigkeit ergibt sich daraus, dass nur das Gleichheitspostulat die vielen individuellen Wirklichkeiten als verschiedene aufeinander beziehbar macht.

Selbstverständliches ethisches Handeln

Die meisten Vertreter des (Radikalen und Sozialen) Konstruktivismus halten, wie gezeigt, eine rationale Ethik für unmöglich, weil nach der konstruktivistischen Epistemologie universelle Wertaussagen nicht möglich sind. Andererseits können und wollen sie sich aber ethischen Nachfragen nicht entziehen, weil ihr erkenntnistheoretischer Individualismus die Frage geradezu provoziert, ob das bedeutet, dass „anything goes". Denn trotz der großen Bedeutung, die Offenheit, vorbehaltlose Akzeptanz anderer und Toleranz auch für sehr zweifelhafte Zeitgenossen und ihre Ideologien besitzen (vgl. z. B. v. Foerster/Pörksen 1998, S. 36), ziehen sie doch eine deutliche Trennlinie zwischen dem, was sie nur tolerieren, weil seine Unterdrückung nur zu noch schlimmeren Folgen führen würde, und dem „rechten" Leben. Angesichts der Probleme einer Werteethik versuchen sie, die Ethik in einer persönlichen Haltung und einer Kultivierung des (moralischen) Gefühls zu verankern.

Ein entsprechender Ansatz findet sich – wie schon oben erwähnt – bei v. Glasersfeld. Doch wird er von ihm nicht differenziert ausgearbeitet. Eine ausführlichere Analyse findet sich in Varelas grundlegendem Beitrag *Ethisches Können* (1994). Wir lassen hier die Frage unbehandelt, wie der Rückgriff Varelas auf östliche Lehrtraditionen zu beurteilen ist, und konzentrieren uns auf die Rekonstruktion seines leitenden Gedankenganges. Varela geht von der These aus, „daß die Ethik der Weisheit näher steht als der Vernunft, daß es ihr eher darum geht zu verstehen, was es heißt, gut zu *sein*, als darum, in einer bestimmten Situation korrekt zu *urteilen*" (Varela 1994, S. 9). Er schlägt sich daher in der alten philosophischen Kontroverse zwischen den beiden ethischen Begründungszusammenhängen einer rationalen Moralphilosophie und einer „common sense" Moral klar auf die Seite der letzteren. Seine zentrale Frage lautet daher, wie das „gute Leben" zu gewährleisten ist. Varela antwortet darauf, „daß ein weiser (oder tugendhafter) Mensch jemand ist, *der weiß, was gut ist, und es spontan tut*. Es ist diese Unmittelbarkeit von Wahrnehmung und Handeln, die wir ... vom herkömmlichen Verständnis ethischen Verhaltens, das sich ... mit der Rationalität moralischer Urteile beschäftigt, unterscheiden wollen" (ebd., S. 10). Varela schiebt also die Frage nach dem moralischen Urteil und dem urteilenden Ich an den Rand. Er stellt zwar fest, dass es solches rational gesteuertes ethisches Verhalten gibt, behauptet aber zugleich, dass spontanes ethisches Verhalten „die häufigste Art ethischen Verhaltens" sei, „die wir im normalen Alltagsleben zeigen" (ebd., S. 11).

Zur näheren Beschreibung des Prozesses der Kultivierung, der solche Sicherheit des ethischen Handelns erzeugt, greift Varela auf Überlegungen des konfuzianischen Denkers Meng-tzu zurück. „Nur Menschen, die über einen langen Zeitraum hinweg die Fähigkeit kultiviert haben, im Augenblick des Handelns ihren Dispositionen [zu] folgen, verdienen in Meng-tzus Augen den Titel eines *wahrhaft* Tugendhaften. Ein solcher Mensch ‚handelt durch Güte und Richtigkeit. Er setzt nicht Güte und Richtigkeit in die Tat um'. Er setzt nicht Ethik in Handlungen um, sondern verkörpert sie wie ein Könner, dem sein Können in Fleisch und Blut übergegangen ist; der Weise *ist* ethisch" (ebd., S. 35f.).

Wenn man so im unmittelbaren Handlungsvollzug steht, verschwindet, so Varela, die radikale Trennung zwischen Handlungssubjekt und Handlungs-objekt. Das feste Selbst, das sich in jeder Situation und gegenüber jedem Objekt als identisch behauptet, wird aufgehoben, womit zugleich die Einheit der Welt verschwindet. Wir leben von Situation zu Situation in Mikrowel-ten, die sich nicht zur Einheit einer Welt zusammenschließen, ebenso wie unsere situationsbezogenen Mikroidentitäten „nicht ein festes, zentralisier-tes, einheitliches Selbst ergeben, sondern eher einer Abfolge von schwan-kenden Mustern gleichen, die auftauchen und wieder verschwinden" (ebd., S. 41). Varela spitzt diese Überlegungen in seiner These vom „virtuellen Selbst" noch weiter zu. Er beschreibt damit den Vorgang, dass beim Beo-bachten eines Verhaltens die Annahme eines handelnden Selbst nur ein In-terpretament eines Beobachters ist. Was von seinem biologistischen Denk-ansatz aus tatsächlich geschieht, ist die Aktivierung einer größeren Zahl von Neuronenensembles und die Herausbildung eines neuronalen Musters. Die Vorstellung eines zentralen, persönlichen Selbst ist also eine bloße „zentra-listische Illusion" (ebd., S. 65).

Varelas Gedanke, die ethische Könnerschaft in den Vordergrund zu rücken, ist sicher wichtig. Die Frage ist allerdings, ob diese Konzeption notwendig mit der Aufhebung des Selbst einhergehen muss. Das erscheint uns umso weniger überzeugend, als Varela in seiner Argumentation selbst wiederholt auf ein handelndes Subjekt rekurriert, so etwa wenn er Überlegungen über das richtige Verhalten, seine Wünschbarkeit und über die Übertragbarkeit richtigen Verhaltens von einer Situation auf die andere anstellt (ebd., S. 32f.). Im Begriff des „richtigen Handelns" steckt ein Urteil, das sich aus den Aktivitäten neuronaler Netzwerke nicht erklären lässt. Denn hier handelt es sich um die Verknüpfung eines Handelns mit einem Wertmaßstab, die auf einer ganz anderen Ebene liegt als die neuronalen Verknüpfungen. Ebenso steckt im Begriff der Wünschbarkeit eine Zwecksetzung, die auf ein Zwecke setzendes Subjekt verweist. Und schließlich setzt die Übertragbarkeit und Erweiterung des Verhaltens auf neue Situationen eine Kontinuität des Selbst über Situationen hinweg voraus. Das verbannte Subjekt kehrt also in der Sprache Varelas selbst wieder.

In ähnlicher Weise wie Varela geht auch v. Foerster von der These aus, dass ethische Fragen in einer konkreten Situation entstehen, die spontanes Ver-halten erfordert. In dieser Konstellation ist nicht die rationale Begründung von Normen und Werten, sondern eine „ethische Haltung" erforderlich. Diese wird nach seiner Auffassung nicht bewusst eingenommen oder gewählt, sondern entspringt aus einer „Art Vorentscheidung", aus einer Disposition für das, was zu tun ist. Von Foerster meint hier offensichtlich ganz Ähnliches wie Varela mit dem unmittelbaren Wissen, was gut ist. Diese Vorentscheidung für eine Haltung des Mitfühlens und des Beteiligtseins, der Verbundenheit mit der Welt, ist für v. Foerster kein ethisches Gesetz, keine von außen an den Menschen herantretende normative Forderung. Sie erwächst vielmehr aus Erfahrungen des Verbundenseins mit anderen und aus dem Erleben der „Unendlichkeit der Güte ... die sich auf der gesamten Welt entdecken läßt" (v. Foerster/Pörksen 1998, S. 163). Von Foerster verschließt seine Augen keineswegs vor den Schrecken und Entsetzlichkeiten, die sich täglich in der Welt ereignen, aber er gibt zu bedenken, dass für die Gewinnung einer humanen Haltung die Aufmerksamkeit den „vielen unbeachteten kleinen und großen Heldentaten", den „vielen guten Taten, die es eben auch gibt" zu schenken ist (ebd., S. 162). Nur die Erfahrung menschlicher Verbundenheit gibt die Kraft, Verbundenheit zu erweisen.

Wie Varela zwischen Moralität und Sittlichkeit unterscheidet (Varela 1994, S. 9f.), so differenziert von Foerster zwischen Ethik und Moral. „Meine Auffassung ist: Moral ist explizit, Ethik sollte implizit bleiben, sie sollte in die Handlungen eines einzelnen gewissermaßen eingewoben sein. Moral ist, so meine ich, eine Angelegenheit des autoritären Appells der Predigt, der Vorschrift" (v. Foerster/Pörksen 1998, S. 164). Beide schlagen sich auf die Seite der in die Handlung eingelassenen Ethik. Wozu die Moral eigentlich gut sein könnte, bleibt undiskutiert. Rorty versucht, beide Konzepte in Beziehung zueinander zu bringen (Rorty 1994). Auch er geht von einer Unterscheidung zweier Begründungszusammenhänge aus, die er mit „Moralität und Besonnenheit" bezeichnet (Rorty 1994, S. 68). Mit Besonnenheit ist ein Handeln gemeint, das einfach das Selbstverständliche tut, dem die Sorge um andere „natürlich" ist. Als Ort, wo sich die Entwicklung menschlicher Ichs vollzieht, „die Sorge um andere Menschen für etwas völlig Natürliches halten" (ebd., S. 75), nennt Rorty enge menschliche Gemeinschaften, insbesondere die Familie. Für diese Zuwendung zu anderen aus meinem Lebenskreis bedarf es keiner Überlegungen über moralische Verpflichtungen. „Habe ich gegenüber meiner Mutter eine moralische Pflicht? Gegenüber meiner Frau? Gegenüber meinen Kindern? Ausdrücke wie ‚Moral' und ‚Pflicht' scheinen hier gar nicht angebracht zu sein. Denn die Ausführung von Handlungen, zu denen man verpflichtet ist, steht im Gegensatz zu Handlungen, die einem natürlich vorkommen; und das Eingehen auf die Bedürfnisse der eigenen Familienangehörigen ist für die meisten Menschen die natürlichste Sache von der Welt" (ebd., S. 75). Anders liegt jedoch die Sache, wenn fremde hungernde Menschen vor der Türe stehen und um Hilfe bitten. Das Hilfe-Gewähren, so Rorty, ist hier zunächst keinesfalls natürlich oder selbstverständlich. Daher bedarf es moralischer Überlegungen, um festzustellen, was hier meine Verpflichtung ist. Moralische Erwägungen sind also für Rorty dort erforderlich, wo dem Menschen neue, ungewohnte Anforderungen entgegentreten, die er mit den in seinem Lebenskreis erlernten, routinemäßigen Handlungen nicht bewältigen kann.[3] Diese Zweipoligkeit von „natürlichen" rechten Handlungen einerseits und moralischen Verpflichtungen andererseits ist jedoch kein fixes, festgelegtes Verhältnis, sondern veränderlich. Denn die moralische Entwicklung des Menschen ist als „Fortschritt im Sinne zunehmender *Sensibilität* und wachsender Empfänglichkeit für die Bedürfnisse einer immer größeren Vielfalt der Menschen und der Dinge zu begreifen" (Rorty 1994, S. 79; Herv. i. O.). Das bedeutet, dass von dem sich entfaltenden Ich immer mehr Menschen als seinem Lebenskreis zugehörig empfunden werden, sodass Zuwendung und Hilfe ihnen „natürlich" aufgrund eines unmittelbaren Solidaritätsgefühls und nicht auf dem Umweg über moralische Verpflichtungen zukommen. „Die moralische Entwicklung des einzelnen und der moralische Fortschritt der menschlichen Spezies insgesamt beruhen darauf, daß menschliche Ichs so umgestaltet werden, dass die Vielfalt der für diese Ichs konstitutiven Beziehungen immer umfassender wird. Den idealen Grenzwert dieses Erweiterungsprozesses bildet das von christlichen und buddhistischen Heiligen in Aussicht genommene Ich: ein ideales Selbst, dem der Hunger und die Leiden *jedes* Menschen (und vielleicht sogar jedes anderen Tiers) äußerst weh tun" (Rorty 1994, S. 76; Herv. i. O.). Für dieses ideale Selbst ist die Frage nach dem Leiden des anderen der Ausgangspunkt allen sittlichen Handelns (Rorty 1993, S. 320). Sollte der Zustand je erreicht werden – was für Rorty freilich nicht zu erwarten ist –, dass alle Menschen als dem „Wir" zugehörig empfunden würden, so gäbe es auch keine Notwendigkeit von Moral mehr.

Rorty rückt also zwar das selbstverständliche Tun des Rechten in den Mittelpunkt. Doch haben auch die moralischen Überlegungen eine klare Funktion in seiner Konzeption: Sie treten dort ein, wo die Selbstverständlichkeit des Handelns infrage steht, weil das Ich sich Neuem gegenüber sieht. Da das ideale Selbst ein ideeller Grenzfall ist, der in der Regel weder von den Individuen noch von der Gesellschaft erreicht wird, dürften moralische Überlegungen das Leben der Menschen für immer begleiten. Angesichts dieser Tatsache zeigt sich in Rortys Überlegungen ein ungelöstes Problem: Rorty stellt zwar fest, dass auch moralische Reflexionen erforderlich sind, er untersucht aber nicht, welche moralischen Begriffe dafür tragfähig sind, wo

---

[3] Ähnliche Überlegungen finden sich auch bei Varela: Wenn eine Handlungssituation für den Menschen so unvertraut ist, dass er in Bezug auf sie noch keine ethische Könnerschaft erworben hat, werden explizite ethische Überlegungen in Form von Reflexion und Analyse notwendig (vgl. Varela 1994. S. 34)

diese Begriffe hergenommen und wie sie begründet werden können. Das hängt damit zusammen, dass bei ihm Kultur nur einen sehr eingeschränkten Stellenwert hat. Sie ist der Lebensumkreis, in dem das Selbstverständliche des subjektiven Verhaltens erworben wird, sie ist aber nicht das Objektive des Geistes, von dem Anforderungen an den Menschen ausgehen. Ohne ein solches Objektives hängt die Rede von Verpflichtungen in der Luft.

Gesamteinschätzung

Der Radikale Konstruktivismus ist ein nicht-essentieller Denkansatz. Unsere Erkenntnisse bilden also nicht das Wesen der Dinge ab, sondern sind für das Leben nützliche Konstruktionen. Das bedeutet allerdings nicht, dass jeder Mensch in seiner eigenen Welt eingesponnen ist, sondern wir leben in sozialen Wirklichkeiten, die durch Prozesse der Konsensbildung zustande kommen. Diese sozialen Wirklichkeiten sind freilich nichts absolut Gegebenes, sondern ihre Vorstellung als Konstruktionen besagt, dass stets auch andere soziale Wirklichkeiten denkbar sind. In der Vielfalt der lokalen, regionalen und überregionalen Kulturen in einer sich globalisierenden Welt wird dieser Pluralismus sozialer Wirklichkeiten konkret.

Die Ethik, von den großen moralischen Systemen über die Alltagsvorstellungen in Bezug auf Sittlichkeit bis hin zu den selbstverständlichen altruistischen Verhaltensweisen, ist ein konstitutiver Faktor sozialer/kultureller Wirklichkeit. Denn sie legt fest, was innerhalb einer sozialen Wirklichkeit von einem akzeptierten Mitglied der Gesellschaft erwartet wird, bzw. was ihm möglich ist. Ethische Überlegungen und Festlegungen haben insbesondere zwei Schwerpunkte:

Die rationale Ethik beschäftigt sich mit den Normen und Werten, die in der sozialen Wirklichkeit gelten (sollen) und die Bedingungscharakter für die Wirklichkeitskonstruktionen der verschiedenen gesellschaftlichen Gruppen haben (sollen). Das heißt, die gesellschaftlichen Gruppen dürfen bei der Konstruktion ihrer Wirklichkeiten nicht gegen solche Normen verstoßen. Beispielsweise dürfen keine politischen Entscheidungen getroffen werden, die die Würde des Menschen verletzen. Es ist wichtig, sich darüber klar zu sein, dass diese Überlegungen keineswegs eine essentialistische Deutung von Normen und Werten voraussetzen. Sie können ihre Orientierungsfunktion durchaus auch wahrnehmen, wenn sie als Ergebnisse konsensueller Prozesse zwischen den Individuen angesehen werden. Auch wenn Werte und Normen nicht als universell und absolut geltend angenommen werden, können sie doch Geltung für die Individuen haben, die sich auf sie geeinigt haben.

Die „common sense" Ethik wendet sich dagegen der in die Handlungen der Akteure eingelassenen Ethik zu. Ethik ist für ihre Vertreter kein System moralischer, auf Reflexion begründeter Urteile, sondern vollzieht sich in den Alltagssituationen und den darauf bezogenen Alltagshandlungen. Da das ethische Verhalten je nach dem Kontext und den Erfahrungen der Individuen sich verändert, sind auch keine allgemeinen Aussagen darüber möglich, wie man in einer gegebenen Situation handeln soll. Es gibt keine Verpflichtungen, sondern nur das Gefühl dafür, was jeweils angemessen ist. Damit ist ein essentialistisches Missverständnis grundsätzlich ausgeschlossen.

Die Konstruktivisten stimmen, bei allen Differenzen im Einzelnen, darin überein, dass sie rationale Wertsysteme ablehnen. Sie erklären, keinerlei allgemeine Aussagen über Werte machen zu wollen. Dieser Ablehnung liegt die Vorstellung zugrunde, dass man mit der Akzeptanz von Werten wie beispielsweise Solidarität und Opferbereitschaft unentrinnbar in die Fallstricke des Essentialismus gerät. In Wirklichkeit ist diese Annahme keinesfalls zwingend. Das Sich-Beziehen auf einen Wert wie Gerechtigkeit impliziert notwendigerweise weder absolute Sollensaussagen noch Annahmen der Art, dass Gerechtigkeit zum Wesen des Menschen gehöre. Es kann auch ganz schlicht in dem Sinne verstanden werden, dass in einer bestimmten Kultur – unserer Kultur – der Begriff der Gerechtigkeit nach allgemeinem Konsens nützlich zur Beurteilung von eigenen wie den Handlungen anderer ist. Der Verzicht auf die metaphysische Ausdeutung von Werten bedeutet also keinesfalls, dass Werte innerhalb des sozialen Beziehungsgeflechts einer Gruppe keine Bedeutung hätten. Es ist auch keinesfalls so, dass man wie v. Glasersfeld oder v. Foerster meinen, keine Aussage über Wertpräferenzen machen könnte. Das gilt nur, wenn man Werte absolut setzt. Wenn man aber Werte auf die konsensuelle soziale Wirklichkeit einer Gruppe bezieht, so kann man innerhalb dieses Rahmens sehr wohl feststellen, ob beispielsweise Verbunden-Sein mit der Welt oder Nicht-Verbunden-Sein akzeptabler ist. Freilich muss man sich – und hier sind die Warntafeln der Konstruktivisten berechtigt – immer darüber klar sein, dass damit keine Wesensaussagen gemacht werden, d. h. dass jemand, ohne sein Wesen als Mensch aufs Spiel zu setzen, andere Werte präferieren und andere Urteile fällen kann.

Angesichts der prinzipiellen Skepsis gegenüber einer rationalen Ethik finden sich bei den Konstruktivisten zwei Denkansätze, um ethische Aussagen doch möglich zu machen. Der erste Ansatz versucht, ethische Begriffe aus den Voraussetzungen der konstruktivistischen Theorie selbst abzuleiten. Er wird vor allem von den auf biologischen Grundlagen argumentierenden Konstruktivisten wie Maturana verfolgt. Maturana sucht, wie wir gezeigt haben, ein Prinzip wie die Liebe auf die Rückkoppelungsprozesse autopoie-

tischer Einheiten zurückzuführen, oder er interpretiert einen Begriff wie
Freiheit als die Unvorhersagbarkeit des autopoietischen Prozesses. Was
dabei aus den Augen verloren wird, ist die Tatsache, dass Begriffe wie Liebe oder Freiheit sozial (-geschichtlich) und kulturell vermittelte Prinzipien
sind. Sie gehen aus (historischen) menschlichen Erfahrungen hervor und
sind Produkte menschlichen Nachdenkens, Erleidens, Handelns und Kämp-
fens. Sie sind also mit ihrem jeweils aktuellen Bedeutungsgehalt geschicht-
lich erarbeitete Begriffe. Ethische Prinzipien können daher nicht einfach aus
der Erkenntnistheorie des Radikalen Konstruktivismus abgeleitet werden, da
dieser ein eigenständiger Kulturbegriff fehlt. Sie bedürfen einer eigenen
ethischen Grundlegung, die sich – der Warnung des Konstruktivismus ein-
gedenk – allerdings vor Verabsolutierungen hüten muss.

Der zweite Denkansatz knüpft an die pragmatistische Ethik an. Er geht von
der These aus, dass die Menschen in den meisten Fällen in ihrem Alltagshandeln gar keine Reflexionen über ihre Pflichten anstellen, sondern einfach
und selbstverständlich das Rechte tun. Denn sie besitzen ein Gefühl für das,
was geboten ist. Dieses unmittelbare Wissen baut sich aus individuellen
Erfahrungen, aus der Übertragung von Erfahrungen von einer Situation auf
andere und aus der Herausbildung von Gewohnheiten auf. Wie gehandelt
wird, ergibt sich also aus unmittelbaren Einschätzungen von Situationen und
darauf bezogenen Möglichkeiten des Erlebens und Handelns. Es handelt
sich also um ein situativ bezogenes und ausgelöstes ethisches Handeln. Von
Glasersfeld z. B. verweist wiederholt darauf, dass man vorher nicht sagen
kann, wie man handeln wird oder will, sondern dass sich das erst in der aktuellen Handlungssituation zeigt. Wir haben schon oben auf die Bedeutung
des Gefühls bei v. Glasersfeld hingewiesen. Es stellt sich allerdings zum
einen die Frage, wie weit das Verlassen auf Gefühle unserem Handeln Stabilität und die für menschliches Zusammenleben notwendige Verlässlichkeit
geben kann. Zum anderen steckt in dem Rückgriff auf Gefühle immer die
implizite Annahme, dass Gefühle positiv sind. So sagt beispielsweise v.
Glasersfeld eben: „Man muss fühlen, was *gut* ist", und spricht nicht von
dem Gefühl des Schlechten. Die Konstruktivisten räumen allerdings zumeist
ein, dass es Situationen gibt, wo man nicht so selbstverständlich weiß, was
zu tun ist, wo es also moralischer Reflexion bedarf. Doch gehen sie diesem
Gedanken im Allgemeinen nicht weiter nach. Sie relativieren sozusagen ihr
Zugeständnis wieder, indem sie feststellen, dass es sich hier um Sonderfälle
handele. Wenn man jedoch den Gedanken weiterverfolgt, so zeigt sich, dass
alle diese Ausnahmefälle gar keine solchen Ausnahmen sind. In allen Gesellschaften gibt es Normierungen in Gestalt von Werten, Gesetzen, Verfas-
sungen etc., die festlegen, woran man sich in Problemfällen orientieren kann
und muss. Diese moralischen und Rechtsprinzipien werden insbesondere

dann bedeutsam, wenn Verstöße gegen die für selbstverständlich gehaltenen Verhaltensweisen auftreten und gerügt oder gar bekämpft werden müssen. Es zeigt sich dann, dass das selbstverständliche Tun des Rechten selbst in einem Rahmen von normativen Setzungen stattfindet, der definiert, was als „gutes" Handeln angesehen werden kann. Die Bedeutung dieses Verortungsrahmens von Handlungen wird deshalb leicht übersehen, weil im Alltag zumeist das spontane Handeln genügt. Er wird nur dann bewusst, wenn dieses misslingt oder wenn der bisherige Rahmen infrage steht, Revisionen oder gar Umstürze notwendig sind. Diese Insistenz auf der Notwendigkeit von Normierungen muss sich freilich vor dem Rückfall in ein Absolutheitsdenken hüten. Wenn Werte in einer Gesellschaft verbindlich sind, so bedeutet das nur, dass sie als verbindliche konstruiert sind: Sie sagen weder etwas über das Wesen der Welt noch des Menschen, sondern sie bringen nur zum Ausdruck, dass die Mitglieder dieser Kultur unter anderem auch darüber – auf Zeit – zum Konsens gekommen sind, dass sie sich in Konfliktfällen an diesen Werten orientieren wollen. Das schließt weder die Offenheit für andere Wertsysteme in der eigenen Kultur noch für differenzierende Wertsysteme in anderen Kulturen aus.

Pädagogische Perspektiven

Die moralische Erziehung der Kinder und Jugendlichen ist seit der Aufklärungszeit vor allem eine Aufgabe der Familie gewesen. Auf die Grundlagen, die sie gelegt hatte, baute die sittliche Erziehung der Schule. Die moralischen Prinzipien, die das Leben der Familie bestimmten, aber zumeist unbewusst blieben, wurden in der Schule explizit gemacht und von den Schülerinnen und Schülern ausdrücklich gelernt. Die Voraussetzung dieser Zusammenarbeit von Familie und Schule bestand in zwei Annahmen: Zum einen ging man davon aus, dass moralisches Wissen zur Vertiefung und Stabilisierung der moralischen Persönlichkeit führe; zum anderen nahm man an, dass in den bürgerlichen Familien und zwischen Familien und Schulen eine grundlegende Übereinstimmung in Bezug auf die geltenden Normen und Werte bestehe. Diese weitreichende Konsensannahme ist im 20. Jahrhundert durch verschiedene Prozesse erschüttert worden. Zu nennen wäre hier vor allem die moralische Katastrophe der von Deutschen in der Zeit der nationalsozialistischen Herrschaft verübten Untaten, eine Katastrophe, die die Vorstellung, es gäbe für alle verbindliche Werte und wenn man sie wisse, so handle man auch danach, als einen bloßen Selbstbetrug entlarvt. Zu erinnern wäre als zweites an die seit der Mitte des vorigen Jahrhunderts sich vollziehende Pluralisierung der Familie, die ja nicht nur die Familienformen, sondern auch die Lebensweisen, kulturellen Ansprüche und Wertvorstellungen betrifft. Schließlich ist zu erwähnen, dass Deutschland in den letzten Jahrzehnten zu einer Einwanderungsgesellschaft geworden ist, in der Menschen mit ganz unterschiedlichem ethnischen und kulturellen Hintergrund Aufnahme gefunden haben und weiterhin finden. Diese Pluralisierung der Umwelten, in denen Kinder und Jugendliche heute aufwachsen, führt zu großen Unsicherheiten in Bezug auf die moralische Orientierung, die von den Familien nicht mehr aufgefangen werden können. In dieser Situation fällt der Schule – und dem Kindergarten – als der staatlichen Institution, die für alle verbindlich ist, die Aufgabe zu, eine Ebene der moralischen Gemeinsamkeit für alle Heranwachsenden zu bestimmen, d. h. festzulegen, welche Werte für alle – ungeachtet ihres unterschiedlichen Herkommens – gelten sollen. Der Schule wird also abverlangt, dass sie in Bezug auf die Werte bestimmt, was das Gemeinsame in unserer Gesellschaft ist, und dass sie diese unerlässlichen gemeinsamen Werte den Heranwachsenden vermittelt. Dabei tritt allerdings das Problem auf, wie man diese allgemeinen Werte feststellen und sie den Schülern nahebringen kann. Im Regelfalle wird dabei der folgende Weg beschritten: Man richtet ein Fach ein, eine Kommission aus Fachleuten erklärt bestimmte Wertbegriffe für allgemein gültig und daher für allgemein verpflichtend, dieselbe oder eine andere Fachkommission entwickelt daraufhin ein Curriculum, dessen Abarbeitung das entsprechende Wertewissen und Wertebewusstsein schaffen soll. Das Zentrum des Unterrichts bildet also eine rationale Ethik, die aus für universal erklärten Wertbegriffen besteht, die in derselben Weise lehr- und lernbar sind wie die Gegenstände anderer Fächer auch. Freilich entsprechen die Ergebnisse dieses wissensbasierten Unterrichts offensichtlich zumindest bislang nicht den in ihn gesetzten Erwartungen, denn immer wieder wird das mangelnde Wertebewusstsein vieler Jugendlicher beklagt und der Ruf und die Forderung nach verbesserter Werteerziehung erhoben.

Die kritische Auseinandersetzung des Konstruktivismus mit dieser universalistischen Wissensethik stellt, wie wir gesehen haben, die Theorie infrage, dass es allgemeine Werte gibt, die für jede moralische Situation eindeutig festlegen, welches Handeln richtig ist, deren Kenntnis also Moralität garantiert. Da es solche allgemeinen Begriffe nicht gibt, kann Ethik auch nicht rational gelehrt werden. Demgegenüber entwickeln die Konstruktivisten die These, dass Moralität in einer moralischen Könnerschaft besteht. In einer Entscheidungssituation erfasst der Mensch unmittelbar ohne den Umweg über Begriffe oder Werturteile, welches Handeln für ihn geboten ist. Der moralische Könner ist im Eingehen auf und Einfühlen in die Situation spontan fähig, das Richtige zu tun. Die Voraussetzung solcher Könnerschaft ist ihre lebenslange Kultivierung: Man muss sich einüben, die Anforderungen von Situationen zu erfühlen und zu erfüllen. Man muss aus konstruktivistischer Sicht also keine Wertbegriffe lernen, sondern man muss lernen, wert-erfüllt zu leben. Für die Pädagogik ergibt sich daher aus der Sicht des Kon-struktivismus die Aufgabe, weniger über Moral zu reden, als Möglichkeiten zu bieten, moralisches Handeln zu praktizieren. Das ist freilich leichter ge-sagt als getan, insbesondere wenn man, wie wir es oben getan haben, in der Moralerziehung eine Aufgabe der Schule einer pluralen Gesellschaft sieht. Denn dazu muss die Schule aus einer Institution der Instruktion zu einem Lebensraum werden, in dem Schüler, Lehrer und Eltern – und vielleicht noch an Erziehung interessierte Bürger aus der weiteren Community – ihr Schulleben gemeinsam gestalten. Denn nur in einem solchen umfassenden Schulleben kommen eine Vielzahl von Begegnungen zustande, die morali-sches „Fingerspitzengefühl" von allen Beteiligten verlangen.

In manchen Reformschulen und pädagogischen Reformkonzepten, die in den letzten 100 Jahren am Rande und in den Nischen des staatlichen Schul-systems entstanden sind, wurde und wird ein solches wertebezogenes Schul-leben auch praktiziert. Hier ist z. B. auf die Landerziehungsheime, auf die Lebensgemeinschaftsschulen der Weimarer Zeit, auf die jugendpädagogi-sche Arbeit der deutschen und österreichischen Kinderfreunde und auf die Freien Schulen seit den sechziger und siebziger Jahren des vorigen Jahrhun-derts zu verweisen. Der Blick auf die Schulen und Jugendorganisationen in den verschiedenen Diktaturen des 20. Jahrhunderts ruft allerdings in Erinne-rung, dass das Schulleben allein noch nicht zur Moralität führt. Dazu ist auch seine Prüfung an moralischen Prinzipien notwendig. Dementsprechend hat unsere kritische Auseinandersetzung mit den Konstruktivisten auch ge-zeigt, dass selbst sie nicht völlig ohne Wertbe-griffe auskommen.

In unklaren Situationen, beispielsweise in Situationen, für die keine Erfah-rungen aus unserem bisherigen Leben vorliegen, ist dann doch die Orientie-rung an Werten notwendig. Dabei handelt es sich im Sinne der Konstrukti-visten aber weniger um abrufbare Vorschriften als um Perspektiven für die Frage nach der Legitimität unseres Handelns. So schreibt mir in einer schwierigen Situation beispielsweise der Wert der Gerechtigkeit nicht ein-fach vor, was ich tun soll, sondern er bietet mir die Möglichkeit, die von mir spontan geplante Handlung darauf hin zu bedenken, ob sie dem Postulat der Gerechtigkeit entspricht. Wertbegriffe sind also Reflexionsbegriffe, mit denen wir den Motiven und Gründen unserer Handlungen nachgehen kön-nen. Wenn moralisches Handeln zustande kommen soll, brauchen wir also beides: moralische Könnerschaft und Wertbegriffe. Das Verdienst des Kon-struktivismus besteht vor allem darin, dass er die Bedeutung des Könnens herausgearbeitet hat.

7. Emotionen im Kontext des Konstruktivismus

„Was ist Radikaler Konstruktivismus?" – fragt E. v. Glasersfeld (1997, S. 22). Seine Antwort lautet: „Der Radikale Konstruktivismus beruht auf der Annahme, daß alles Wissen ... nur in den Köpfen von Menschen existiert und daß das denkende Subjekt sein Wissen nur auf der Grundlage eigener Erfahrung konstruieren kann" (ebd.). Mit den Termini „Wissen" und „denkendes Subjekt" signalisiert v. Glasersfeld eine durchgängig dem Konstruktivismus zu eigene Position: Es handelt sich um eine Kognitionswissenschaft. Sprache, Erkenntnis, Begriffsbildung, Bedeutungszuschreibungen, Verstandestätigkeit, Effektivität, operationale Geschlossenheit usw. prägen die Terminologie des Konstruktivismus. Die Wirklichkeit wird in den Köpfen der Menschen erfunden, und Handlungen werden von autonomen Lebewesen aufgrund von Perturbationen so vollzogen, dass sie viabel sind, d. h. zum Denken des Subjekts und seinen Erfahrungen passen und zu seinem Überleben beitragen.

Gefühle, Affekte oder Emotionen dagegen sind Begriffe, die im Konstruktivismus nur selten, in manchen Standardwerken (etwa: Maturana/Varela *Der Baum der Erkenntnis 1987*) gar nicht oder nur am Rande vorkommen. Man kann durchaus den Eindruck gewinnen, dass – zumindest im Radikalen Konstruktivismus – Emotionen in Bezug auf das Konstruieren des Wahrgenommenen und einen Großteil von Handlungen nicht behandelt werden, weil sie im Gegensatz zu einer Rationalität stehen, die auf Aufmerksamkeit, Erkenntnis und Entscheidungen zum Handeln unter Nützlichkeitskriterien basiert. Das alles scheint sich geradezu emotionslos zu vollziehen. Damit befindet sich der Radikale Konstruktivismus ganz in der aufklärerischen Tradition, die dazu neigt, Emotionen als Störungen zu begreifen, die man, wenn sie nicht zu ignorieren sind, am besten reduziert, zumindest in hohem Maße kontrolliert. So verglich Kant Emotionen sogar mit einer Geisteskrankheit. Ihm waren Emotionen suspekt. Sie zu kontrollieren und moralisch zu überwinden war eines der großen Ziele der Aufklärung (vgl. Ulich/Mayring 1992, S. 18f.).

Heute bewertet man Emotionen anders. Ihren Einfluss auf das Handeln hält man auf der Basis des Alltagsverständnisses von beobachteten Verhaltensweisen von Mitmenschen unmittelbar für evident. In welchem Maße aber bestimmen Emotionen das Verhalten? Haben sie Einfluss auf rationale Entscheidungen? Fachwissenschaftler, insbesondere Verhaltenspsychologen, gehen aufgrund ihrer Forschung inzwischen weit über die Vermutung hinaus, dass es nur einen schwachen Zusammenhang zwischen Erkenntnis, rationalem Handeln und Gefühlen gibt. Handeln ist für sie nicht nur emotional gekoppelt. Vielmehr behaupten z. B. Damasio (2004) und Roth (2001), unsere Handlungen seien grundlegend von Emotionen gesteuert. Das gelte auch für Prozesse rationalen Entscheidens. So weit gehen nicht alle Autoren. Doch vieles spricht dafür, dass man zumindest von einer wechselseitigen Beeinflussung von Emotionen und Kognitionen ausgehen muss. Unter Kognitionen sollen hier in Abgrenzung von Emotionen die auf Verarbeitung von Wahrnehmungen basierenden Erkenntnisse, also die intellektuellen Leistungen des Gehirns begriffen werden. Kognitionen lassen sich auch als geistige Informationsverarbeitungsprozesse verstehen, innerhalb derer Neues gelernt und Wissen verarbeitet wird. Gedanken über die Umwelt und sich selbst gehören ebenso dazu wie Einstellungen, Absichten und Wünsche. Kognitionen umfassen damit alle internen Vorstellungen, die sich ein Individuum von der Umwelt und sich selbst (als innerem Beobachter) macht.

Wie positioniert sich der Konstruktivismus als Kognitionswissenschaft hinsichtlich der Bedeutung von Gefühlen für das Handeln bzw. für das Verhalten? In dieser Frage eine gewisse Klärung herbeizuführen, sie zumindest zu diskutieren, ist unumgänglich, wenn deutlich werden soll, wie Reaktionen auf Perturbationen zustande kommen, was diese Reaktionen beeinflusst und wie beobachtbares Verhalten gedeutet werden kann. Dies zu wissen ist nicht zuletzt von einiger Bedeutung für das Verstehen und die Organisation von Lernprozessen. Denn Lernen gilt gemeinhin als kognitiver Akt, den man oftmals als von emotionalen Zuständen abgetrennt ansieht. Diesen Eindruck erwecken zumindest Curricula, die festhalten, welche fachlichen Kenntnisse und Methoden der Problembearbeitung Kinder und Jugendliche erwerben sollen. Wenn nun aber kognitive und affektiv-emotionale Zustände „meist gemeinsam auftreten" (Roth 2001, S. 269), dann ist die Frage unabweisbar, wie in Lernprozessen Emotionen und Affekte berücksichtigt werden.

Emotionstheorien

Was sind Emotionen? Die Meinungen darüber gehen weit auseinander. Einer Einführung in die Emotionspsychologie ist folgende Definition zu entnehmen: „Emotionen sind Vorkommnisse von zum Beispiel Freude, Traurigkeit, Ärger, Angst, Mitleid, Enttäuschung, Erleichterung, Stolz, Scham, Schuld, Neid sowie von weiteren Arten von Zuständen, die den genannten genügend ähnlich sind. ... Diese Phänomene haben folgende Merkmale gemeinsam: (a) Sie sind aktuelle Zustände von Personen; (b) sie unterscheiden sich nach Art oder Qualität und Intensität (...); (c) sie sind in der Regel objektgerichtet (...); (d) Personen, die sich in einem der genannten Zustände befinden, haben normalerweise ein charakteristisches Erleben (Erlebnisaspekte von Emotionen), und häufig treten auch bestimmte physiologische Veränderungen (physiologischer Aspekt von Emotionen) und Verhaltensweisen (Verhaltensaspekt von Emotionen) auf" (Meyer/Schützwohl/Reisenzein 1993, S. 23f.) Die Rede von den „Zuständen von Personen" signalisiert, dass es sich bei Emotionen um beobachtbare Phänomene handelt, die sich im Handeln oder Verhalten erkennen lassen und offensichtlich vielfältig sind in Hinblick auf die erkennbaren Varianten und Intensitäten.

Eine konsistente Emotionstheorie wurde bisher allerdings weder von der Hirnforschung, der Verhaltenspsychologie noch von der Soziologie entwickelt. Es ist von Trieben, Affekten, Gefühlen, Stimmungen, Motivationen und – weit oder eng gefasst – von Emotionen die Rede, ohne dass klare Zuordnungen bestehen. Manchen Autoren gelten Affekte, auch primäre bzw. universelle Emotionen genannt, – z. B. Freude, Furcht, Trauer, Ärger, Überraschung und Ekel – als angeborene emotionale Disposition, die auszudrücken allen Menschen zu eigen ist. Man könne sie kulturell und individuell allenfalls zu kontrollieren versuchen, aber als Disposition nicht abschaffen. Davon abgesetzt ist von Gefühlen oder sekundären oder sozialen Emotionen die Rede, wie Verlegenheit, Eifersucht, Schuld, Stolz z. B. Sie gelten als kulturell geformt und situativ schnell veränderbar. Und schließlich spricht man auch noch von Stimmungen oder auch Hintergrundemotionen, wie etwa Wohlbehagen, Unbehagen, Niedergeschlagenheit, Ruhe und Anspannung, die sich über längere Zeiträume und Situationen als stabil erweisen können (vgl. Damasio 1999, S. 67ff.). Schließlich sind zu den Emotionen auch noch die Motivationen, wie zum Beispiel Lust und Unlust, Handlungen zu vollziehen, nachzudenken etc. zugehörig.

Eine Mehrheit der Autoren, die über Emotionen im Zusammenhang mit hirnphysiologischen Analysen arbeiten (etwa: Ciompi 1997, Ekman 1984) fasst den Emotionsbegriff so weit, dass er auch elementare Affekte mit einschließt, wie zum Beispiel Aggression, Geborgenheitsgefühle und sexuelle Lust, nicht aber Durst, Hunger und Müdigkeit. Für andere Autoren dagegen, so z. B. für Panksepp (1991), gehören auch Hunger, Durst und Müdigkeit zu den Emotionen. Panksepp spricht in diesem Zusammenhang nicht von elementaren, sondern von „reflexiven Affekten". Die Zuordnung dieser Affekte zu den Emotionen geschieht nicht unbegründet: Schließlich sprechen wir von Hunger- und Müdigkeitsgefühlen. Zudem sind diese Gefühle hirnphysiologisch gesehen auch in den für Emotionen zuständigen Regionen des Gehirns angesiedelt. Reflexive Affekte müssen nach Panksepp nicht erlernt werden, sie gelten als angeboren.

Andere Autoren (etwa: Ortony/Clore/Collins 1988, Rolls 1999) fassen den Begriff der Emotionen enger, indem sie als Emotionen nur gelten lassen, was durch positive oder negative Erfahrungen, also durch Lernen in gewissem Maße verändert werden kann. Dazu gehören emotionale Zustände wie Glück, Freude, Verachtung, Ekel oder auch Furcht, Lust und Unlust. Emotionen sind dann Resultat eines von Erfahrungen abhängigen Bewertungsprozesses von lebensrelevanten Ereignissen. Emotionale Zustände gelten als durch Belohnung und Bestrafung initiiert und modifizierbar (vgl. Rolls 1999). Sie gelten als nicht-kognitive, aber immer an Erfahrungen gebundene Formen der Bewertung von (über-)lebensbedeutsamen Ereignissen. Damit kommen nicht nur individuelle Lernprozesse im weitesten Sinne bei der Herausbildung von Emotionen ins Spiel, sondern auch die sozialen Beziehungen, in denen sich die Individuen bewegen. Darauf wird noch zurückzukommen sein.

Lässt sich schon nicht klar zwischen Affekten und Trieben, Gefühlen und Stimmungen oder auch Emotionen im engeren Sinne trennen, werden manche Affekte den universellen Emotionen zugeordnet; und betrachten manche Aggression als erlernte Emotion, andere hingegen als angeborenen Affekt, so gelten bei vielen Autoren die Übergänge zwischen Trieben, Affekten, Gefühlen, Stimmungen und Motivationen als fließend, und man achtet eher auf den Grad ihrer Intensität als auf die Frage, ob sie angeboren sind, eine Disposition kennzeichnen oder im Verlauf der Sozialisation erworben werden. Wut und Ekel zum Beispiel werden zumeist als intensive Emotionen bezeichnet, während Gefühle wie Enttäuschung, Unlust und Misstrauen als weniger intensiv und aufgrund von situativen Erfahrungen als immer wieder neu beeinflussbar betrachtet werden. Unter Stimmungen werden in der Verhaltenspsychologie in der Regel länger anhaltende Gefühle verstanden. So kennt man eine optimistische oder auch pessimistische Grundstimmung, die sich – folgt man Roth (2001) – schon in frühester Kindheit, vielleicht schon pränatal ausformen kann.

Da es hinsichtlich der Klassifikation von Emotionen zahlreiche unterschiedliche Versuche gibt (vgl. z. B. Cacioppo u. a. 2000; Ciompi 1992; Damasio 2004; Ortony/Clore/Collins 1988; Roth 2001) und eine einheitliche Nomenklatur nicht zu erkennen ist, unterbleibt an dieser Stelle eine weitere Ausdifferenzierung von Affekten, Emotionen, Gefühlen, Motivationen und Stimmungen. Die Termini Emotion und Gefühl werden im Folgenden synonym gebraucht. Einzig die Frage, ob (manche) Emotionen angeboren sind und andere erlernt werden, wird weiter unten noch genauer zu betrachten sein, da die Behandlung dieser Frage bedeutsam ist für das Zusammenwirken von Kognitionen und Emotionen in Lernprozessen und die Beeinflussbarkeit von Emotionen in intentionalen Lernprozessen. Obwohl eine konsistente Theorie der Emotionen fehlt, gibt es eine weitgehende Übereinstimmung bezüglich der vielfältigen das Verhalten steuernden Funktionen von Emotionen.

Zum einen haben Emotionen nach Auffassung von Verhaltenspsychologen die Funktion, das Überleben des Einzelnen zu sichern: Wenn man zum Beispiel Furcht entwickelt, dann steigt der Blutdruck und es wird die Atmung intensiviert. Das körperlich-vegetative System des Menschen bereitet sich darauf vor, mit erhöhter Leistungsfähigkeit die Flucht antreten zu können. Zum anderen dienen Triebe und Instinkte dem Überleben nicht nur des Einzelnen, sondern auch der Gruppe. Dazu gehört zum Beispiel das Bedürfnis nach sozialem Kontakt, Fürsorge, das Gefühl des Verlassenseins, die Sexualität. Neben der Überlebenssicherung wird den Emotionen auch die Funktion zugeschrieben, generell die Handlungsaktivierung zu regulieren. Das betrifft das Feld der Motivationen. Die Motivation hat die Funktion, den Willen etwas zu tun (oder zu meiden) zu stärken (oder zu schwächen). Wer motiviert ist, bestimmte Dinge zu tun, wird für dieses Handeln gleichsam „energetisiert" (Roth).

Auch ohne weiter auf eine Differenzierung zwischen unterschiedlichen Emotionen einzugehen, sind für die Klärung der Bedeutung von Emotionen im Kontext konstruktivistischer Theorien zwei Aspekte näher zu betrachten: Erstens ist im Zusammenhang mit dem Radikalen Konstruktivismus die Beziehung zwischen Kognition und Emotionen näher zu bestimmen. Wenn nämlich eine enge Beziehung zwischen Erkenntnis und Emotion besteht, dann sind die Wahrnehmung von und viable Reaktion auf Perturbationen nicht bloß kognitive Leistungen. Bezüglich des Sozialen Konstruktionismus ist zweitens die Bedeutung des Sozialen bei der Herausbildung und Veränderung von Emotionen zu klären, da etliche Emotionen, insbesondere die als Affekte bezeichneten, als angeboren gelten. Sind sie genetisch festgelegt, dann können sie kaum durch die soziale Umwelt – und mithin auch durch Lernumwelten – verändert werden.

Emotion und Kognition im Kontext des Radikalen Konstruktivismus

Lange Zeit betrachteten Verhaltensforscher Emotionen, Stimmungen und Affekte als unabhängig von kognitiven Leistungen (vgl. Gardner 1989). Dagegen wirken, wie schon erwähnt, nach heutiger Auffassung Kognition und Gefühl zusammen (vgl. Ortony/Clore/Collins 1988). Einigkeit besteht über die Formen des Zusammenwirkens nicht, allerdings scheint unbestritten, dass Emotionen unser Handeln mit steuern: „Emotionen greifen in die bewusste Verhaltensplanung und -steuerung ein, indem sie bei der Handlungsauswahl mitwirken und bestimmte Verhaltensweisen befördern" (Roth 2001, S. 263).

In der neueren Verhaltenspsychologie und Hirnforschung hält man nicht zuletzt aufgrund neurobiologischer Erkenntnisse ein Funktionieren von Emotion und Kognition unabhängig voneinander nicht für möglich (vgl. Goleman 1997, S. 48). Die Einheit von Kognition und Emotion wurde in zahlreichen neurologischen Untersuchungen immer wieder bestätigt. Wird zum Beispiel bei einer Person der präfrontale Cortex geschädigt (das ist im Hirn eine für Emotionen zuständige Region), dann haben diese Personen ihre Emotionalität verloren. Mit dieser Schädigung sind die Personen aber zugleich auch nicht mehr in der Lage, rationale Entscheidungen, also spezifische kognitive Leistungen, zu erbringen (Damasio 1995, Damasio 2004). Umgekehrt gilt auch, dass, wenn bestimmte Areale des Gehirns, die für das Lernen von menschlichen Ausdrucksformen zuständig sind, ausfallen, spezifische emotionale Ausdrucksformen nicht mehr funktionieren (z. B. die Fähigkeit, zwischen einem freundlichen und einem unfreundlichen Gesicht zu unterscheiden). Emotion und Kognition stehen demnach in einem komplementären Verhältnis zueinander. „Erkenntnisse wie diese lassen Damasio zu der kontraintuitiven Auffassung gelangen, dass Gefühle normalerweise für Rationalität *unerlässlich* sind; sie weisen uns zunächst in die richtige Richtung, wo dann die nüchterne Logik von größtem Nutzen sein kann. Während die Welt uns vor kaum überschaubare Wahlmöglichkeiten stellt ..., schickt der emotionale Erfahrungsspeicher, den wir im Leben erworben haben, Signale aus, die die Entscheidung vereinfachen, indem sie von vornherein gewisse Optionen ausschließen und andere hervorheben. In diesem Sinne, meint Damasio, ist das emotionale Gehirn am rationalen Denken genauso beteiligt wie das denkende Gehirn. Die Emotionen besitzen demnach eine Intelligenz,[4] die in praktischen Fragen von Gewicht ist. In dem Wechselspiel von Gefühl und Rationalität lenkt das emotionale Vermögen, mit der rationalen Seele Hand in Hand arbeitend, unsere momentanen Entscheidungen. Umgekehrt spielt das denkende Gehirn eine leitende Rolle bei unseren Emotionen" (Goleman 1997, S. 48).

---

[4] Anmerkung der Verfasser: Der Begriff „emotionale Intelligenz" wurde durch D. Goleman populär. Goleman sieht die emotionale Intelligenz als eine übergeordnete Fähigkeit, von der es abhängt, wie gut Menschen ihre sonstigen Fähigkeiten, darunter auch den Verstand, zu nutzen verstehen. Emotionale Intelligenz bezeichnet demnach die Fähigkeit, mit den eigenen Emotionen wie den Emotionen anderer bewusst umzugehen. Bei Mayer/Salovey/Caruso wird die Emotionale Intelligenz (EI) in vier Bereiche unterteilt: a) Wahrnehmung von Emotionen; b) Verwendung von Emotionen zur Unterstützung des Denkens; c)Verstehen von Emotionen und d) Umgang mit Emotionen (vgl. Mayer/Salovey/Caruso 2004).

Kognitive Leistungen werden demnach nie ohne Einbeziehung von Emotionen vollbracht. Anscheinend sind kognitive Leistungen, ist selbst der Erwerb von Faktenwissen nicht möglich, ohne dass Emotionen daran beteiligt sind. In der Reaktion auf eine Störung durch die Umwelt wirken demnach Emotionen und Kognitionen eng zusammen. Emotionen regulieren dabei den Informationsbeschaffungsprozess selbst immer schon mit. Einen Beleg dafür bietet die Kognitionsbiologie. So kann man zeigen, dass bei einer Störung durch die Umwelt nicht nur jene Regionen des Gehirns erregt werden, die für Verstandesleistungen zuständig sind, sondern auch jene Bereiche, die für Emotionen zuständig sind (vgl. Roth 2001, S. 269; S. 318ff.). Wenn Umweltsignale, die darauf ausgerichtet sind, den Verstand zu affizieren (wenn zum Beispiel eine mathematische Formel erlernt werden soll), keinen „affektiven Stempel", also keinen emotionalen Bezug mitliefern, können sie hundertfach wiederholt werden, ohne dass ihnen vonseiten der angesprochenen Person Beachtung geschenkt wird (vgl. Ciompi 1992, S. 171).

Nun bietet das Wissen um die gleichzeitige Erregung von mehreren Hirnregionen noch keinen Hinweis darauf, um welche Gefühle und Stimmungen es sich handelt, welche Gedanken sich in der Hirnregion bilden mögen und wie diese zusammenwirken. Will man in der Sache Genaueres wissen, ist man auf psychologische Erkenntnisse angewiesen. Die Verhaltens- und Kognitionspsychologie hat beobachtet, dass in Entscheidungsprozessen und darauf basierenden Handlungen Emotionen und Kognition zusammenwirken.

Drei Varianten sollen im Folgenden in Bezug auf das Zusammenwirken von Emotionen und Kognition näher betrachtet werden: Erstens routiniertes Handeln, zweitens rationale Entscheidungen und drittens durch Emotionen regulierte Wahrnehmungen und Verhaltensweisen. Im Fall routinierten Handelns, von dem der Konstruktivismus sagt, dass es durch häufige Wiederholung in ähnlichen Situationen zur Gewohnheit wird und gleichsam zu Automatismen führt, könnte man meinen, es sei aufgrund seiner Viabilität stabil. Wenn nun routiniertes Handeln in einer spezifischen Situation zu erwarten ist, wie zum Beispiel das Warten an einer roten Fußgängerampel, so ist das tatsächliche Handeln dennoch nicht aufgrund des schon vorhandenen Handlungsmusters immer schon vorhersagbar. Denn manchmal geht die Person auch bei Rot über die Straße. Befragt man diese Person nun nach ihren Motiven, so werden oftmals keine rationalen Gründe für dieses Handeln geliefert – zum Beispiel: „Es kam gerade kein Auto". Vielmehr ist es oftmals das „Gefühl", das eine Person veranlasst, von den üblichen Handlungsmustern abzuweichen und doch – entgegen dem erwarteten Verhalten – bei Rot über die Straße zu gehen („Ich hatte einfach Lust dazu, mich nicht konform zu verhalten") (vgl. Bonß/Zinn 2005, S. 198). Das Verlassen von erfolgreich praktizierten Routinen dürfte nach dem Konzept des Konstruktivismus, wie es etwa Maturana/Varela entfalten, nur bei als unbekannt und zugleich wichtig wahrgenommenen Veränderungen der Umwelt vorkommen. Erfolgreiche Formen der Situationsbewältigung werden in gleichen oder als ähnlich wahrgenommenen Kontexten ihrem Konzept zufolge beibehalten. Das Gehirn ist danach darauf ausgerichtet, als erfolgreich gespeicherte Operationen stabil zu halten. Dass sie nicht allein aufgrund rationaler Entscheidungen ("Es war weit und breit kein Auto zu sehen") nicht eingehalten werden, sondern aufgrund von Stimmungen, sieht das Konzept nicht vor.

Dass auch in (scheinbar) rationale Entscheidungen, nicht nur in Routinen, Emotionen einfließen können, macht ein anderes Phänomen deutlich. Die Argumentation für diese Behauptung lautet etwa so: Wenn man aufgrund von Störungen durch die Umwelt nach Informationen für ein mögliches Reagieren sucht, dann könnte man die Informationssuche unendlich lange fortsetzen. Das betrifft zum Beispiel so banale Entscheidungen wie den Kauf von Schuhen: Marke, Qualität, Preis, Mode, die Anregung des Verkäufers, Gewohnheiten etc., vielleicht sogar ein Testheft können gegeneinander abgewogen werden. Nun wird man sich nicht über Stunden oder Tage mit dem Kauf beschäftigen. Man wird die Informationssuche nicht unendlich fortsetzen, sondern immer irgendwann abbrechen. Auch wird man bestimmte Informationen akzeptieren oder verwerfen. Für das Abbrechen der Informationssuche, für die Akzeptanz oder das Verwerfen von Handlungsalternativen werden nun aber – wie die Verhaltenspsychologie und Kognitionspsychologie eindringlich belegen – nicht nur rationale Argumente genutzt, vielmehr wird dieses in aller Regel emotional begründet (Damasio 1996; 1999; Loewenstein u. a. 2001). Man ist genervt von der Suche nach den richtigen Schuhen, findet sie geschmackvoll, bequem oder hat ein gutes Gefühl, wenn man sich in ihnen zeigt. Emotionen gehen damit als wesentliches Kriterium in Entscheidungsprozesse ein. Das geschieht nun nicht etwa nur im Nachhinein – wie das soeben dargestellte Beispiel meinen machen könnte –, wenn also alle entscheidungsrelevanten Informationen schon einmal rational zusammengetragen sind: Vielmehr ist die Selektion der Entscheidungskriterien selbst schon durch die Gefühle beeinflusst. So achtet man nicht mehr sonderlich auf die Verarbeitungsqualität, wenn man die Schuhe einfach schick findet.

Emotionen beeinflussen aber nicht nur situativ Entscheidungsprozesse und verweben sich mit rationalen Formen der Informationsbeschaffung und des Abwägens. Emotionen können ganz grundlegend die Wahrnehmung strukturieren. Wer sich fürchtet, wird seine Aufmerksamkeit ganz auf die Furcht auslösende Situation konzentrieren. Und wer traurig gestimmt ist, wird seine Umwelt anders wahrnehmen als eine fröhlich gestimmte Person. Störungen aus der Umwelt werden mithin nicht nur auf der Basis von vorher gemachten Erfahrungen verarbeitet, sondern unterliegen durchaus auch einer inneren Gefühlslage (vgl. Roth 2001, S. 321).

In diesem Zusammenhang ist es sinnvoll, sich noch einmal darüber zu verständigen, was im Radikalen Konstruktivismus unter „Umwelt" zu verstehen ist. Wenn die Gesamtheit der Erfahrungen eine Konstruktion des Erkennenden ist, dann kann eine Trennung zwischen Innenwelt und Außenwelt, zwischen dem Ich und dem Anderen, nur ein aktiver Prozess der Konstruktion sein. Umwelt ist dann auch nicht etwas schon Festgelegtes, sondern – wie alles – ein Modus des Unterscheidens, der von einem Beobachter vollzogen wird. Während ein äußerer Beobachter ein System nur bei seiner Interaktion mit seiner Umwelt beobachten kann, also sein *Verhalten* beobachtet (vgl. Maturana 1996, S. 37ff.), kann ein innerer Beobachter durch Interaktion mit der Umwelt entstandene innere Erregungszustände und den Prozess der Verarbeitung seiner Erregungen beobachten. Die Gesamtheit dieser Erregungszustände bildet sozusagen die innere Umwelt des inneren Beobachters. Aus der Position eines inneren Beobachters lassen sich nun drei Erfahrungsbereiche unterscheiden. Aus der Perspektive einer konstruktivistischen Kognitionsbiologie ist diese Trennung allerdings eine Leistung des kognitiven Systems, die sich erst im Laufe der Ontogenese herausformt (vgl. Roth 1987, S. 236f.):

Die *Gedankenwelt*; das ist der Bereich der Erinnerungen, Phantasien, Erkenntnisse etc. Dieser Bereich wird in der alltäglichen Erfahrung als unkörperlich wahrgenommen. Die Gedankenwelt beherbergt auch einen Teil der Gefühle, wie zum Beispiel Freude, Trauer, Neugier. Die Gedankenwelt ist am stärksten von der äußeren Umwelt abgekoppelt.

Die *Körperwelt*; das ist der Bereich der Wahrnehmung des eigenen Körpers mit seinen Bewegungen und Empfindungen. Auch der Körperwelt werden zahlreiche Gefühle wie Schmerz, Wohlbefinden etc. zugeordnet.

Die *Dingwelt*; sie umfasst im Sinne des Konstruktivismus die Vorstellungen, die sich ein Beobachter von der äußeren Welt macht. Es ist also der Bereich dessen, was wir alltäglich als der Umwelt entspringend bezeichnen. Dazu gehören die Vorstellungen von Personen, Gegenständen, Ereignissen, sozialen Kontexten, aber auch Geräuschen und Gerüchen, die deutlich als außerhalb der Person liegend wahrgenommen werden.

Emotionen werden mithin im Alltagsverständnis nicht als der Umwelt entspringend begriffen. Sie haben vielmehr eine körperliche und geistige Dimension.

Wenn eine Person Störungen wahrnimmt, dann wird sie diese in der Regel mit der Umwelt außerhalb der eigenen Person, also anderen Personen, Situationen, in denen sie sich bewegt, mit der näheren Umgebung, mit Signalen, die von außen kommen, in Verbindung bringen. Es fällt dem inneren Beobachter im Allgemeinen schwer, die eigene Körperwelt oder gar emotionale Zustände als Umwelt wahrzunehmen. Doch insofern diese Zustände im kognitiven System Perturbationen bewirken können, haben sie eine analoge Funktion wie äußere Umwelten. Dann wird man von Gefühlen als Perturbationen sprechen müssen, soweit sie das kognitive System als wichtiges Ereignis wahrnimmt. Da Perturbationen aber nur von der Umgebung ausgehen können, müssen Emotionen auch als Umwelt betrachtet werden. Beziehungsweise man muss konstatieren, dass Perturbationen nicht nur durch die äußere Umwelt ausgelöst werden, dass vielmehr Perturbationen auch immanent stattfinden. Man könnte das aus der Sicht des neurobiologisch fundierten Konstruktivismus als ein Geschehen zwischen verschiedenen Hirnregionen erklären. Es entspricht durchaus der Sicht des Radikalen Konstruktivismus, dass alles, dass Dingwelt, Körper, Gedanken und Gefühle Perturbationen auslösen können. Entscheidet man sich für die Differenzierung zwischen Perturbationen durch die äußere und die innere Umwelt, so wird man einen wesentlichen Unterschied nicht unbeachtet lassen können. Reaktionen auf Störungen durch die äußere Umwelt können eben diese äußere Umwelt völlig unverändert lassen: Ob ich an einer roten Ampel halte oder nicht, wird die Ampel nicht weiter beeinflussen – allenfalls die Verkehrssicherheit. Wenn ich aber durch die Lust perturbiert werde, das Verbot zu übertreten, und mir der Gedanke kommt, nicht an der Ampel zu halten, beeinflusst das auch meine innere Umwelt, in diesem Fall etwa in Form des Entscheidens für eine Verbotsübertretung oder in Form des Unterdrückens der Lust.

Die Überlegungen führen zu einer weiteren notwendigen Präzisierung bezüglich des Verständnisses von der inneren Umwelt. Wann genau kann man von einer inneren Umwelt sprechen? Nur dann, wenn sich das Individuum hinsichtlich seiner Gedanken- und Gefühlswelt selbst beobachtet. Es gehört zu den Eigenheiten des Ichs, seine inneren Vorgänge selbst beobachten zu können, also vom Vollzug des Denkens, von den erlebten Gefühlen zurücktreten und sich mit ihnen auseinandersetzen zu können. Das Ich nimmt also dann, wenn es sich selbst beobachtet, das Gedachte, seine Gefühle zum Gegenstand seiner Gedanken macht, diese – in den Kategorien des Konstruktivismus gesprochen – als innere Umwelt wahr. Das Ich setzt sich mit sich selbst auseinander. Man kann hier von einer mehrfachen wechselseitigen inneren Perturbation sprechen: Erstens können Emotionen, die ich habe, meine Kognitionen und Handlungsintentionen stören, wie meine Gedanken meine Emotionen stören können. Zweitens unterbrechen aber auch Prozesse der Selbstbeobachtung des Ichs seine Gedanken- und Gefühlsströme, wie wiederum drittens neue Gedanken- und Gefühlsströme den Prozess der Selbstbeobachtung der inneren Umwelt stören können.

Dass es das Ich in dieser doppelten Form ist, einmal sozusagen als sich im Lebensvollzug befindendes und einmal als von diesem Lebensvollzug zurücktretendes, welches denkt, Gefühle hat und handelt, ist deutlich von der Position des Radikalen Konstruktivismus zu unterscheiden, die besagt, das Gehirn (und nicht das Ich) sei die allgemeine Informationsverarbeitungsinstanz. Das hat dem Radikalen Konstruktivismus vonseiten des Kulturalismus den Vorwurf eines „Hirn-Apriorismus" eingebracht, weil in diesem Konzept der Mensch „nicht als der nach Zwecken handelnde Kulturmensch, sondern (mehr oder weniger radikal biologistisch oder physikalistisch) als Organismus, und dieser wieder gesteuert durch das zentrale Nervensystem gefasst" wird (Hartmann/Janich 1996a, S. 17; siehe auch das Kapitel 3 in diesem Band). Mit Recht wird dieser Vorwurf vom Kulturalismus formuliert, denn mit der Beobachtung neuronaler Aktivitäten weiß man noch nicht, was gedacht wird, welche Bewertungen, Erinnerungen und Emotionen sich damit verbinden, welche Handlungsabsichten sich gerade herausbilden. Auf diese kann erst durch beobachtbares Verhalten geschlossen werden – und sei es in Form der Befragung der beobachteten Personen, deren neuronale Aktivitäten gerade gemessen werden. Bewusstseinszustände, Gefühle und Handlungsabsichten sind schließlich nicht mit regionalen Gehirnaktivitäten, auch nicht mit einem „globalen Aktivitätszustand" (Roth) des Gehirns identisch. Sie basieren auf der Interpretation vorgängiger Erfahrungen, auf der Einstufung von sensorischen oder inneren Erregungen als bekannt / unbekannt, wichtig / unwichtig – und sind somit biografisch wie kulturell gebunden. Hirnphysiologische Untersuchungen sind zwar sehr weit fortgeschritten in Bezug auf die Lokalisierung von Erregungszuständen in spezifischen Hirnregionen. Mit ihrer Hilfe lässt sich etwa feststellen, wo der Sitz des Hungergefühls ist, wo Trauer und Aggression zu lokalisieren sind, aber auch, wo wir Erfahrungen abspeichern. Erst die Verbindung zwischen äußerlich wahrnehmbarer Mimik, Handlungen und selbst mitgeteilten Empfindungen und den gemessenen Erregungszuständen im Gehirn aber führt die Hirnforschung schließlich zu ihren Aussagen.

Man wird festhalten können, dass die Gefühle die Art und Weise, wie Perturbationen aus der äußeren Umwelt wahrgenommen werden – ergänzend zu den Erfahrungen einer Person –, mit präfigurieren. Da es zu Bewusstseinsprozessen nur dann kommt, wenn ein inneres oder äußeres Ereignis als wichtig eingestuft wird und nicht mit einer Routine reagiert werden kann, sind die Emotionen in Bezug auf die Bewusstseinsprozesse nicht mehr nur Störfaktoren in der Handlungsregulation, sondern gehören zum Bearbeitungsprozess von Störungen dazu. Ferner können Emotionen ebenso wie Gedanken – als Teil der inneren Umwelt – Perturbationen auslösen, die dann wiederum kognitiv und emotional zugleich verarbeitet werden.

Sind Emotionen, die integraler Bestandteil von Bewusstseinsprozessen sind, wenn sie als Störung begriffen werden, viabel? Dieses könnte zunächst so erscheinen, da, wie weiter oben bezüglich der Funktion von Emotionen gesagt wurde, Emotionen nützlich sind für das Überleben von Organismen und der Handlungsaktivierung dienen. Das ist durchaus passfähig zum Verständnis von Viabilität im Radikalen Konstruktivismus, denn mit Viabilität wird die Fähigkeit bezeichnet, uns im Zuge einer Perturbation zu orientieren. Das bedeutet, entweder auf eine Perturbation gar nicht zu reagieren, weil sie für die Viabilität unbedeutend ist, so zu reagieren, dass erfolgreiche Handlungsmuster beibehalten werden, also mit Routinen auf die Perturbation zu antworten, oder weniger viable Handlungsmuster aufgrund der Neuartigkeit und Wichtigkeit der Störung zu modifizieren bzw. aufzugeben und andere zu etablieren. Im Radikalen Konstruktivismus fallen alle Reaktionen auf Störungen unter die Kategorie der Viabilität. Ein konstruktivistisch orientierter äußerer Beobachter wird das Verhalten anderer immer von der Kategorie der Viabilität her erklären und das Verhalten für mehr oder weniger oder gar nicht viabel halten. Für den Handelnden sieht die Sache dagegen anders aus: Aus der Perspektive des auf Perturbationen Reagierenden sind seine Reaktionen im Augenblick der Reaktion immer viabel, da alles Handeln (nach Auffassung insbesondere des biologischen Konstruktivismus von Maturana) aufs Überleben ausgerichtet ist. Die Reaktionen erscheinen dem Individuum im Augenblick seines Handelns immer als brauchbar, auch wenn ein äußerer Beobachter sie für nicht viabel halten mag oder wenn das Individuum später seine Einschätzung bezüglich der Brauchbarkeit des eigenen Handelns ändern wird. Das Anliegen des Radikalen Konstruktivismus, alles Handeln bzw. Verhalten von der Kategorie der Viabilität her betrachten zu wollen, zeigt jedoch einige erhebliche Schwächen, wenn man den Einfluss von Emotionen auf die Herausbildung von Handlungsmustern mit bedenkt. Wenn im Radikalen Konstruktivismus das zentrale Kriterium der Bewertung von Reaktionen auf Perturbationen die Nützlichkeit, das Aufrechterhalten der (Über-) Lebensfähigkeit darstellt, so ist dieses allerdings nur mit einem Teil der Funktionen, die den Emotionen zugeschrieben werden, kompatibel. Das gilt für jene zahlreichen Instinkte, Triebe und Gefühle, denen die Funktion zugeschrieben wird, das Überleben des Organismus – oder der Gemeinschaft – zu sichern. Die Furcht vor den Aggressionen anderer, die eigenen Aggressionen, der Sexualtrieb, das Hungergefühl etc. fallen unter die Kategorie der Viabilität. Andere Emotionen allerdings, wie zum Beispiel das Gefühl der Einsamkeit, der Niedergeschlagenheit, aber auch der Freude an einem Kunstwerk oder einer Gedichtzeile, am Erfolg anderer Menschen, die man am Fernseher beobachtet, wie sie in einem Quiz gewinnen, sind nur schwer in Verbindung mit Nützlichkeitsvorstellungen zu bringen.

Für die Pädagogik sind insbesondere die (Lern-)Motivationen als ein Teilbereich der Emotionen von großem Interesse. Speziell den Lernmotivationen wird eine handlungsregulierende Funktion zugeschrieben. Lernlust als intrinsische Motivation erhöht demnach die Bereitschaft, sich im Unterricht zu engagieren, impliziert Spaß an der Schule, führt wiederum zu höherem Wohlbefinden. In ihrer Funktion als Handlungsverstärker kann man von der Lernlust also sagen, dass sie sich für das Erreichen des Ziels, Wissen zu akkumulieren oder auch gute Noten zu erhalten, als viabel erweist. Wer aber Lernunlust zeigt, wird auch eine geringe Anstrengungsbereitschaft zeigen, wenig Interesse am Lerngegenstand entwickeln und hat damit keinen guten Ratgeber für das Erbringen von guten Schulleistungen, was wiederum eher hinderlich als nützlich dafür ist, einen guten Abschluss zu erreichen (vgl. Ryan/Deci 2000).

Auch eine Emotion wie zum Beispiel die Angst ist nicht immer viabel. Angst ist in manchen Lebenslagen sicherlich nützlich, da sie bei Gefahr die Fluchttendenz hervorruft oder beeinflusst. Wer allerdings große Angst in Prüfungssituationen entwickelt, für den ist diese Emotion nicht hilfreich bei der Bewältigung von Leistungstests und generell eher ein Prädiktor für die Vorhersage geringer Lernerfolge. Zumindest ist heftige Angst unbrauchbar für die Intention, etwas zu lernen oder den Schulalltag zu bewältigen. In der Konsequenz bedeutet dieses, dass die Viabilität des Verhaltens nicht nur von einem äußeren Beobachter bezweifelt werden kann. Auch ein innerer Beobachter kann konstatieren, dass das eigene Handeln nicht viabel ist – ohne daran allerdings wesentlich etwas ändern zu können, da sich, um beim Beispiel zu bleiben, die große Angst in Prüfungssituationen nicht einfach abstellen lässt und das Denken blockieren kann.

Sowohl die Wahrnehmung der von der Umwelt ausgelösten Perturbation wird, so kann man zusammenfassen, von Emotionen beeinflusst, wie auch die Verhaltensweisen, die aus der Perturbation resultieren, von Emotionen beeinflusst sind. Und diese Einflussnahme auf das Verhalten kann nicht immer unter die Kategorie der Viabilität gefasst werden. Denn die Viabilität ist nicht das einzige das Verhalten strukturierende Kriterium, um auf Perturbationen zu reagieren. Die Emotionen können als Antrieb dazu dienen, sich aktiv in der Umwelt zu bewegen, sie können Handlungen verstärken oder abschwächen, sie können auch in Zustände hineinversetzen, in denen die Umwelt in ganz spezifischer Form wahrgenommen wird oder man sich auch versucht, vor ihr zu verschließen. Dass diese Vielfalt der emotionalen Orientierungskriterien von erheblicher Bedeutung für die Entwicklung von Handlungsmustern ist, lässt sich an der oben formulierten – und von vielen Emotionsforschern vertretenen – Auffassung ablesen, Emotionen und Kognitionen würden das Verhalten gemeinsam steuern.

Aufgrund der Bedeutung von Emotionen für das Handeln sehen wir in der Orientierung des Radikalen Konstruktivismus am Konzept der Viabilität eine erhebliche Verkürzung menschlicher Handlungsmotive. Es wäre nicht einmal hinreichend, Viabilität mit dem Streben nach Zufriedenheit und Glück übersetzen zu wollen. Vielmehr zeigen Emotionen wie Trauer, Verlassenheitsgefühle, Unlust etc., dass dieses Streben nicht immer Handlungsantrieb ist (man will z. B. trauern, strebt in der Trauer nicht nach Glück). Perturbationen durch die (äußere) Umwelt, so könnte man sagen, werden aufgrund von Erfahrungen und emotionalen Zuständen rezipiert. Sie können, müssen aber nicht zwingend unter die Kategorie der Viabilität fallen, da die Handlungsmotive durch ein relatives „Eigenleben" geprägt sind, die das, was als nützlich erscheint, durchaus konterkarieren können.

Die Emotionen beeinflussen Wahrnehmungen, Handlungen und Verhalten. Sie können die Kognitionen leiten, sie sind unverzichtbar in Entscheidungsprozessen, sie können, müssen aber nicht zu (nützlichem) Verhalten führen. Emotionen haben eine wahrnehmungsstrukturierende und handlungsregulierende Funktion. Wir möchten diese Funktion der Emotionen in ihrem Zusammenwirken mit und Einfluss auf die Kognition als Spontaneität bezeichnen. Während der Begriff Viabilität die Angemessenheit oder Nützlichkeit des Verhaltens für das (Über-) Leben des Organismus oder Systems bezeichnet, wird mit dem Begriff der Spontaneität die selbsteigene Tätigkeit des Ichs bezeichnet, in der es seine Gedanken und Emotionen zu Erkenntnissen und Intentionen verarbeitet. Spontane Handlungen sind Ausdruck der Selbsttätigkeit des Ichs. Im Falle spontanen Handelns gelangt das Ich aufgrund seiner inneren Bewusstseinsaktivitäten zu seinen Erkenntnissen, Urteilen und Intentionen. Die den Bewusstseinsaktivitäten zugrunde liegenden Gedanken und Emotionen müssen dabei nicht aufgrund einer Störung durch die äußere Umwelt evoziert werden. Spontaneität ist eine selbsteigene Tätigkeit, die keiner äußeren Perturbation bedarf. Unter spontanem Verhalten möchten wir jenes Verhalten zusammenfassen, das aus der Perspektive eines äußeren Beobachters heraus nicht als viabel erscheint. Es ist aus der Perspektive des äußeren Beobachters ein überraschendes, nicht antizipiertes, nicht vorausgesehenes Verhalten.

Emotionen im Kontext des Sozialen Konstruktionismus

Erfolgreicher als in Bezug auf den Radikalen Konstruktivismus ist eine Suche nach der Auseinandersetzung mit Emotionen im Sozialen Konstruktionismus. So sieht Gergen (1994) emotionales Geschehen als Resultat und Moment von sozialen Beziehungen zwischen Personen an. Damit argumentiert er für die Auffassung, Emotionen seien kulturelle Konstruktionen. Er plädiert für diese Sichtweise zunächst aufgrund der Schwierigkeiten, dass sich die Fachwelt nicht auf eine bestimmte Anzahl von Emotionen festlegen könne. Auch sei unsicher, *welche* Gefühlsausdrücke zu den Emotionen gezählt werden können. Handelt es sich beim „Wohlwollen", bei „Freundlichkeit" oder aber bei „Kummer" um eine Emotion? Zudem weist Gergen auf das Problem hin, dass Emotionen nicht unmittelbar betrachtet werden können, sondern sich immer nur in spezifischen Ausdrucksformen, z. B. in der Mimik und Gestik einer Person zeigen – die dann von den äußeren Beobachtern als Emotion gedeutet werden. Das heißt, Emotionen sind nicht „an sich" sichtbar, sondern werden einem beobachteten Verhalten zugeordnet.

Gergen will belegen, dass emotional gefärbtes Verhalten von Individuen nicht angeboren sondern sozial konstituiert ist. Dafür untersucht er emotional geprägtes interpersonales Geschehen genauer und versucht, dieses Geschehen so zu beschreiben, dass Emotionen als Beziehungen erscheinen. Damit widerspricht Gergen der Vorstellung, dass emotionales Erleben ein individuelles Phänomen ist. Gergen behauptet: „Emotionen [sind] nicht als Eigenschaft unserer biologischen Ausstattung und als unveränderliche Kraft, die uns zu bestimmten Verhaltensweisen nötigt, sondern als Bestandteil des kulturellen Lebens" zu sehen (1994, S. 140).

Was spricht für diese Auffassung? Es wäre unangemessen, im Rahmen des Konstruktivismus darauf zu insistieren, es gäbe Emotionen „an sich", jenseits jeglicher Form von Wahrnehmung. Zu fragen ist lediglich, ob es sich bei den Emotionen um in starkem Maße kulturgebundene Phänomene handelt oder ob sie auch alle Kulturen übergreifend beobachtet werden können. Nun wird man zunächst festhalten müssen, dass alles menschliche Verhalten nur in kulturellen Kontexten beobachtet werden kann. Das birgt für Gergen dann sogleich eine Schwierigkeit bezüglich der Generalisierung seiner Aussage zu den Emotionen. Wie kann Gergen in einer generalisierenden Weise von Emotionen sprechen, wenn sie sich immer nur kulturgebunden auffinden lassen? Offensichtlich geht er davon aus, dass sich spezifische beobachtbare Phänomene – trotz aller Differenz innerhalb von Terminologien und hinsichtlich dessen, was als Emotion angesehen wird, wie auch trotz aller kulturellen Unterschiede im emotionalen Verhalten – unter dem Begriff „Emotionen" zusammenfügen lassen. Es gibt demnach jenseits aller differenten Ausprägungen und Beobachtungen die Grundfähigkeit, vielfältiges Verhalten wahrzunehmen, das sich als emotionales Verhalten bezeichnen lässt. Und es scheint auch für Gergen ausgemacht zu sein, dass alle die Grundfähigkeit besitzen, Emotionen zu zeigen. Wie sich das Gefühl dann allerdings ausgestaltet, mag von kulturellen Kontexten im Allgemeinen sowie von biografischen und situativen Kontexten im Besonderen abhängen. Da unterscheiden sich etliche Emotionsforscher in ihren Erkenntnissen nicht von Gergen. So heißt es bei Damasio: „Zwar wird die exakte Beschaffenheit und Dynamik von emotionalen Reaktionen in jedem Individuum durch seine besondere Entwicklung und Umwelt angelegt, doch die Daten sprechen dafür, dass die meisten, wenn nicht alle, emotionalen Reaktionen das Ergebnis einer langen Geschichte evolutionärer Feinabstimmung sind" (Damasio 2004, S. 70). Ob emotionale Reaktionen über die Jahrtausende der Menschheitsgeschichte evolutionär entwickelt wurden, darüber kann man nur spekulieren, denn von einem Verhalten, das wir nicht mehr beobachten können, lässt sich auch nicht sagen, ob und wie es durch Emotionen beeinflusst war. Damasio versucht mit dem Rekurs auf die Evolution aber zu begründen, dass wir recht leicht einen Konsens darüber finden, dass spezifische Verhaltensformen – gleich in welcher Kultur man sich in der Welt bewegt – mit spezifischen Emotionen, wie zum Beispiel Freude oder auch Wut und Angst, in Verbindung gebracht werden können. Selbstverständlich gibt es Differenzen. Nicht in jeder Kultur führt die gleiche Perturbation auch zu gleichen emotionalen Reaktionen. Aber die Ähnlichkeit ist hier bedeutsamer als es die Unterschiede sind. Wäre dieses nicht so, so wäre eine interkulturelle Verständigung über emotionales Empfinden als Artikulation innerer Beobachtung selbst in Bezug auf Musik, Kunst und vieles andere über kulturelle Differenzen hinweg nicht möglich. Ob man allerdings für die Ausprägung der von Menschen gezeigten Emotionen die *biologische* Evolution bemühen muss, ist fraglich. Ebenso gut könnte man, ganz in einer hermeneutischen Tradition, von einer *kulturellen* Evolution der Emotionen ausgehen. Und die Fähigkeit, dass wir im Zuge der Beobachtung von Verhalten die Gefühle anderer erkennen und einschätzen können, zeigt dann, dass die Menschheit auch durch ein kulturelles Band der Wahrnehmung von Emotionen zusammengehalten wird.

Wenn man der Auffassung Gergens folgt und von einer kulturellen Ausprägung der Gefühle ausgeht, so wird man selbst für Erlebniszustände, die mit biologischen Grundbedürfnissen verbunden sind, wie Hunger, Durst, Müdigkeit, Frieren oder Schwitzen, sagen müssen, dass sie nicht zur „biologischen Ausstattung" (Gergen) des Menschen gehören. Auch wenn die genannten Grundbedürfnisse typische Affektzustände zur Folge haben, die sich nicht nur beim Menschen, sondern bei allen Säugetieren beobachten lassen, so müssten sie nach Gergen einen engen Bezug zur Umwelt haben.

Diese Sichtweise wird durch zahlreiche Experimente gestützt. Der wohl berühmteste Test ist das Verweilen in einem dunklen Tank, gefüllt mit Salzwasser, das auf Körpertemperatur erwärmt ist. Die Person schwebt in dem Wasser und schon nach kurzer Zeit verliert sie das räumliche Empfinden und halluziniert, da sensorische und motorische Kontakte fehlen. Der Verlust des Körperempfindens schließt schnell selbst den Verlust der Blasen- und Darmkontrolle ein. Begründet werden der Verlust der Kontrolle von Körperfunktionen und die Irritationen im Bewusstsein mit dem Verlust der Abgrenzungen: Die Person in dem Tank kann nicht mehr zwischen der äußeren Welt und dem eigenen Körper und auch nicht mehr zwischen Welt, Körper und der inneren Vorstellungswelt unterscheiden. Die Unterscheidungen sind gebunden an die Widerständigkeit und Variabilität der äußeren Umwelt. Diese Abgrenzungen sind für die Lebensfähigkeit des Menschen existenziell. Sie werden erst im Laufe der Ontogenese herausgebildet, wie Piaget in Bezug auf die bewusste Trennung zwischen der äußeren Welt und dem eigenen Körper bei Kindern beobachtet hat (vgl. Piaget 1969, S. 158). Die Bedeutung der Widerständigkeit der Umwelt für die Herausbildung eines Körperempfindens und der Unterscheidung zwischen Gedanken- und Dingwelt betrifft auch die Vorstellung von der Subjektivität der Emotionen. Ob man Emotionen für ganz individuelle oder aber mit anderen geteilte Empfindungen hält, ist abhängig davon, ob man in einer eher individualistischen Kultur (etwa einem westlichen Industrieland) oder in einer eher kollektivistischen Kultur (etwa in Ostasien) lebt. Individualistische Kulturen betonen die Einzigartigkeit des Individuums, kollektivistische Kulturen die Bedeutung und das Wohl der Gemeinschaft. In kollektivistischen Kulturen hält man die eigenen Gefühle für von der allgemeinen, sozialen Situation abhängig. Man teilt die Gefühle. In individualistischen Kulturen legt man Wert auf das ganz persönliche Empfinden. Emotionen haben hier die Funktion, die eigene Identität zu stabilisieren, während sie in kollektivistischen Kulturen eher die Funktion haben, die Gemeinschaft zusammenzuhalten (vgl. Mesquita 2001).

Es spricht mithin vieles für die Auffassung Gergens, dass Emotionen – über eine Disposition hinaus – generell durch die Umwelt, speziell durch die Kultur, in der wir leben, figuriert werden. Insofern wird die Behauptung von der kulturellen Ausprägung von Emotionen, wie sie Gergen vornimmt, zu halten sein, aber man wird doch von vielen Emotionen, die mit Grundbedürfnissen einhergehen, jenseits aller Beobachtbarkeit annehmen müssen, dass es zu ihnen eine jenseits von Kultur und Gesellschaft vorhandene Disposition gibt. Denn nur unter dieser Prämisse können Sozietäten proaktiv tätig werden, indem sie zum Beispiel der Vorstellung folgen, dass Hunger, das Bedürfnis nach Sicherheit und anderes nicht nur sie, sondern auch andere betrifft, selbst wenn sich ein Hungergefühl bei anderen gerade nicht zeigt oder Unsicherheitsängste aktuell nicht wahrgenommen werden können.

Konsequenzen für die Pädagogik

Was lässt sich für die Pädagogik aus diesem Gedankengang gewinnen? Dass Lernsituationen emotional aufgeladen sind, dass viele Schüler Ängste entwickeln, manche aber auch Freude am Unterrichtsfach, andere sich langweilen, ist eine Einsicht, die hier nicht weiter belegt werden muss. Wir kennen zahlreiche Szenen und Verhaltensweisen, denen diese Emotionen zugeschrieben werden.

Zugleich lässt sich eine erhebliche Diskrepanz zwischen emotionalisierter Unterrichtssituation und der Bedeutung von Emotionen in den Curricula konstatieren. Schon ein flüchtiger Blick in die Curricula zeigt, dass Emotionen in der Regel in ihnen ausgespart bleiben. Es geht primär um die Beschäftigung mit Lerngegenständen, Methoden der Erfassung dieser Lerngegenstände, um das Analysieren von Sachverhalten und Anwenden des Gelernten – allenfalls noch um die Beurteilung des Sachverhaltes. Freilich gibt es auch soziale Lernziele. Sie haben im schulischen Kontext, wenn man sich die Lehr- und Rahmenpläne anschaut, allerdings einen nachrangigen Stellenwert. Sach- und Methodenwissen dominieren das Feld. Kompetenzen, die dem Bereich des Sozialen (etwa die Interaktion in heterogenen Gruppen) oder dem Bereich des Individuellen (etwa die Fähigkeit zum autonomen Handeln) zugerechnet werden können, werden dagegen auffällig wenig ausdifferenziert. Und auch hier, im Bereich des Sozialen wie des Individuellen, ist Rationalität oberstes Gebot. Die Versachlichung von emotional eingefärbter Kommunikation, Urteilsfindung ohne involvierte Gefühle, gemäßigte, kontrollierte Emotionen in Bezug auf Kunst und Empathie bestimmen gerade dort die Sicht auf Lehr- und Lernprozesse, wo Gefühle unvermeidbar, ja unverzichtbar sind.

Wenn Emotionen aber als außerordentlich bedeutsam, ja unverzichtbar für jegliche kognitive Aktivität gelten können, dann muss man aus dieser Beobachtung heraus fragen, ob nicht neben der Beschäftigung mit der äußeren Umwelt in den Fächern und Lernfeldern auch eine ebenso intensive Beschäftigung mit der inneren Umwelt, speziell mit den Emotionen angebracht wäre. Dafür gibt es allenfalls rudimentäre Ansätze (vgl. Friedlmeier/Holodynski 1999; Otto/Euler/Mandl 2000; Reich 2002). Will man sich in Lehr-Lernsituationen mit Emotionen beschäftigen, so ist dieses allerdings mit einigen Schwierigkeiten behaftet (vgl. Reich 2002, S. 183ff.). Emotionen sind – anders als etwa Problemlösungsstrategien – von subjektiver Intensität. Der Kulturalismus hat deutlich gemacht, dass etwa Problemlösungsstrategien sich an ihrer Effektivität in der Praxis bewähren müssen – und damit auch vergleichbar sind. Für Emotionen gilt das nicht. Man kann versuchen sie zu klassifizieren, zu artikulieren, man kann die emotionale Besetzung von Objekten (die Liebe zum Automobil z. B.) diskutieren, die Gefühle beim Lernen reflektieren, ambivalente Gefühle ausdrücken oder die Notwendigkeit, sie manchmal auch zu kontrollieren, in Lehr- Lernsituationen zum Thema machen. Aber ihre Authentizität und die empfundene Intensität, selbst die Angemessenheit ihrer Bezeichnung bleiben in unserer individualistischen Kultur individuell.

Trotz der Schwierigkeit, Emotionen einer rationalen Auseinandersetzung zuzuführen, kann man diese Phänomene allerdings nicht einfach als störende Randbedingung des Lernens beiseite stellen wollen. Und es ist auch nicht damit getan, angstfreie Lernsituationen, eine entspannte Atmosphäre schaffen zu wollen, um die Lernfreude und den Wissenserwerb zu steigern. Da es zu bewussten Wahrnehmungen nur dann kommt, wenn ein inneres oder äußeres Ereignis als wichtig eingestuft wird und nicht mit einer Routine reagiert werden kann, sind die Emotionen in Bezug auf die Lernprozesse von weitaus größerer Bedeutung, als dass sie nur im Zuge des Schaffens von guter Stimmung und entspannter Atmosphäre im Unterricht Eingang in die Lehr- und Lernsituation finden.

Weil die Emotionen die Bewusstseinsprozesse mit steuern, verlangen Bewusstseinsprozesse nicht nur die Bereitstellung kognitiver Ressourcen; vielmehr müssen Lernsituationen emotional aufgeladen werden, damit es überhaupt zum Lernen kommen kann. Wenn externe Störungen, selbst bei mehrfacher Wiederholung vom Adressaten gar nicht als Störungen wahrgenommen werden können, weil sich mit ihnen keine Emotionen verbinden, dann kann es auch nicht zum Lernprozess kommen. Und ist es nicht sehr oft der Fall, dass die Schülerinnen und Schüler dem Unterrichtsgeschehen emotionslos, desinteressiert gegenüberstehen – mit der Folge, dass auch nichts gelernt wird?

Heute wird oft von der Gleichgültigkeit der Schülerinnen und Schüler gegenüber dem Lehrgeschehen gesprochen und daran schließt sich die Forderung an, dass Lernen Spaß machen müsse. Lernen macht aber nicht immer und nicht allen Spaß. Wie kann man dennoch die Aufmerksamkeit der Lernenden so anregen, dass etwas gelernt wird? Gibt der Konstruktivismus in Verbindung mit den Erkenntnissen aus der Emotionsforschung dafür Hinweise?

Verbindet man die Aussagen der Verhaltenspsychologie zur Bedeutung von Emotionen mit konstruktivistischen Überlegungen zur Perturbation, so sind daraus durchaus wichtige Einsichten für das Lernen zu gewinnen. Wenn Perturbationen nur dann bearbeitet werden, wenn sie als neu und wichtig eingestuft werden (wenn Perturbationen also nicht, weil das Wahrgenommene als unwichtig oder als bekannt erkannt wird, gar nicht bearbeitet oder mit Routinen beantwortet werden), dann wird man für das intentionale Vermitteln von Wissen immer beanspruchen müssen, dass es für die Lernenden zunächst einmal in die Kategorien „Wichtig" und „Neu" eingestuft wird. Dass es zu einer solchen Einstufung überhaupt kommt, ist immer auch von Gefühlen abhängig. So ist die Aufmerksamkeit gegenüber Themen größer als im Regelfall, wenn einem das Thema generell Spaß macht – und entsprechend geringer, wenn es mit Unlustgefühlen verbunden ist. Dann nämlich steigt die Wahrscheinlichkeit, dass die Schülerinnen und Schüler das, was von den Lehrenden unterrichtet wird, nicht als wichtig für sich anerkennen. Das scheint im schulischen Kontext aber oftmals so zu sein. „Nur wenn ein Geschehnis oder eine Aufgabe als *neu* und *wichtig* eingestuft wurde, z. B. im Zusammenhang mit dem Erfassen neuartiger Sachverhalte, neuer Bedeutungen von Objekten (…), dem Lösen schwieriger Probleme, einer verwickelten Handlungsplanung (…), dann wird das langsam arbeitende Bewusstseins- und Aufmerksamkeitssystem eingeschaltet, und wir erleben die vollbrachten bewussten Leistungen als ‚Mühe' und ‚Arbeit'" (Roth 2001, S. 230f.). Auf diesen Aspekt aufmerksam zu machen ist nicht trivial. Zu schnell wird Lernen allein mit Spaß und mit (angeborener) Neugier in Zusammenhang gebracht, die nur zu leicht mit dem schulischen Lernen erlösche. Perturbationen zu registrieren und sie mit Neugier und Spaß zu bearbeiten ist nicht ohne weiteres das Anliegen des Organismus. „Der assoziative Cortex [die Hirnregion, in der Störungen bewusst bearbeitet werden; Anm. d. Verf.] (…) ist langsam und fehleranfällig (wie viele kreative Systeme) und er ist energetisch-stoffwechselphysiologisch sehr teuer. Es gilt: Je automatisierter eine Funktion abläuft, desto schneller, verlässlicher, effektiver und billiger für das Gehirn. Daher ist es nicht verwunderlich, dass das Gehirn immer danach trachtet, Dinge aus der assoziativen Großhirnrinde auszulagern. *Bewusstsein ist für das Gehirn ein Zustand, der tunlichst zu vermeiden und nur im Notfall einzusetzen ist"* (ebd., S. 231; Herv. i. O.). Dass wir es dennoch permanent benutzen, liegt daran, dass wir uns aufgrund der permanenten Veränderung unserer (sozialen) Umwelt ständig vor neue Probleme gestellt sehen.

Für formale Lernprozesse, also jenes Lernen, das institutionell gebunden und systematisch erfolgen soll, ergeben sich daraus besondere Schwierigkeiten. Denn in ihnen wird nicht auf die Bewältigung eines Alltagsproblems abgestellt, sondern auf den Erwerb von Wissen, das auf Vorrat erworben wird und sich in zukünftigen Situationen bewähren soll. Die Nützlichkeit des erworbenen Wissens, das darauf aufbauende Verhalten, kann sich erst in Zukunft erweisen. Das setzt umso mehr voraus, aus den emotionalen Prozessen die Energie zu gewinnen, um kognitive Prozesse zu aktivieren. Denn die Emotionen beeinflussen wie dargelegt, wem Aufmerksamkeit geschenkt wird, wie die Lernsituation interpretiert wird und ob bzw. in welchem Maße und wie leicht man etwas erinnert.

Lassen sich die Emotionen der Schülerinnen und Schüler von Lehrenden, die sich am Konstruktivismus orientieren wollen, so ansprechen, dass diese tatsächlich erfolgreich und dauerhaft etwas lernen, auch wenn das mit Selbstüberwindung aufgrund von Unlust oder gar Verzicht auf andere Aktivitäten (schließlich gibt es auch andere Möglichkeiten, die Zeit zu nutzen, als im Unterricht aufmerksam zu sein) verbunden ist? Einen Ansatz für dieses alltägliche Problem des Unterrichts bieten die Analysen von Giner-Sorella (2001). Er unterscheidet zwischen zwei Situationen: Jene, in denen die Kosten aufgeschoben werden, und jene, in denen der Nutzen aufgeschoben ist. Aufgeschobene Kosten entstehen zum Beispiel dann, wenn sich ein Kind durch sein Handy im Unterricht ablenken lässt und etwa per SMS unter dem Tisch Nachrichten verschickt. Es geht damit das Risiko ein, ein mathematisches Problem, das gerade im Unterricht bearbeitet wird, später nicht lösen zu können. Ein aufgeschobener Nutzen liegt vor, wenn man sich trotz Unlust überwindet, doch dem Unterricht Aufmerksamkeit zu zollen, damit man später ein mathematisches Problem erfolgreich lösen kann.

Effizient für den Willen erweist es sich nun, wenn man Emotionen antizipiert, die sich einstellen, wenn man die Vorsätze realisieren bzw. nicht realisieren würde. Giner-Sorella konnte in seinen Untersuchungen beobachten, dass die aufgeschobenen Kosten, die durch eine Ablenkung entstehen können, dann eher nicht getragen werden, wenn man antizipiert, dass man sich später wird schämen müssen oder das aktuelle Handeln würde bedauern müssen. Um das Beispiel noch einmal zu bemühen: Die SMS würde eher nicht verfasst, wenn man antizipiert, dass man sich später schämt, das mathematische Problem nicht lösen zu können oder bedauert, die Lösung nicht zu wissen. Wichtig ist in diesem Kontext, dass es wenig hilfreich ist, zunächst abzuwarten, bis die SMS schreibende Schülerin am Ende der Schulstunde oder beim nächsten Test an der gestellten Aufgabe scheitert. Sie mag dann vielleicht bedauern, die Lösung nicht zu wissen, aber – so die Ergebnisse der Empirie – dieses späte Bedauern führt weniger häufig zu einem veränderten Verhalten in der nächsten Unterrichtsstunde als ein antizipiertes Bedauern aufgrund antizipierter negativer Gefühle. Für pädagogisches Handeln eher unerfreulich ist dagegen die Beobachtung, dass antizipierter Stolz (wenn ich jetzt aufmerksam bin, kann ich später das Problem lösen) nicht dafür bedeutsam ist, einer Ablenkung zu widerstehen. Die aus antizipierten positiven Emotionen beziehbare Kraft für die Überwindung von Ablenkung scheint weitaus geringer zu sein als der aus antizipierten negativen Emotionen beziehbare Wille. In die Terminologie des Konstruktivismus übersetzt heißt dieses: Perturbationen, die durch den Unterricht erzeugt werden sollen, werden unter den Bedingungen konkurrierender situationaler Perturbationen dann am ehesten als solche auch wahrgenommen und mit Bewusstsein bearbeitet, wenn antizipiert wird, dass ihre Missachtung künftig negativ bewertete Emotionen nach sich ziehen wird. Für das Individuum ist es dann aufgrund der Berücksichtigung seiner künftigen Lage viabel, sich für die Aufmerksamkeit und gegen die Ablenkung zu entscheiden. Das ist für die Pädagogik zunächst keine gute Nachricht, da mit dieser Einsicht in die Bedeutung von Emotionen für das Lernen es sogleich sinnvoll erscheinen könnte, Drohkulissen wie schlechte Noten, gefährdete Versetzungen und Blamage vor den Mitschülern aufzubauen, um der Ablenkung durch andere Perturbationen Einhalt zu gebieten.

Anders sieht es aus, wenn man die Unlust betrachtet, also keine konkurrierenden externen Perturbationen vorliegen, sondern die angebotene Perturbation (wenn man das Lehren einmal so bezeichnen darf) nicht als wichtig und neu genug eingestuft wird, um sich mit ihr zu befassen. Hier erweist sich die Antizipation positiver Emotionen als hilfreich für die Stärkung der Aufmerksamkeit und die Selbstmotivation, etwas dazuzulernen. In diese Richtung weisen auch die Beob-achtungen zur Lernmotivation von Ryan/Deci (2000). Neben der intrinsischen Motivation zu lernen benennen sie vier Formen extrinsischer Motivation: Die externe Regulation und die Introjektion, die Identifikation und die Integration. Mit den beiden erstgenannten Motivationen verbinden sich fremd bestimmte Motivationen. Resultat ist ein Handeln aus äußeren oder inneren Zwängen heraus (lernen, um nicht vom Lehrer gerügt zu werden oder um die Blamage des Sitzenbleibens zu vermeiden). Mit der Identifikation und Integration verbinden sich dagegen Formen der extrinsischen Motivation, die selbstbestimmt sind. Eine extrinsische Motivation vom Typus „Identifikation" liegt dann vor, wenn die (vielleicht ungeliebte) Lernaufforderung so ausfällt, dass die Zielsetzung des Lernens auch als persönlich relevantes Ziel eingestuft wird. Bei der Internalisierung erfolgt eine Übernahme der zunächst extern formulierten Zielsetzungen in das eigene Programm an Zielsetzungen. Nach Ryan/Deci ist diese Form der Motivation besonders günstig für positive Problembewältigungsstile, für die Bereitschaft zu Engagement, für bessere Leistungen und nicht zuletzt für höheres Wohlbefinden. Dagegen würde, so die Beobachtungen von Ryan/Deci, eine extern regulierte Motivation von Schülern zu einer geringen Anstrengungsbereitschaft und zu geringer Verantwortungsbereitschaft führen. Über die Verinnerlichung von Pflichten regulierte Schüler neigten schließlich zu Versagens- und Demütigungsängsten. Man wird den Unterricht aufgrund dieser Beobachtungen besser so organisieren, dass bei extrinsischer Motivation eine Identifikation mit dem Thema und den Aufgabenstellungen des Unterrichts erfolgt, sodass darüber die Aufmerksamkeit reguliert wird. Das sollte dann auch die Häufigkeit und Intensität der Ablenkungen reduzieren.

Wenn man die Bedeutung der Emotionen für das Lernen, die Wahrnehmung der Umwelt und auch die Urteilsbildung anerkennt, wird man sich aus pädagogischer Sicht selbstverständlich nicht allein strategisch auf ihre Nutzung einstellen, sondern sich reflexiv zu ihnen verhalten müssen. Dieses nicht, um Emotionen in Lernprozessen systematisch für die Effektivitätssteigerung im Unterricht zu nutzen, sondern um sie differenziert und bewusst wahrzunehmen. So versteht man andere und sich selbst besser, wenn man am Ende des Austausches von Argumenten für oder gegen eine Entscheidung (z. B. für oder gegen Ganztagsschulen) auch versucht zu erfassen, welche Emotionen am Ende dazu führen, dass bei aller Abwägung von Argumenten noch unterschiedliche Auffassungen in der Sache bestehen bleiben. So ist es hilfreich, in Bezug auf Vorbehalte Fremden gegenüber auch zu prüfen, in welchem Maße diese emotional begründet sind, wie es auch hilfreich ist, sich darüber klar zu werden, in welchem Maße Empathie einen Einfluss auf die Solidarität mit Unterdrückten und Schwachen hat. Aufgeklärt zu sein über die eigenen Emotionen und sie sich selbst für das Lernen nutzbar zu machen, ist aus pädagogischer Perspektive sicherlich ein angemessener selbstbezüglicher Umgang mit den Emotionen. Emotionen in Lehrprozessen strategisch einzusetzen, etwa um den Willen zu lernen zu steigern, ist nur dann opportun, wenn die Lernenden über diese Intention und die Strategien aufgeklärt sind. Alles andere käme der Überwältigung der Lernenden um des Ziels willen, ein bestimmtes Lernresultat hervorzubringen, gleich.

In einer globalisierten Welt, in der unterschiedliche Kulturen und damit auch unterschiedliche Ausprägungen von Emotionen aufeinandertreffen, ist es zudem ein Erfordernis, sich der Relativität der eigenen Emotionen – im Verhältnis zu vielfältigen anderen Kulturen, anderen Situationen und anderen Personen – bewusst zu werden. Sich zu den eigenen Emotionen reflexiv zu verhalten, ist dann ein „Zeichen von Zivilisiertheit" (Rorty), da ihre Kontingenz, die Gergen so deutlich betont, damit sichtbar werden kann – ohne freilich damit die Emotionen verrationalisieren oder gar unterdrücken zu wollen, sondern ihnen durchaus weiter zu vertrauen und für sie einzustehen, soweit sie nicht der eigenen Person schaden oder es sich um handlungsleitende Emotionen handelt, die anderen unberechtigt Schaden zufügen.

8. Das Problem des Subjekts im Konstruktivismus

Die Unverzichtbarkeit des vernünftigen Subjekts

Die Kernthese des Radikalen Konstruktivismus von der Konstruiertheit der Realität entspringt, wie wir gezeigt haben, der Anwendung (skeptischer) Rationalität auf das Erkenntnisproblem. Eine der zentralen Argumentationsfiguren, die man bei vielen Radikalen Konstruktivisten finden kann, besteht ja in dem Aufweis, dass die Annahme der metaphysisch begründeten Erkenntnistheorien von der Erkennbarkeit der (an sich seienden) Realität schlichtweg der Logik zuwiderlaufe. Denn eine Erkenntnis von dem, was unabhängig von aller Erkenntnis sei, sei nicht denkbar. Der gesamte Reichtum der erkennbaren Welt wird darum als eine Konstruktion der Erkennenden angesehen. Fragt man jedoch nach dem Träger der Konstruktionen, so tritt nicht das vernünftige Subjekt hervor, das cogito der cartesianischen Philosophie, oder das „Ich denke, das alle meine Vorstellungen muss begleiten können" der kantischen, sondern wir werden entweder auf das lebende System als Komplex von viablen Verhaltensweisen oder auf die Figur des neutralen Beobachters verwiesen, oder das Selbst wird wie im Sozialen Konstruktionismus Gergens in Beziehungen aufgelöst zum relationalen Selbst. Die vernünftige Subjektivität ist also irgendwie abhanden gekommen. Wenn man jedoch Franks Argumentation folgt, dass „Rationalität ... in einem wesentlichen Sinne ohne den Begriff der Subjektivität nicht gedacht werden zu können" (1986, S. 13) scheint, so verliert mit der Auflösung der Identität des Selbst die konstruktivistische Berufung auf Rationalität ihre Basis. Freilich wird die klassische Vorstellung von der „Omnipotenz des Bewusstseins" oder von der totalen Herrschaft der vernünftigen Subjekte über die Welt der Dinge heute von vielen Autoren infrage gestellt. Die herrscherliche Attitüde der aufgeklärten Subjektivität über alles Nicht-Subjektive ist in einer Welt des kulturellen und ethischen Pluralismus, des Fehlens aller klaren Orientierungen, der Überwältigung des Selbst durch die schiere Vielzahl der Möglichkeiten und der unaufhebbaren Ambivalenzen unserer Entscheidungen und Handlungen abhanden gekommen (vgl. Gergen 1996; Meyer-Drawe 2000; Bauman 1995). Das kann aber nach Frank nicht heißen, dass man einfach auf den Begriff der Subjektivität verzichtet und dort, wo sie einmal war, eine Leerstelle lässt, sondern dass man sich um eine Neubestimmung des subjektiven Moments bemühen muss. Frank schlägt dafür den Begriff des Individuums vor (1986, S. 16). Bei Meyer-Drawe finden wir den Begriff der „situierten Vernunft" (1990, S. 11). Sie versucht mit diesem Begriff eine komplexe Vorstellung zu erfassen: die Vorstellung vom vernünftigen Subjekt, das jedoch seine „transmundane Souveränität" eingebüßt hat, weil es selbst in „konkrete Konfigurationen" eingebunden ist. Das Subjekt ist also nicht reines Subjekt, „dem die Welt zur Bearbeitung gegenübersteht", denn „[i]n jedem Umgang mit Welt formt sich Subjektivität zwangsläufig mit" (ebd., S. 54). Meyer-Drawe ist sich also einerseits der Vermitteltheit der Subjektivität durch die Objektivität bewusst, d. h. dass an der Bildung von Subjektivität immer auch das dem Ich Fremde, die Welt der Dinge, beteiligt ist. Diese Vorstellung würde partiell durchaus der Weltauffassung des Sozialen Konstruktionismus nahekommen, der allerdings auf das Prinzip eines zentralen Subjekts überhaupt verzichtet und an seine Stelle ein Bündel von Relationen rückt. Demgegenüber hält Meyer-Drawe – und wir möchten ihr darin folgen – daran fest, dass die so beschränkte, ihrer Allmachtsphantasien ledige Subjektivität „weiterhin als kritische Kategorie des Verstehens mitmenschlicher Praxis" zu bewahren sei (ebd., S. 152).

Das Verschwinden des Subjekts im Beobachter

Diese Anstrengungen, das Konzept der kritischen Subjektivität nicht untergehen zu lassen, erklären sich daraus, dass das Selbst in den verschiedenen Feldern menschlicher Praxis als identisches erkennbar bleiben muss: Der Mensch ist zum einen Beobachter seiner Umwelt und der in ihr ablaufenden Prozesse. Als solcher stellt er fest, was in der Erfahrungswelt geschieht. Als zweites entwickelt er aus der Reflexion seiner Erfahrungen Interessen und Zielvorstellungen, aus denen sich Handlungsplanungen ergeben. Auf den Komplex seiner Ziele und Handlungen bezieht sich das Gefühl und die Erfahrung von Verantwortung: Der Mensch muss – vor Gericht, vor den anderen, vor seinem eigenen Gewissen – einstehen für das, was er gewollt und getan hat. Die Aufeinander-Bezogenheit dieser Praxisfelder setzt freilich voraus, dass das Ich nicht nur in jedem von ihnen agiert, sondern dass es auch als beobachtendes, planendes und verantwortliches als das selbige erkennbar bleibt. In den Theorien der Konstruktivisten wird jedoch im Allgemeinen die Seite der Subjektivität einseitig als Erkennen konzipiert, und dieses wiederum wird verengend als Beobachten interpretiert. Der Beobachter spielt für die konstruktivistische Interpretation des Erkenntnisprozesses eine zentrale Rolle, insofern die erkannte und sprachlich benannte Wirklichkeit stets als Konstruktion eines Beobachters beschrieben wird: „*Was immer gesagt wird, wird von einem Beobachter ... gesagt*" (Maturana 1987a, S. 91). Die Figur des Beobachters wird immer dann eingeführt, wenn es um die Darstellung von Zusammenhängen zwischen einem beobachteten lebenden System und dessen Verhaltensweisen und seiner Umwelt geht, wenn also etwa gesagt wird, dass das System auf Veränderungen in seiner Umwelt in bestimmter Weise reagiere. Von diesen Feststellungen des Beobachters wird im Allgemeinen scharf unterschieden, was und wie das System tatsächlich empirisch gegeben ist. Das zeigt z. B. die folgende Beschreibung Varelas: „Nur der Beobachter der Kreatur schreibt ihr eine zentrale Repräsentation oder zentrale Kontrolle zu. Die Kreatur selbst verfügt über nichts dergleichen: Sie ist eine Ansammlung konkurrierender Verhaltensweisen. Aus dem lokalen Chaos ihrer Interaktionen entsteht, aus der Perspektive des Beobachters, ein kohärentes Verhaltensmuster" (Brooks nach Varela 1994, S. 63). An dieser Differenzierung zwischen der Beobachterperspektive und dem, was „die Kreatur" tatsächlich ist, zeigt sich der Versuch Varelas – der sich ebenso bei anderen Vertretern des Radikalen Konstruktivismus verfolgen lässt –, der konstruktivistischen Theorie ein empirisches Fundament zu geben: Weil, so läuft das Argument, das Selbst („die Kreatur") empirisch gesehen nur eine Ansammlung konkurrierender Verhaltensweisen, in der neurobiologischen Sprache Maturanas also ein Ablauf neuronaler Prozesse ist, kann die Erkenntnis der Wirklichkeit nicht als die Abbildung eines Außen im Subjekt vorgestellt werden. Der ganze Inhalt der Erkenntnis, also beispielsweise die Annahme einer zentralen Kontrollinstanz, die Feststellung der Umwelt des Selbst und der Beziehung zwischen Selbst und Medium, kann also nur Konstruktion eines Beobachters sein.

Diese Beweisführung führt allerdings zu einer Reihe von Schwierigkeiten. Zunächst muss auf der Theoriebasis des Radikalen Konstruktivismus die Möglichkeit eines empirischen Realismus, der Aussagen darüber erlaubt, wie ein lebendes System „wirklich" ist, grundsätzlich in Zweifel gezogen werden. Denn die Feststellung, was die Kreatur ist bzw. nicht ist, muss natürlich auch als Konstruktion eines Beobachters verstanden werden. Genau besehen haben wir also zwei verschiedene Konstruktionen der Kreatur – und wenn man mehr Beobachter einführte, könnten es leicht auch noch mehr werden. Da die beiden Beobachter völlig unterschiedliche Ausgangspunkte haben und auf völlig verschiedenen Ebenen operieren, kann die arme Kreatur niemals als eine bestimmte identifiziert werden.

Wir wenden diese Überlegungen jetzt auf den Beobachter selbst an. Was der Beobachter über das eigentliche Sein lebender Systeme sagt, gilt natürlich auch für ihn selbst – insofern wir ihn nicht als bloßen Beobachtungspunkt, sondern ebenfalls als lebendes System betrachten. Auch der Beobachter ist also in Wirklichkeit eine „Ansammlung konkurrierender Verhaltensweisen", die nur aus der Sicht eines zweiten Beobachters innere Kohärenz und Kontrolle aufweisen. Für den zweiten Beobachter gilt aus der Sicht eines dritten das Gleiche und so weiter. Wir sehen uns also einem klassischen regressus ad infinitum gegenüber, in dem alle Bestimmtheit des Beobachter-Subjekts untergeht. Das Problem wird letztlich dadurch hervorgerufen, dass alle Bestimmtheit der Inhalte unserer Erfahrungswelt – einschließlich des Beobachters selbst – vom Beobachter herrührt. Wie alle Erfahrungsgegenstände erscheint also auch das Beobachter-Subjekt dadurch bestimmt, dass es beobachtet wird und dass von ihm gesagt wird, was es eigentlich (gerade) ist. In dieser Perspektive als beobachtetes Ich – also im Sinne Meads als „Me"[5] – erscheint es je nach Kontext und Beobachterstandpunkt anders bestimmt. Das Subjekt – verstanden als beobachteter Beobachter – löst sich also in eine Vielheit von Selbsten auf und bleibt daher letztlich unbestimmt.

Die festzuhaltende Differenz von Subjekt und Beobachter

Die Schwierigkeiten, in die die Konstruktivisten mit ihrer Vorstellung von der Subjektivität als bloßem Beobachter hineingeraten, lassen sich nur dann auflösen, wenn man das Subjekt als sich selbst bestimmendes begreift. Diese Selbstbestimmung erfordert einen Prozess der Selbstreflexion, in dem das Subjekt einmal seine historische Gewordenheit – und zwar sowohl lebensgeschichtlich als auch menschheitsgeschichtlich – versteht und zum anderen seine Zukunft – in Form von Wünschen, Zielen und Planungen – entwirft. Seine zentrale Differenz zum Beobachter besteht darin, dass jener keine Zukunft entwirft. Er könnte zwar von der „Zukunft" eines beobachteten Systems, wie z. B. eines Organismus im Sinne einer Hochrechnung aus dem vorgefundenen Zustand sprechen, er könnte aber keine Vision für die Gestaltung einer noch als offen verstandenen Zukunft entwerfen. Das geht schon deswegen nicht, weil das Zukünftige sich jeder Beobachtung entzieht. Der Mensch ist zwar nicht in dem Sinne autonom, dass er sich als reine Vernunft über seine Begierden, den Einfluss von Erziehung und Sozialisation, die Widerspenstigkeit der Dinge oder die Zwänge der Gesellschaft hinwegsetzen könnte. Dennoch ist Autonomie kein bloßes Hirngespinst, denn sie liegt gar nicht in der Nichtbedingtheit, sondern in der „selbstbewussten Spontaneität der Subjektivität" – um mit Mead zu reden im „I" –, in der das Subjekt selbstreflexiv sich selbst erfasst, ohne dabei zum Objekt zu werden.

---

[5] Mead unterscheidet zwischen zwei Zuständen der Subjektivität, dem „I" und dem „me" (in der deutschen Übersetzung „Ich" und „ICH"). „Me" ist die Subjektivität, so wie sie aus der Perspektive der anderen Gesellschaftsmitglieder als ihr Objekt erscheint und wie die Subjektiviät sich auch selbst wahrnimmt. Insofern ist „me" bestimmt durch die gesellschaftliche Situation, in der es sich befindet. Es verhält sich so, wie es in der gesellschaftlichen Situation gefordert wird. „I" dagegen ist die spontane und durch nichts Äußeres bestimmte Reaktion der Subjektivität auf die Haltungen der anderen. „Das ‚Ich' ... ist also etwas, das sozusagen auf eine gesellschaftliche Situation reagiert... Es ist die Antwort des Einzelnen auf die Haltung der anderen ihm gegenüber ... doch wird seine Reaktion ein neues Element enthalten. Das ‚Ich' liefert das Gefühl der Freiheit, der Initiative" (Mead 1973, S. 221).

Denn Selbstreflexion geschieht zugleich mit dem Vollzug der Tätigkeit, in der das Subjekt sich den Dingen und Phänomenen der natürlichen und sozialen Welt zuwendet und sie zu seinen Gegenständen macht. Selbstreflexion ist also das unmittelbare Gewahrwerden des eigenen Tuns als eines so und so bestimmten, als eines guten oder schlechten, eines falschen oder richtigen, als eines brauchbaren oder unnützen. In ihr wurzelt das Bewusstsein unserer Einzigartigkeit. Die Vorstellung von Autonomie in diesem Sinne ist ein konstitutives Moment des Menschenbildes zumindest in unserer Kultur. Dies heißt zwar nicht, dass alle so leben, aber es ist gefordert.

Wenn man dem Bewusstsein der Einzigartigkeit noch etwas nachgeht, so zeigt sich, dass es sich in zwei Abgrenzungen konstituiert, in der Abgrenzung zum Nicht-Ich und in der Abgrenzung zum anderen Ich. Die Abgrenzung zum Nicht-Ich vollzieht sich, indem ich mich von den Objekten in meiner Welt unterscheide. Die grundsätzliche Differenz besteht darin, dass „Ich" nicht wie Objekte in einer distanzierenden und objektivierenden Beschreibung erfasst werden kann. Wittgenstein bestreitet nach Frank nachdrücklich, „daß man, worauf durch ‚ich' Bezug genommen wird, ersetzen könne durch eine noch so erschöpfende Beschreibung mittels Erfahrungsprädikaten aus dem Bereich des (körperlich beobachtbaren) Verhaltens" (Frank 1986, S. 92). „Der Kern unseres Satzes, daß das, was Schmerzen hat oder sieht oder denkt, geistiger Natur ist, besteht lediglich darin, daß das Wort ‚ich' in ‚Ich habe Schmerzen' keinen bestimmten Körper bezeichnet, denn wir können ‚ich' nicht durch eine bestimmte Beschreibung eines Körpers ersetzen" (Wittgenstein 1984, S. 116). Wir stimmen mit Wittgenstein zwar nicht völlig überein, insofern das Wort „ich" in „ich habe Schmerzen" ja nicht auf irgendeinen Körper, sondern auf meinen Leib verweist und daher durchaus einen bestimmten Körper meint. Trotzdem ist das Phänomen, dass wir „ich" nicht in derselben Sprache wie beobachtbare Objekte beschreiben können, sondern dafür eine andere Sprache finden müssen, für die Konstitution von Subjektivität bedeutsam. Allerdings gibt es neben dem Subjektgebrauch auch einen Objektgebrauch von Ich. Das Ich kann auch zum Gegenstand von Aussagen gemacht werden. Aber auch dann bleibt der Subjektgebrauch von Ich grundlegend für den Objektgebrauch; ganz im Sinne von Fichtes These, dass alles Bewusstsein von etwas das Selbstbewusstsein voraussetzt. „Jedes Bewusstsein ist entweder ein unmittelbares oder ein vermitteltes. Das erstere ist Selbstbewusstsein, das zweite, Bewusstsein dessen, was nicht ich selbst bin. Was ich Ich nenne ist ... ein unmittelbares, ein in sich zurückgehendes und nicht nach außen hin gerichtetes Bewusstsein ... Da alles Bewusstsein nur unter der Bedingung des unmittelbaren Bewusstseins möglich ist, so versteht sich, daß das Bewusstsein Ich alle meine Vorstellung begleitet ..." (Fichte 1962, S. 80).

Die Abgrenzung von anderen Ichs geschieht, indem ich erlebe, dass ich Zwecke verfolge und dass meine Zwecke von denen der anderen verschieden sind. Infolgedessen verfolge ich auch andere Ziele und handle in anderer Weise als die anderen. Selbst im Falle weitgehender Übereinstimmung von Zielen wie bei einer eng zusammengehörigen Gruppe bleibt doch immer Differenz, selbst wenn sie scheinbar nur aus Nuancen besteht. Oft sind zudem die scheinbaren Nuancen aufschlussreicher als die groben Striche. Dieses Erleben meiner selbst als ziel- und zwecksetzender, planender und handelnder Akteur kann nicht einfach zum Irrtum erklärt werden, indem einerseits behauptet wird, dass diese Vorstellung nur aus der Beobachterperspektive entstehe, und andererseits, dass der Handelnde in Wirklichkeit nur eine „Ansammlung konkurrierender Verhaltensweisen" sei. Denn die Erfahrung des Ich, selbstbestimmter Akteur zu sein, gehört zu den historischen Grundphänomenen unserer Kultur. Ohne sie wäre eine Bewertung unserer Handlungen nicht möglich.

Die verschiedenen Ansätze zu einer konstruktivistischen Ethik, wie sie sich bei Maturana, Varela, v. Glasersfeld, v. Foerster u. a. finden, stimmen bei allen Differenzen darin überein, dass sie in der einen oder anderen Weise den Prinzipien der Freiheit und der Verantwortlichkeit einen hohen Stellenwert geben (vgl. Maturana/Varela 1987, S. 263f.; v. Glasersfeld 1996, S. 335f.). Sie schlagen damit freilich einen Weg ein, der sie in Widersprüche zu ihrer theoretischen Konzeption führt, deren Basis eine Kombination von erkenntnistheoretischem Relativismus und biologischem Determinismus bildet. Hier ist insbesondere an den Begriff der Strukturdeterminiertheit[6] zu erinnern: Das Verhalten von Organismen ist durch ihre stammes- und lebensgeschichtlich erworbene Struktur determiniert. Sie sind daher, wie die Vertreter des Radikalen Konstruktivismus gern hervorheben, nicht von außen manipulierbar. Allerdings impliziert der Begriff der Strukturdeterminiertheit auch, dass Handlungen nicht als dem freien Willen des Individuums entspringend gedacht werden können.[7] Die Idee der Verantwortlichkeit setzt jedoch gerade das voraus. Nun ist die Vorstellung des freien Willens heute ohne Zweifel umstritten. Gerade neurobiologische Forschungen, auf die sich Maturana gern beruft, stellen die Möglichkeit einer freien Willensentscheidung als empirisches Phänomen infrage (vgl. Libet 1993). Ganz gleich, ob sich der freie Wille empirisch nachweisen lässt oder nicht, bleibt aber die Tatsache bestehen, dass in unserer Kultur die „soziale Institu-

---

[6] Vgl. zu den verschiedenen Varianten des Begriffs „Strukturdeterminiertheit" Nüse 1995, S. 48ff.
[7] Bei den Vertretern des Sozialen Konstruktionismus verschwindet die Vorstellung des freien Willens, insofern der Mensch als völlig angewiesen auf die Usancen seiner Community, d. h. seiner Referenzgruppe erscheint.

tion" des freien Willens eine zentrale Rolle spielt. Denn ohne diese Konstruktion wäre es nicht denkbar, die Individuen moralisch in die Pflicht zu nehmen, indem man sie für verantwortlich für ihre Taten erklärt. Der Begriff der Strukturdeterminiertheit als biologischer Zentralbegriff widerspricht also dem kulturellen ethischen Prinzip des freien Willens und der Verantwortlichkeit des Subjekts, ohne dass im Konstruktivismus eine Anstrengung zur Vermittlung unternommen wird. So verschwindet das als verantwortliches reklamierte Subjekt in den apriorischen neuronalen Determinierungsprozessen.

Der pädagogische Zeigefinger

Wir kommen damit zu der Bedeutung des sich selbst bestimmenden Subjekts für das Verständnis pädagogischen Handelns. Der Radikale Konstruktivismus in seinem biologischen Reduktionismus sieht, wie wir schon festgestellt haben, alle kognitiven Systeme als strukturdeterminiert und daher von außen nicht steuerbar an. Das Reagieren des Systems auf äußere Reize ist nur durch seine Struktur, d. h. durch die inneren Zustände des Systems bestimmt. Daher ist die Veränderung des Systems quantitativ und qualitativ nicht vorhersehbar. Der Reiz löst nur aus, dass das System sich verhält, jedoch wie es sich verhält, wird völlig von seinem inneren Zustand bestimmt. Wenn man ferner noch davon ausgeht, dass weder der Lehrende noch der Lernende den Zustand des Systems kennen, so ist eine gezielte pädagogische Interaktion nicht möglich. Die pädagogischen Optionen beschränken sich dann im Wesentlichen darauf, reichhaltige Lernumgebungen bereitzustellen, denen jeder das entnimmt, was seinem inneren Zustand und der erfahrenen Perturbation entspricht.

Anregende Lernumwelten sind auch im Wesentlichen das, was in der konstruktivistischen Didaktik empfohlen wird. Damit lassen sich allerdings curricular strukturierte Lernprozesse nicht theoretisch erfassen. Denn sie sind aufseiten der Lehrplanmacher und der Lehrenden von der Erwartung bestimmt, dass das curriculare Angebot von Themen, Inhalten und Aktivitäten es den Lernenden ermöglicht, bestimmte Lernziele zu erreichen. Die Vorstellung, dass ihr Input für die Veränderung der Lernenden nahezu völlig irrelevant ist, müsste jede gezielte pädagogische Aktivität zum Erliegen bringen. Darüber hinaus ist zu beachten, dass die Formulierung von Lernzielen, also von inhaltlich bestimmten, verpflichtenden Elementen solcher Lernwelten, einen gesellschaftlichen Diskurs voraussetzt, der zur Entscheidung über „wahr" und „falsch" führt. Dieser ist jedoch weder im Radikalen noch im Sozialen Konstruktionismus vorgesehen.

Auf der Seite der Lernenden entspricht den Bildungszielen der Erwachsenen der Bildungswille des Kindes oder Jugendlichen, sich die Welt anzueignen. Dabei orientiert das Kind sich durchaus an den inhaltlichen Vorgaben, die ihm von seinen Eltern, seinen Erzieherinnen und Lehrern und Lehrerinnen gemacht werden – selbst wenn es im Konfliktfall beschließt, sie abzulehnen. Denn jeder, der etwas lernen will/soll, braucht eine Vorgabe dessen, was wichtig ist. Unsere These ist nun, dass dieses Sich-Orientieren in seiner Kultur, in der Familienkultur zunächst, dann in der curricularen Kultur der Lernpläne, in der Schulkultur, in der Berufskultur, schließlich in der „freien" öffentlichen Kultur ein Akt der Selbstbestimmung des Subjekts ist. Schon das Kind reagiert nicht nur „strukturdeterminiert", sondern es entscheidet sich, Lernangebote anzunehmen, sie weiter zu verfolgen – oder aber sich ihnen zu entziehen. Wer je ein Kind beobachtet hat, wenn es eine Aktivität unzählige Male übt, bis es mit ihr zufrieden ist, der hat dieses Moment der Selbstbestimmung sicher wahrgenommen. Der Konstruktivismus macht zu Recht darauf aufmerksam, dass die Effekte von Interventionen nicht wie am Reißbrett planbar und durchführbar sind, aber nicht, weil die Lernenden strukturdeterminiert reagieren, sondern weil sie sich beispielsweise entschlossen haben, unter diesen oder jenen Bedingungen, bei diesem oder jenem Lehrer, nicht zu lernen. Was wir also deutlich machen wollen, ist, dass pädagogische Interaktion sich nicht auf der Basis des Denkmodells: Perturbation – strukturdeterminierte Verhaltensänderung begreifen lässt. Denn zur grundlegenden Erfahrung gehört die Vorstellung des handelnden Subjekts.

9. Der Konstruktivismus im pädagogischen Diskurs: Rezeption und Perspektiven

Zur bisherigen Rezeption des Konstruktivismus in der Pädagogik

Der Lernprozess

Die Rezeption des Konstruktivismus in der Pädagogik geht verhältnismäßig gleichzeitig und ziemlich unabhängig voneinander von verschiedenen Teildisziplinen aus. Sie knüpft vor allem an die Publikationen der Radikalen Konstruktivisten v. Glasersfeld und Maturana an, während die Vertreter des Sozialen Konstruktionismus eine eher marginale Rolle spielen und der Kulturalismus nach unserer Kenntnis nur ein Mal, nämlich von G. Becker (2000) aufgegriffen wurde. Arnold und Siebert versuchen, konstruktivistische Vorstellungen für die Erwachsenenbildung fruchtbar zu machen (vgl. Arnold/Siebert 2006; Siebert 1996; Siebert 1997; Siebert 1999; Siebert 2002; Siebert 2008). Kraus untersucht die Bedeutung des Radikalen Konstruktivismus für die Soziale Arbeit und Sozialpädagogik (vgl. Kraus 2000). Voß zieht den Konstruktivismus für die Grundlegung der Schulpädagogik heran (vgl. Voß 2002a/b/c/d), Reich für die Entwicklung einer konstruktivistischen Didaktik (vgl. Reich 2008). Schließlich stützen sich pädagogische Lehr-/Lerntheorien und didaktische bzw. fachdidaktische Konzeptionen gern auf Thesen des Konstruktivismus, wenn sie sich einen modernen wissenschaftlichen Gestus geben möchten (vgl. Renk 1999; Reich 1996; Müller 1996a; Voß 2002). Trotz großer Verschiedenheiten in Bezug auf Zielsetzung, Empfehlungen und herangezogene Autoren stimmen die Publikationen doch in zwei Punkten im Wesentlichen überein: 1. Es findet keine kritische Aufarbeitung des Konstruktivismus aus pädagogischer Sicht statt, sondern Elemente aus seinem Repertoire werden zur Untermauerung der je eigenen Position herangezogen. Eine Ausnahme in Bezug auf kritische Auseinandersetzung bildet, so weit wir sehen können, eigentlich nur die Publikation von Diesbergen (1998), die nun allerdings darauf hinausläuft, dass der Radikale Konstruktivismus überhaupt unsinnig ist – zumindest, wenn man ihn auf die Pädagogik anzuwenden versucht. 2. Konstruktivistische Begriffe und Thesen dienen im Wesentlichen dazu, die Deregulierung pädagogischer Prozesse zu legitimieren: Die Lernprozesse sollen nicht mehr von den Lehrenden geregelt und gesteuert werden, sondern die Lernenden sollen sie selbst in Form einer Lernerdidaktik organisieren (vgl. Reich 2008, S. 121).

Wenn man ein bisschen mehr ins Detail geht, kann man beispielsweise bei Arnold/Siebert eine massive Kritik an der herrschenden Didaktik in ihrem Arbeitsfeld – der Erwachsenenpädagogik – lesen: „Die moderne, professionelle Didaktik ist technologisch und ähnelt der industriellen Produktion. Lern- und Bildungsprozesse Erwachsener werden geplant, organisiert, kontrolliert" (Arnold/Siebert 2006, S. 127). Man kann diese Feststellung auch auf andere Arbeitsfelder wie z. B. die Schule übertragen. In der Tat gehen nahezu alle Autoren, die sich von konstruktivistischen Ideen inspirieren lassen, von einem Bild des herrschenden Unterrichts aus, das einer technologischen Didaktik entspricht: In ihrem Zentrum steht die Instruktion durch den Lehrer, die den Schülern einen bestimmten Input an Informationen gibt und einen Output in Form von bestimmten vorhersagbaren Lernergebnissen erwartet. Im Idealfall gilt die Gleichung Input = Output, d. h. die eingegebenen Informationen werden von den Lernenden exakt reproduziert. Zwar wissen die Lehrenden, dass eine solche Übereinstimmung faktisch nicht auftritt, da die Schüler in Intelligenz, Leistungsfähigkeit und Leistungswillen so stark differieren, dass sie zu ganz verschiedenen Lernleistungen kommen. Diese Differenzen bilden ja auch die Basis aller Beurteilung. Aber der oben genannte Idealfall bietet den Maßstab der Bewertung: Es wird so verfahren, als ob jeder die erwartete Reproduktionsleistung erbringen könnte und als ob jede Abweichung von der Norm ein persönlich zu verantwortender Fehler sei. Die konstruktivistische Lehre von der informationellen Geschlossenheit der Individuen, von der Strukturdeterminiertheit ihres Verhaltens und von der Autopoiese des lebenden Organismus stellt die Möglichkeit der Übereinstimmung von Input und Output grundsätzlich infrage, und zwar schon von der Seite des Input her. Denn ein informationell geschlossenes System kann Eingaben von außen gar nicht als bestimmten Input wahrnehmen, sondern nur als unspezifische Perturbation, die ihre Bestimmtheit erst durch die Bearbeitung im Gehirn des Individuums erfährt. Wenn es aber keinen Input und damit kein extern gelenktes Lernen gibt, so ist auch der Interaktion als einer der Säulen der traditionellen Didaktik der Boden unter den Füßen weggezogen. So stellt Müller – Maturana zitierend – fest: „'Es gibt keinen ‚Input'. Die Interaktionen des Organismus mit dem Medium lösen die durch seine Struktur determinierten Strukturveränderungen lediglich aus.' (...) Keine Instruktion von außen kann (…) vorhersagen oder determinieren, was in einem anderen Subjekt kognitiv als Folge der Instruktion passieren wird" (Müller 1996b, S. 43). Auf jeden Fall kann man mit keinem aufgrund des Input vorhersagbaren Output rechnen.

Auf dem Hintergrund dieser Kritik eines als fremdgesteuert verstandenen Unterrichts wird ein Lernbegriff aktiviert und radikalisiert, der Lernen als eine autonome Tätigkeit des Lernenden begreift, der seinen Erkenntnisprozess selbst organisiert. Die Radikalisierung besteht in zwei Behauptungen, die auf dem Hintergrund der oben genannten konstruktivistischen Kernthesen entstehen. 1. Die Ergebnisse dieses selbstorganisierten Erkenntnisprozesses werden als eigene, neue Wirklichkeitskonstruktionen des Lernenden verstanden. Es geht also nicht darum, eine neue Methode zu erproben, um das kulturell erforderliche und vorhandene Wissen effektiver anzueignen, sondern darum den Lernenden anzuregen, „etwas Neues zu tun oder neue gedankliche Operationen auf der Basis seiner bisherigen Wirklichkeitskonstruktionen zu vollziehen", was „zum Aufbau einer neuen Konstruktion von Wirklichkeit" führt (Balgo/Voß 2002, S. 64). Es handelt sich also um einen Output-orientierten Ansatz. Der Lernende soll nicht zur Wiederholung und bestenfalls zur Anwendung von Gelerntem gebracht, sondern er soll zur Produktion von Erkenntnissen provoziert werden, mit denen er seinen eigenen Erfahrungszusammenhang konstituiert. 2. Diese neuen Wirklichkeitskonstruktionen führen freilich nicht zu größerer „Richtigkeit" als die bisherigen. Für diese vom Konstruktivismus her argumentierenden Didaktiker gibt es zwar kein „falsches" Wissen – beispielsweise des Schülers – (vgl. Balgo/Voß 2002), ebenso wenig aber gibt es „Wahrheit". In deutlichem Anschluss an Argumentationen, wie man sie von v. Glasersfeld kennt, stellen Balgo und Voß fest: „Objektivität ist unmöglich, da wir unser Bild der Wirklichkeit niemals mit dem ‚wahren' Bild einer von unserer Erfahrung unabhängigen Wirklichkeit vergleichen können" (Balgo/Voß 2002, S. 63). Die Unmöglichkeit von Objektivität bedeutet freilich, dass es keine Erkenntnis gibt, die für mich und die anderen in gleicher Weise gültig und verpflichtend ist. Die Möglichkeit, sich auf allgemein Akzeptiertes zu beziehen, ist aber die Voraussetzung für das Verstehen der Meinung des/der anderen und damit für Verständigung.

Mit dem Wegfall von Objektivität verschwindet also auch die externe Referenz als Basis für verstehensgestützte Verständigung. An ihre Stelle treten praktisch unabschließbare Interaktionsprozesse, in denen die Interagierenden das Verhalten des jeweils anderen daraufhin überprüfen, ob es den Erwartungen entspricht. Es geht also nur noch darum, ob der andere „brauchbar" reagiert, nicht mehr um ein Verstehen seiner Handlung.

Diese Aktivierung eines subjektzentrierten Lernbegriffs führt zu einer Didaktik, in der die Frage nach der Vermittlung von kulturellen Inhalten und nach systematischer Bildung eine geringe Rolle spielt. In der Tat gibt es in der pädagogischen Diskussion, die sich auf den Radikalen Konstruktivismus bezieht, kaum Überlegungen über die Weiterentwicklung curricularer Fragen oder über Bildungsprobleme. Eine gewisse Ausnahme findet sich bei Arnold/Siebert, die sich die Frage vorlegen, ob und wie in der Erwachsenenbildung angesichts der „Pluralität und der tendenziellen Beliebigkeit von Wirklichkeitskonstruktionen und Wirklichkeitsinterpretationen...eine kritische Perspektive heute überhaupt noch verbindlich begründet werden kann" (Arnold/Siebert 2006, S. 37). Die Forderung nach Ermächtigung der Lernenden zur Teilnahme an einem rationalen Begründungsdiskurs führt freilich über die Positionen einer radikal-konstruktivistisch sich gerierenden Pädagogik hinaus, weil sie von allen Beteiligten die Anerkennung der „Verbindlichkeit eines vernunftgeleiteten Lebens unter vernünftigen Subjekten" voraussetzt (Mertens 1991 zit. nach: Arnold/Siebert 2006, S. 38). Aber wie gesagt, das ist eine relativ seltene Fragestellung. Und außer der Benennung des Problems finden sich bei Arnold/Siebert keine Hinweise, wie eine Antwort aus der konstruktivistischen Pädagogik heraus formuliert werden könnte. Am weitesten in diese Richtung geht Siebert in seiner neuesten Veröffentlichung, in der er die Frage nach der Möglichkeit einer konstruktivistischen Bildungsidee stellt (vgl. Siebert 2008, S. 193f.).

Im Mittelpunkt der didaktischen Überlegungen steht im Allgemeinen das Problem, wie man den Lernenden so provoziert – man könnte im Anschluss an Maturana auch sagen: wie man ihn so perturbiert –, dass ein Lernprozess in Gang gesetzt wird. Dazu werden Konzeptionen entwickelt, deren gemeinsamen Nenner man in dem Begriff der „Ermöglichungsdidaktik" sehen kann. Arnold kennzeichnet sie durch die Forderung, „pädagogische Professionals müssen sich vielmehr darauf beschränken, Voraussetzungen und Kontexte zu gestalten, in denen die Subjekte selbst wirksam handeln können" (Arnold 1999, S. 19). Arnold verweist darauf, dass dieses Konzept der Ermöglichungsdidaktik keineswegs völlig neu ist, doch habe es „in den letzten Jahren durch die konstruktivistischen Kognitions- und Lerntheorien ... eine neue sehr viel grundsätzlichere Fundamentierung erfahren" (ebd.). Konkretisierungen dieser Ermöglichungsdidaktik finden sich heute zahlreich unter Stichworten wie „Modellierung von Lernwelten" (Kösel 1997), Gestaltung von Lernumgebungen (Müller 1996b), oder von Unterrichtsdesigns (Richter 1996), Gestaltung einer „Beziehungsdidaktik", die ein grundsätzliches Lernklima schafft, „dass sich auf Anerkennung, wechselseitige Entwicklung und kommunikative Kompetenz stützen kann." (Reich 2008, S. 31). Die Vielfalt der Möglichkeiten fasst Müller zusammen: „An die Stelle der Vorstellung eines fest installierten und konventionell ausgestatteten Klassenzimmers treten Konzeptionen von Lernumgebungen, Lernstätten und Lernwelten ... Dabei sind einerseits alte ... Lernumgebungen wie die Kulturtechniken des Handwerks wiederzubeleben, andererseits auch instruktionstechnologische Neuentwicklungen auf der Basis des Computers und der Multimedia zu bedenken. Dazu treten wirklichkeitskonstitutive und handlungsorientierte Arbeitsformen wie *drama* und *theatre in education*."

(Müller 1996b, S. 103). Man muss zu dieser Euphorie in Bezug auf die Be-deutung von Lernumgebungen oder Lernarrangements freilich anmerken, dass auch Lernarrangements mit Erwartungen von Seiten der Lehrenden ausgestattet sind und daher auch Vorgaben enthalten. Die Vorgaben zeigen sich schon daran, was die Lernarrangements enthalten bzw. nicht enthalten. In dem obigen Zitat von Müller wird beispielsweise angeregt, die Kultur-techniken des Handwerks wieder zu beleben, während der großindustrielle Produktionsprozess nicht erwähnt wird. Dabei wird wie in der Instruktion dem Lernenden eine bestimmte Perspektive auf den Arbeitsprozess nahe gebracht. Auch pädagogische Vertreter des Konstruktivismus gehen von einem, wenn auch verborgenen, Input-Output-Modell aus. Denn die Lern-umgebung ist so arrangiert, dass sie zu einem erwarteten Output führt – am Ende haben die Schüler doch gelernt, was sie lernen sollten. Man könnte sogar die These vertreten, dass die Manipulation der Schüler durch Lernar-rangements bedenklicher ist als durch Instruktion, weil sie weniger leicht als solche zu erkennen ist. Das heißt nun keinesfalls, dass die Propagierung von Lernarrangements oder Lernumgebungen, in denen sich die Schüler selbst-ständiger bewegen können, von uns komplett abgelehnt würde. Wir kom-men später noch einmal auf die Frage zurück. Wichtig ist uns hier nur, dass der Konstruktivismus kein Hebel zu einem vollständigen Austausch der didaktischen Konzeptionen ist.

Die naive Rezeption von Begriffen des Radikalen Konstruktivismus

Die Rezeption der Begrifflichkeit des Radikalen Konstruktivismus in der Pädagogik kann im Allgemeinen nur als unkritisch bezeichnet werden. Das ist umso erstaunlicher, als es inzwischen eine größere Zahl von kritischen Auseinandersetzungen mit dem Radikalen Konstruktivismus gibt. Zu ver-weisen wäre etwa auf Dettmann (1999) und auf Nüse (1995); zumindest die letztere Veröffentlichung ist früher als die meisten Schriften, die den Kon-struktivismus für die Pädagogik in Anspruch zu nehmen streben. Ungeachtet dieser kritischen Stimmen, die die Geltung vieler konstruktivistischer Beg-riffe infrage stellen, werden aus dieser Begrifflichkeit unbeschwert pädago-gische Folgerungen abgeleitet. Solche Aussagenkomplexe, auf die häufig Bezug genommen wird, sind der Begriff der Autopoiesis, die Ergebnisse der neueren Hirnforschung über die operationale Geschlossenheit des Gehirns, die These von der Nicht-Erkennbarkeit der realen Welt und dem damit ver-bundenen Wegfall des Wahrheitskriteriums, der Begriff „Viabilität" als Kriterium für die Richtigkeit von Erkenntnissen.

Alle diese Konzeptionen werden nun nicht als Theorien oder Theoriestücke in einem von pluralen Theorien besetzten wissenschaftlichen Arbeitsfeld angesehen, sondern als Tatsachenaussagen, die die richtige (konstruktivistische) Sicht der Welt wiedergeben. So schreibt etwa Brügelmann: „Gehirne sind geschlossene Systeme. Gegenstände und Ereignisse der Umwelt haben keine objektive Bedeutung. Sie lösen zwar Aktivitäten im Gehirn aus. Diese unterscheiden sich aber von Organismus zu Organismus" (Brügelmann 2002, S. 179). Der thesenhaft-indikativische Stil lässt keinen Zweifel zu, dass es vielleicht auch anders sein könnte. In ähnlich apodiktischer Weise versichert Müller – Maturana zitierend –, dass „die Aktivität des Nerven-systems etwas mit seinen inneren Korrelationen und nicht mit externen Ob-jekten zu tun hat" (Müller 1996b, S. 43). Tietgens schließlich versichert, „daß die Grundthesen des sogenannten radikalen Konstruktivismus keine Spekulationen, sondern naturwissenschaftlich begründet, aus der Gehirnfor-schung abgeleitet sind" (Tietgens 1999, S. 35). Hier führt die Bemühung, die Wissenschaftlichkeit der konstruktivistischen Theoreme zu belegen, geradewegs in die Selbstaufhebung des Konstruktivismus.

Kritiker des Radikalen Konstruktivismus haben zudem schon länger mo-niert, dass seine zentralen Begriffe nicht eindeutig definiert sind, sondern bei verschiedenen Autoren und zuweilen auch bei ein und demselben Autor erhebliche Bedeutungsvariationen zeigen (vgl. Nüse 1995). Diese Tatsache würde eine sorgfältige Analyse und Klärung der Begriffe erfordern, ehe aus ihnen pädagogische Folgerungen abgeleitet werden. Doch ganz im Gegen-teil kann man bei den pädagogischen Autoren einen sehr ungenauen und nachlässigen Umgang mit den von ihnen übernommenen Begriffen feststel-len. Diese Unschärfe der Begrifflichkeit zeigt sich nicht nur, wenn man den Begriffsgebrauch verschiedener Autoren vergleicht, sondern oft auch bei ein und demselben Autor. Ein besonderer Kandidat für solche Unklarheiten ist der zentrale Begriff der Autopoiesis. Bei Huschke-Rhein, um ein Beispiel zu geben, ist einerseits von der „Selbstorganisation bzw. Autopoiesis des Ler-nenden bzw. des Educandus" die Rede (Huschke-Rhein 2002, S. 35), an anderer Stelle spricht er von „der Autopoiesis sowohl der einzelnen Men-schen wie auch der Gattung insgesamt" (ebd., S. 53); an wieder anderer Stelle geht es um „die Fortsetzung der Autopoiesis" der Schule (ebd., S. 36). Von der Schule wird ferner gesagt, „daß die Schule in der Moderne auch ein Moment enthält, das … eine Art autopoietischen Explosivstoff im System darstellt" (ebd., S. 37). Damit meint er offensichtlich den Auftrag der Schu-le, den Heranwachsenden zu Autonomie, Selbstbestimmung und Mündig-keit zu verhelfen (vgl. ebd., S. 37). Im Zusammenhang mit dem Versuch, Lernen bei Maturana und Varela darzustellen, greift er allerdings auf den Biologismus Maturanas zurück, für den keine Differenz zwischen der Auto-poiese biologischer Organismen und der von Menschen besteht. „Für die Bienen gilt wie für die Menschen die Beschreibung von Maturana und Vare-la, daß alle autopoietischen Lebewesen mit ihrem Milieu ‚strukturell gekoppelt' sind" (ebd., S. 41). Der Begriff der Autopoiese oszilliert also in verwirrender Weise zwischen einer auf soziale Vorgänge und einer auf biologische Prozesse bezogenen Bedeutung. Ähnlich verwirrt bleibt der Leser zurück, wenn Arnold und Siebert einerseits nachdrücklich feststellen: „Die ‚tatsächliche' Realität ist uns kognitiv überhaupt nicht zugänglich. Menschliche Erkenntnis ist ein selbstreferentieller operational geschlossener Prozeß unseres Gehirns" (Arnold/Siebert 2006, S. 19), andererseits aber behaupten: „Gehirn und Milieu sind ... strukturell gekoppelt" (ebd., S. 84). „Lernen stellt die ‚Strukturkopplung', die Passung zwischen Mensch und Milieu sicher" (ebd., S. 85). In dieser Darstellung stecken gleich mehrere Ungereimtheiten. 1. In dem einen Satz wird von der Strukturkoppelung zwischen Gehirn und Milieu gesprochen, im anderen zwischen Mensch und Milieu. Es stellt sich daher die Frage, ob Mensch und Gehirn identisch sind. Wenn das angenommen wird, liegt eine biologistische Reduktion des Menschen auf neuronale Prozesse vor; wird es nicht angenommen, handelt es sich offenbar um eine ungenaue Begriffsverwendung. Leider wird kein Versuch unternommen, diese Frage einer Klärung zuzuführen. 2. Arnold/Siebert behaupten einerseits, dass die Realität uns nicht zugänglich sei; an späterer Stelle stellen sie allerdings fest, dass Gehirn und Milieu strukturell gekoppelt seien. Das impliziert aber offensichtlich eine Zugänglichkeit der Realität in Gestalt des Milieus für das Gehirn. Wollte man das Problem dadurch lösen, dass man das Milieu für eine Konstruktion des Gehirns erklärt, so käme man auf die absurde Behauptung, dass das Gehirn mit seinen eigenen Konstruktionen eine strukturelle Koppelung vornimmt. Dann wäre aber z. B. nicht mehr einzusehen, warum dazu überhaupt ein Lernprozess notwendig ist.

Den ganzen Problemen der Begriffsübernahmen liegt letztlich eine zentrale Unklarheit zugrunde. Die pädagogischen Autoren übernehmen aus dem Konstruktivismus die erkenntnistheoretische Grundthese, dass die Erfahrungswelt als Ganze eine Konstruktion der menschlichen Erkenntnis ist. Damit wird festgestellt, dass Aussagen über die Welt nur so weit legitim sind, wie das menschliche Erkenntnisvermögen reicht. Aussagen über die Realität, wie sie unabhängig von ihrem Erkanntwerden ist oder sein könnte, sind daher unzulässig. Die Radikalen Konstruktivisten postulieren zwar diese Grenze, halten sie selbst aber nicht immer akribisch ein, wenn sie beispielsweise aus theoretischen Gründen fordern, dass es eine Seinsrealität gibt, obwohl eine solche Aussage streng genommen mit konstruktivistischen Theorien nicht zu vereinbaren ist. Diese Ungenauigkeit führt dann leicht dazu, dass sich weiter reichende Annahmen über die Seinsrealität einschleichen. Ein typisches Beispiel findet sich etwa bei Kraus. Bei seinem Versuch, den Unterschied zwischen Realität und Wirklichkeit zu bestimmen

(Kraus 2000, S. 31), schreibt er: „Die für uns unzugängliche physikalische Welt soll im folgenden als *Realität* bezeichnet werden, während das Konstrukt, in und mit dem wir leben, als *Wirklichkeit* bezeichnet wird" (Herv. i. O.). „Diese [die Realität; Anm. d. Verf.] ist uns zwar ... in ihrer physikalischen Gestalt nicht zugänglich, sie muß aber ... vorausgesetzt werden". Der angeblich unzugänglichen Realität wird hier also eine „physikalische Gestalt" zugeschrieben, womit sie nun doch eine begriffliche Bestimmung erhält. Schwerwiegender als diese Ungenauigkeit ist aber das Problem, dass die erkenntnistheoretische These von der Konstruiertheit der Erfahrungswelt als inhaltliche Aussage über die Verhältnisse in der Erfahrungswelt gedeutet wird. Damit wird dann aber alles zu Konstrukten. So stellt z. B. Siebert fest: „Auch die Erwachsenenbildung, die Zielgruppe, die TeilnehmerInnen sind Konstrukte der Beobachter" (Siebert 1996, S. 116). Für Voß ist „jede Wirklichkeit im unmittelbaren Sinne die Konstruktion derer (...), die diese Wirklichkeit erfinden" (Voß 2002c, S. 9). Menschen und Institutionen, Ideen und Werte – die Welt wimmelt von Konstruktionen. Demgegenüber ist festzuhalten, dass alle unsere Sachaussagen Theorien über die Gegenstände der Erfahrungswelt sind. Für diese Inhalte der Erkenntnis ist die Erkenntnistheorie nicht zuständig, sondern die Wissenschaften und Künste, bzw. auf einer alltäglichen Ebene unsere verallgemeinerten Alltagserfahrungen. Die immer wiederholte Versicherung, dass alles, was uns in der Wirklichkeit begegnet, Konstrukte seien, ist deshalb auch letztlich nichtssagend.

Überlegungen zur pädagogischen Relevanz des [Radikalen] Konstruktivismus

Trotz aller kritischen Einschränkungen, die wir in den vorhergehenden Abschnitten gemacht haben, kann man ein genuines Interesse der Pädagogik für den Konstruktivismus feststellen. Wenn man dem Ursprung dieses Interesses nachgeht, stößt man auf zwei Phänomene.

Erstens werden, wie wir schon angedeutet haben, die Thesen des Radikalen Konstruktivismus zur Legitimation und Stützung einer subjektorientierten Pädagogik herangezogen. Ideen und Konzepte dafür liegen mindestens seit der historischen Epoche der Reformpädagogik zu Anfang des 20. Jahrhunderts in Hülle und Fülle vor. Doch ist ihre Durchsetzung in den Institutionen des Lehrens und Lernens nie auch nur einigermaßen geglückt. In diesen Institutionen, vom Kindergarten bis zu den Erwachsenenbildungs- und Weiterbildungsinstitutionen, hat die instruktive Wissensvermittlung ziemlich allein das Feld behauptet. Von dem vom Radikalen Konstruktivismus versprochenen Nachweis, dass durch Instruktion überhaupt nicht gelernt wird, erwarten sich offensichtlich viele reformorientierte Pädagogen den notwendigen Schub für den Durchbruch einer lernerzentrierten Didaktik.

Zum Zweiten ist zu bedenken, worauf wir schon in unserer Einführung hingewiesen haben, dass der Konstruktivismus mit seinem Zweifel an einem festgefügten erkennbaren Sinn und an der Möglichkeit, Wahrheit zu erlangen, an eine weit verbreitete Befindlichkeit am Ende der Moderne anschließt. Wir leben in einer Welt, in der das große Versprechen der Aufklärung, dass das Menschengeschlecht durch Vernunft zur Erkenntnis der Wahrheit und der ethischen Prinzipien gelangen könnte, von den Bannerträgern der Postmoderne als eine bloße Erzählung, als ein narratives Sprachspiel, denunziert wird (vgl. Lyotard 1986). Und bei solchen Feststellungen handelt es sich ja nicht nur um die Spekulationen von Intellektuellen, sondern die Ungewissheit wird von vielen Menschen in unserer Gesellschaft auch konkret erfahren als die Erschütterung von Lebens- und Berufsplänen und das Unscharfwerden von Denkperspektiven (vgl. Beck 1996b). Man muss sich nur ein wenig umschauen, um überall auf Unsicherheiten zu stoßen: Da gibt es keine verbindlichen Muster der Lebensführung mehr, die uns beispielsweise die Entscheidung darüber abnehmen, wen und wann und unter welchen Bedingungen und ob überhaupt man heiraten soll; ob man Kinder bekommen und wie man sie erziehen soll. Es gibt keine Gewissheit, dass das, was man heute lernt, morgen – geschweige denn ein ganzes Leben lang – noch brauchbar ist. So entsteht die Idee vom lebenslangen Lernen, deren Kehrseite ja auch das lebenslange Verlernen, das immer erneute Aufgeben des einmal für richtig und sinnvoll Gehaltenen ist. Besonders bedrohlich erscheint gerade heute vielen Menschen die Erfahrung, dass es keine sicheren Berufskarrieren mehr gibt. Schon Jugendliche machen die Erfahrung oder leben doch in Angst davor, dass ihre Schulausbildung nicht zu einem Ausbildungs- oder Studienplatz führt. Wer einen Arbeitsplatz findet, lebt in der Sorge, ihn durch Spar- oder Rationalisierungsmaßnahmen wieder zu verlieren und in einem anderen Beruf wieder von vorn anfangen zu müssen, was mit steigendem Alter immer schwieriger wird. Auch die Arbeit ist also keine sichere Basis für Identität und Selbstbewusstsein über das Leben hin. Noch viel weniger kann sich das Selbst auf den Boden einer gemeinsamen Kultur gründen. Die Pluralisierung des religiösen Lebens, der ästhetischen Erfahrung, der Normen und Werte, der möglichen Geschichtsdeutungen führen zu einer Übersättigung des Menschen mit Lebensmöglichkeiten, die schließlich zur Zersplitterung des Selbst führen (vgl. Gergen 1996).

Die Attraktivität des Radikalen Konstruktivismus gerade auch für die Pädagogik ergibt sich aus seinem Konzept, die Erschütterung aller Gewissheiten zum Ausgangspunkt seines Denkens zu nehmen. Es wird kein Versuch unternommen, die Erfahrung des „Alles ist unsicher" durch Sinndeutung – wie in einer geisteswissenschaftlich orientierten Pädagogik – oder durch Kritik der politischen Verhältnisse und Orientierung auf Gesellschaftsveränderung

– wie in einer kritisch-emanzipatorischen Pädagogik – aufzulösen. Der Konstruktivismus fordert vielmehr von den Menschen in der postmodernen Gesellschaft, dass sie die Unmöglichkeit der Wahrheit als Basis ihres Denkens akzeptieren. Die Ungewissheit ist nicht etwas zu Überwindendes, sondern sie ist sozusagen das Los des Menschen aufgrund der Grenzen seiner Erkenntnis. Der Gedanke, dass Ungewissheit ausgehalten werden muss und nicht vorschnell durch Intervention beispielsweise des Lehrers aufgehoben werden sollte, ist sicher pädagogisch fruchtbar. Denn das Aushalten der Unsicherheit, der Verzicht darauf, mal schnell zu sagen oder sich sagen zu lassen, wie es richtig ist, hat seine schöpferische Seite. Wenn es kein gesichertes Wissen über die Welt gibt, wenn nicht ein für allemal festgelegt ist, was man zu glauben hat, so sind die Menschen frei, ihre eigene Welt zu bauen. Der Mensch kann kreativ werden. Als Individuum konstruiert er seine Wirklichkeit, in der er leben will. Als Mitglied einer Gesellschaft nimmt er an Aushandlungsprozessen teil, in denen die Regeln des Zusammenlebens konstituiert werden.

Freilich ist das schöpferische Umgehen mit Unsicherheit nicht so einfach praktiziert, wie es dahingesagt wird. Es ist an bestimmte subjektive Voraussetzungen wie etwa Bereitschaft zum Wagnis oder stabiles Selbstbewusstsein geknüpft, die in der Sozialisation erworben bzw. nicht erworben werden. Nicht alle sind geeignet in einer Risikogesellschaft zu leben und „Sprachspiele" zu betreiben. Was geschieht mit den Menschen, die Orientierung und Unterstützung durch geltende Wertsysteme brauchen? Obwohl die Frage nach der Vermittlung von kulturell geteilten Werten und Normen für die Erziehung in Familie und Schule – wie die Debatte über Wertevermittlung in der Schule zeigt – gerade gegenwärtig eine erhebliche Rolle spielt, kann der Konstruktivismus – wenigstens so, wie er in vielen pädagogischen Schriften rezipiert wird – dazu kaum einen Beitrag leisten. Man braucht sich nur an v. Glasersfelds Weigerung zu erinnern, irgendwelche Aussagen über Wertpräferenzen zu machen (vgl. Kap. 6). Angesichts dieser Vernachlässigung von ohne Zweifel bei vielen Menschen vorhandenen Orientierungsbedürfnissen drängt sich die Frage auf, ob konstruktivistisches Denken eine Konzeption für alle Schüler auf allen Altersstufen ist, oder ob es mehr eine Konzeption für im weiteren Sinn Intellektuelle ist. Man kann die Frage auch anders stellen, ob man nicht den Umgang mit Sicherheit und Sicherheitsbedürfnissen genau so lernen muss wie mit Unsicherheit und ob der Konstruktivismus das Instrumentarium dafür bieten kann.

Grenzen des Individualismus

Die Freiheit zur Konstruktion der eigenen Wirklichkeit wird freilich schon bei den konstruktivistischen Denkern mit bestimmten Einschränkungen versehen, die sich sozusagen aus dem Zu-Ende-Denken des Individualismus ergeben. Sie sind in der pädagogischen Rezeption bisher viel zu wenig beachtet worden. Alle diese Einschränkungen laufen auf Sicherung des wirklichkeitskonstruierenden Individuums gegen die Übergriffe anderer Wirklichkeitskonstrukteure hinaus. Die Vertreter des Radikalen Konstruktivismus entwickeln zwar nicht eigentlich einen Gesellschaftsbegriff, sie entwickeln aber eine Begrifflichkeit, die eine grundlegende Gemeinsamkeit ermöglichen soll. Selbst v. Glasersfeld, der sich in seinem ethischen Radikalismus weigert, irgendwelche Wertentscheidungen zu treffen, macht die Anerkennung des Anderen und seines Lebensrechts zu einem zentralen Punkt: „Um ein verläßliches Niveau von Wirklichkeitskonstruktion erreichen zu können, braucht man ganz offensichtlich die Anderen. Denn was immer man von Anderen sagt, indem man ihnen die eigenen Methoden und Begriffe unterschiebt, ist unbedingt nötig, um das Niveau einer ‚objektiven Wirklichkeit' zu erreichen. Das zeigt m. E., daß man bei der Konstruktion einer Ethik die Anderen in Betracht ziehen muß" (v. Glasersfeld 1987b, S. 417). Diese Anerkennung des Anderen wird allerdings dadurch eingeschränkt, dass v. Glasersfeld im Anderen eigentlich nur ein Mittel zur Sicherung der eigenen Wirklichkeitskonstruktionen sieht. Die eigentümliche Dialektik des Anderen als Mitbewohner meiner Welt von Fremdheit und Ähnlichkeit wird dabei verfehlt. Denn der Andere kann nur ein Gegenspieler sein, insofern er mir fremd ist und nicht bloß ein Abklatsch meiner Begriffe und Methoden. Der Andere muss aber auch Gemeinsames mit mir haben, denn sonst könnte ich ihn überhaupt nicht verstehen. Denn im Sinne Diltheys ist Gemeinsamkeit die Bedingung von Verstehen (vgl. de Haan/ Rülcker 2002, S. 56). Nur diese Fremdheit in der Ähnlichkeit oder Ähnlichkeit trotz Fremdheit macht den Anderen zu jemanden, mit dem ich mich auseinandersetzen kann und muss; erst damit wird also die ethische Dimension eröffnet.

Weitergehend als v. Glasersfeld formuliert Maturana vier ethische Haltungen, die sich nach seiner Auffassung „unmittelbar aus den basalen Konzepten der Theorie autopoietischer Systeme ableiten lassen": Freiheit, Verantwortung, Liebe und Toleranz (Hungerige/Sabbouh 1995, S. 139). Indem das Individuum diese Haltungen einnimmt, verschwindet der Widerspruch zwischen dem Sozialen und dem Individuellen. „Im menschlichen Bereich ist das Zustandekommen von Gemeinschaftlichkeit der Faktor, der spontan zur Rekurrenz von Interaktionen führt, d. h., es ist die Liebe in irgendeiner ihrer Dimensionen. Ohne Liebe gibt es keine menschliche Sozialisation, und jede Gesellschaft, in der die Liebe erlischt, zerfällt" (Maturana 1987b, S. 296f.). Freilich wird ein tragfähiger Gesellschaftsbegriff von Maturana dann doch verfehlt, indem er die ethischen Phänomene als Bedingungen „streng biologischer Natur" zu bestimmen sucht (Maturana 1987b, S. 297). Auch Rorty stellt eine individuelle Einstellung in den Mittelpunkt: das Solidaritätsgefühl. Es geht jedoch nicht einfach aus der biologischen Natur des Menschen hervor, sondern entsteht und erweitert sich in einem Lernprozess, in dem immer neue Gruppen von Menschen in ihrer existentiellen Gleichheit „mit uns" erfahren werden. Den Kern dieser Gleichheit bildet für Rorty die Tatsache, dass sie uns ähnlich sind „im Hinblick auf Schmerz und Demütigung" (Rorty 1992, S. 310).

Die vorgestellten Ansätze zur Einbeziehung gesellschaftlicher Phänomene bei dem Bau der eigenen Welt – zu denen sich noch andere hinzufügen ließen – zeigen eine Reduktion gesellschaftlicher Fragen auf ethische. Die Autoren sehen zwar, dass das Individuelle in eine Beziehung zum Sozialen gesetzt werden muss, sie diskutieren dieses Problem aber nicht in gesellschaftlichen oder politischen Kategorien, sondern in Begriffen individuellen ethischen Handelns. Die Frage, welche Gestalt die Welt hat und haben sollte, wird dem einzelnen Individuum und seinen Wirklichkeitskonstruktionen überlassen mit der einzigen Auflage, dass das, was herauskommt, von dem jeweiligen Konstrukteur verantwortet werden muss. Schon die Frage, vor wem man sich verantworten soll, und was für Folgen die Verantwortungsübernahme gesellschaftlich oder politisch hat, läuft letztlich ins Leere. Man kann daher nur die Umrisslinien eines liberalen Gesellschafts- und Kulturkonzepts entdecken, das durch Eckpunkte markiert wird wie Individualisierung, Pluralismus der Meinungen, weit reichende Toleranz und abstrakte Verantwortung, und das durch Appelle an ein Gefühl der Liebe oder der Zuwendung zum anderen sozial abgefedert wird.

Die Attraktivität des konstruktivistischen Ansatzes besteht nach der Überzeugung seiner Propagandisten in seinem gut aufklärerischen „sapere aude", in dem radikalen Verzicht auf Gewissheit und in der energischen Forderung nach dem Mut zur eigenen Wirklichkeit: zum selbst erworbenen Wissen, zum eigenen Erkenntnisweg, zur eigenen Entscheidung, zur eigenen Lebensplanung. Genau betrachtet ist „Mut" allerdings gar nicht der zutreffende Begriff. Denn die Konstruktionen der Individuen entspringen, wie erinnerlich, ja gar nicht der freien Entscheidung der Vernunft, sondern sind strukturdeterminierte Antworten des Organismus auf Perturbationen. Soll dieser „Mut" freilich nicht in schrankenlosen Individualismus umschlagen, so bedarf das skizzenhafte Gesellschaftskonzept des Konstruktivismus einer Ausarbeitung in Richtung auf das Konzept einer Zivilgesellschaft. Dabei kann man durchaus an Gedanken aus den konstruktivistischen Schriften anknüpfen, etwa an das Misstrauen gegenüber universellen Prinzipien und ihren

Propagandisten oder an die Postulierung von bestimmten ethischen Grundsätzen.

Konstitutiv für eine Zivilgesellschaft ist freilich auch die bewusste Auseinandersetzung der Bürger mit überindividuellen Phänomenen, die bei den konstruktivistischen Denkern bisher kaum eine Rolle spielen und die auch in der konstruktivistischen Pädagogik kaum auftreten. Vor dem Hintergrund von Erfahrungen wie dem ungleichen Zugang der Bürger zu gesellschaftlichen Ressourcen, dem Vorhandensein von ökonomischer, kultureller und politischer Macht bzw. Ohnmacht und der Herausbildung von Herrschaftsstrukturen entsteht die zentrale Frage nach der gerechten Verfasstheit der Gesellschaft. Diese Frage führt in verschiedene Richtungen. Sie eröffnet erstens die Perspektive auf den Zweck menschlicher Gesellschaft, also auf das, was wir, ihre Bürger, jenseits aller bloßen Viabilität von ihr erwarten. Sie zwingt uns zweitens zum Nachdenken über die Prinzipien und Institutionen, in denen in unserer Kultur und aufgrund unserer historischen Erfahrungen die Vorstellungen vom „guten Leben" konkretisiert sind. Die von den Konstruktivisten immer wieder betonte Tatsache, dass es in anderen Kulturen andere Wirklichkeitskonstruktionen gibt, ändert nichts an der Tatsache, dass in unserer Geschichte bestimmte Entscheidungen getroffen worden sind, deren Konkretisierungen in Form von Werten, Institutionen, Wissensbeständen, aber auch kollektiven psychischen Erfahrungen und Traumata uns zunächst einmal vorgegeben sind. Sie bilden einfach die Basis, auf der wir stehen und von der aus wir denken und handeln müssen. Die Frage nach der gerechten Gesellschaft führt drittens auf das Problem, wie das Bedürfnis nach Gerechtigkeit in den Menschen so zu verankern ist, dass es auch dann wach ist, wenn die Ungerechtigkeit weder mich persönlich betrifft noch „einen von uns". Eine Antwort darauf finden wir bei Rorty, der die Aufgabe darin sieht, dass wir den Kreis der Menschen, die wir zu uns zählen, im Laufe unserer Gesellschaftsgeschichte und im engeren Rahmen unserer individuellen Lebensgeschichte immer mehr erweitern. „Richtig verstanden, ist die Parole: ‚Wir haben moralische Verpflichtungen gegenüber Menschen als solchen' ein Mittel, uns daran zu erinnern, daß wir immer weiter daran arbeiten müssen, unser Verständnis des ‚Wir' so weit auszudehnen, wie wir nur können" (Rorty 1992, S. 316). Der Satz von Rorty erinnert auch daran, dass die Zivilgesellschaft keine Wirklichkeit ist, sondern eine Möglichkeit der Gestaltung unseres gemeinsamen Lebens. In dem Begriff steckt also eine Vision auf Zukünftiges, Erhofftes. Demgegenüber ist im Konstruktivismus trotz all seiner radikalen Skepsis ein konservativer Zug nicht zu übersehen. Denn wenn in konstruktivistischen Texten von „Wirklichkeit" die Rede ist, so ist damit immer eine Zuständlichkeit gemeint, in der man sich einrichten muss. Wenn dem Organismus die strukturelle Koppelung mit seiner Umwelt geglückt ist, wenn er also eine akzeptable Lösung seines Problems gefunden hat, so spielt die Frage nach einem Besser oder Schlechter oder gar nach anderen Möglichkeiten keine Rolle. Die Zivilgesellschaft, die gerechte Gesellschaft dagegen ist immer eine erst noch zu schaffende. Sie ist eine Möglichkeit, die gerade das Vorhandene transzendiert und infrage stellt.

Wir haben weiter oben als eine der positiven Leistungen des konstruktivistischen Denkansatzes den „Mut und Zwang zur eigenen Wirklichkeit" bezeichnet. Im Lichte unserer zuletzt angestellten Überlegungen müsste man den Satz eigentlich korrigieren und von dem „Mut zur eigenen Möglichkeit" sprechen. Jedenfalls meint „Wirklichkeit" im Sinne dieser Überlegungen nicht das Konstrukt als utilitaristische Anpassung an eine von außen kommende, quasi zufällige Perturbation. Der Begriff der Wirklichkeit enthält vielmehr die Perspektive auf das, was Wirklichkeit werden soll, auf das, was ich aus den vielen Möglichkeiten als meine Möglichkeit bestimmt habe.

Der Konstruktivismus in der Pädagogik – eine Einschätzung

Der Konstruktivismus als pädagogische Grundlagenphilosophie

Das Verhältnis von Konstruktivismus und Pädagogik soll abschließend noch einmal unter der Frage betrachtet werden, was der Konstruktivismus als Grundlagentheorie für die Pädagogik und Didaktik leistet und wie sein Verhältnis zu den anderen Grundlagentheorien einzuschätzen ist. Dabei werden wir zumindest zum Teil an Argumente aus den vorhergehenden Abschnitten anknüpfen, sie jedoch unter einem neuen Blickwinkel betrachten.

Die beiden bedeutendsten pädagogischen Paradigmata des 20. Jahrhunderts sind die Geisteswissenschaftliche Pädagogik und die Kritische Pädagogik. Ihre Gemeinsamkeit besteht darin, dass sie den Begriff der Wahrheit in den Mittelpunkt stellen: Wahrheit als Sinn historischer und kultureller Phänomene im einen Fall, Wahrheit als das auf Emanzipation gerichtete Telos des vernunftbestimmten Gesellschaftsprozesses im anderen. Beide pädagogischen Theorien machen dabei die Voraussetzung, dass es den Menschen um die Wahrheit geht, d. h. dass sie wissen wollen und können, wie die Welt wirklich ist, dass sie Einsicht in das richtige Handeln erstreben, dass sie erfahren wollen, welche Emotionen in bestimmten Situationen zulässig sind. Selbst wenn die „Wahrheit" als nicht abschließend erreichbar angesehen wird, weil sich beispielsweise hinter jeder Sinninterpretation neue Interpretationsmöglichkeiten öffnen, gilt sie doch als regulatives Prinzip des Erkenntnisprozesses.

Am Ende der Epoche der Moderne jedoch sehen wir uns einer umfassenden Erosion des Wahrheitsbegriffs gegenüber. In dem pluralen Angebot von Denk-, Lebens- und Handlungsmöglichkeiten, in der Fülle von konkurrierenden kulturellen und moralischen Angeboten verlieren alle Wahrheitsansprüche ihren Sinn, auch wenn es um geringere Probleme geht wie etwa um die Frage, ob man eine Single-Partnerschaft begründen oder heiraten soll. Erst recht haben sich die meisten Zeitgenossen die Vorstellung, den Sinn der Geschichte oder das Telos des Gesellschaftsprozesses erkennen zu können, längst abgeschminkt. Der Konstruktivismus mit seiner radikalen Skepsis erscheint daher als die Philosophie, die dieser Erosion der Wahrheit zu entsprechen scheint. Er erklärt alle Erkenntnisse für Konstruktionen der Erkennenden. Als solche unterstehen sie nicht der Kategorie der Wahrheit, sondern der der Brauchbarkeit (Viabilität) im Lebenskampf. Mit diesem Verzicht darauf, bestimmte Vorstellungen als „wahr" und daher als epistemologisch privilegiert gegenüber anderen auszuzeichnen, führt diese skeptische Philosophie zu einer erkenntnistheoretischen Rechtfertigung des Pluralismus. Wenn keine Erkenntnis Wahrheit beanspruchen kann – womit ja die Unwahrheit aller anderen gesetzt wäre –, haben alle das Recht zu dem Versuch, ihre Brauchbarkeit unter Beweis zu stellen – ganz gleich ob sie vom jüngsten Schüler oder vom altgedienten Lehrer vorgebracht werden.

Wenn man diese Anerkennung des Pluralismus zu Ende denkt, so kommt man zu einem auf den ersten Blick paradoxen Ergebnis. Denn die Konstruktionen der Geisteswissenschaftlichen oder der Kritischen Pädagogik mit ihren Sinn- und Wahrheitsansprüchen erscheinen dann als genauso legitim wie der Konstruktivismus, vorausgesetzt sie erweisen sich für pädagogisches Denken und Handeln als viabel. Angesichts der Bedeutung, die der Vermittlung von Sinnorientierungen und Werten in der Pädagogik zukommt, dürfte das kaum zu bestreiten sein. Wir bewegen uns also auf einem Terrain, das je nach zugrunde gelegter Philosophie ebenso von Wahrheitsansprüchen und -erwartungen bestimmt wird wie von der skeptischen Einschätzung, dass Wahrheit im strengen Sinne nicht erreichbar ist.

Man kann mit diesem Widerspruch in verschiedener Weise umgehen. Man kann zum einen davon ausgehen, dass Lehren und Lernen unter dem Leitbegriff der Wahrheit stehen: Die Heranwachsenden wollen und sollen wissen, wie die Welt wirklich ist und welche Normen und Werte in ihr gelten. Alles pädagogische Tun legitimiert sich demgemäß durch den Anspruch, einen Beitrag zu dieser Wahrheitssuche zu liefern. Zugleich wissen wir jedoch, dass „die" Wahrheit nicht erreichbar ist, ja dass es Wahrheit streng genommen nicht gibt, weil jede Erkenntnis ein Produkt des/der Erkennenden und damit letztlich nur eine subjektive Meinung ist. Der Begriff der

Wahrheit ist also ein heuristisches Prinzip zur Organisierung des Erkenntnisprozesses. Nicht zufällig weist von Glasersfeld auf Vaihingers „Philosophie des Als Ob" hin, in der Vaihinger eine Theorie der Fiktionen entwickelt (v. Glasersfeld 1996, S. 87f.). Vaihinger untersucht in seinem Werk
auch die Bedeutung der Fiktionen für den Erkenntnisprozess: „Eine Fiktion
kann nicht durch die Erfahrung bestätigt, aber sie kann gerechtfertigt werden
durch die Dienste, welche sie der Wissenschaft leistet. ... Wie die Hypothe-
se sich der Probe auf die Wirklichkeit des in ihr Vorgestellten unterwirft, so
die Fiktion der Probe auf dessen praktische Brauchbarkeit und Zweckmä-
ßigkeit" (Vaihinger, zit. nach v. Glasersfeld 1996, S. 88). Der Begriff der
Wahrheit ist dann eine der (notwendigen) Fiktionen für die Pädagogik.

Wenn man, um das Problem noch von einer zweiten Seite zu beleuchten, auf
der Basis der konstruktivistischen Theorien von der These ausgeht, dass
Erkenntnisse Konstruktionen der Erkennenden sind, so weiß man doch, dass
damit nicht Beliebigkeit gemeint ist. Pädagogisches Tun kann sich nur dadurch für all die Anstrengung, die es seinen Klienten zumutet, rechtfertigen,
dass es zu Vorstellungen und Fähigkeiten führt, die für andere zumindest
plausibel sind. Der Konstruktivismus sucht diesem Erfordernis menschlicher
Interaktion durch die Einführung des Konzepts konsensueller Bereiche
Rechnung zu tragen (vgl. Maturana 1987a, S. 109). Die relative „Wahrheit"
von Meinungen, Gefühlen, Bewertungen etc. drückt sich dann in der Gewinnung von Zustimmung aus, obwohl man zugleich weiß, dass diese Zustimmung auch wieder entzogen werden kann, dass sie nie – wie der empha-
tische Begriff der Wahrheit es erfordern würde – endgültig ist. Anders als
der von Habermas als Legitimationsgrundlage für Normen und Werte einge-
führte Begriff des Konsens aufgrund eines herrschaftsfreien Diskurses sind
die durch strukturelle Koppelung entstehenden konsensuellen Bereiche also
immer nur auf Zeit gültig. Damit stellt sich freilich die Frage, ob dieser Begriff tragfähig genug ist, um der Gefahr der Beliebigkeit entgegen zu steuern.

Der Konstruktivismus als Grundlagenphilosophie der Pädagogik lässt andere Grundlagenphilosophien zu, soweit sie Wahrheit nicht als absolut, sondern als regulatives Prinzip verstehen. Ja, er lässt sie nicht nur zu, sondern er
erfordert sie geradezu, da sie mit ihrer Frage nach dem Sinn historischer
Phänomene oder nach dem Telos des Gesellschaftsprozesses Probleme bearbeiten, die durch den Konstruktivismus nicht bearbeitet werden. Zugleich
schränkt der Konstruktivismus die Ansprüche anderer Grundlagenphilosophien auf absolute Wahrheit ebenso ein, wie diese seinen Skeptizismus und
Relativismus einschränken. Die Frage, welcher Philosophie man folgen soll,
ist also nicht schon dadurch erledigt, dass die eine für absolut richtig und die
anderen dann eben für falsch erklärt werden. Sie muss vielmehr von uns

aufgrund der Leistungsfähigkeit der jeweiligen Konzepte für die zu bearbeitenden Probleme entschieden werden.

Überlegungen zur Didaktik

Wir haben schon an früherer Stelle in diesem Kapitel darauf hingewiesen, dass die Aneignung des Konstruktivismus durch die Pädagogik vor allem auf dem Gebiet der Didaktik stattfindet. Der Vorwurf gegen die herrschende (technologische) Didaktik besteht vor allem darin, dass Lernen fremdbestimmt geschieht. Der Lernprozess ist in Wirklichkeit ein Lehrprozess, in dem der Lehrer als hauptsächlicher Informationsgeber auftritt. Lernen geschieht demzufolge als Reaktion auf Instruktionen. Dabei liegt die Erwartung zugrunde, dass jeder Input zu einem entsprechenden Output führt: Was ihm gesagt worden ist, gibt der Lernende unverändert wieder. Im besten Fall tut er gar nichts selbst dazu. Diese Korrespondenzerwartung beeinflusst die Art des Inputs. Der Input muss nicht interessant oder phantasievoll oder anregend sein, weil es ja nur um seine möglichst akkurate Wiedergabe geht.

Die Anthropologie des Menschen als eines autopoietischen Wesens setzt dieser Fremdbestimmung Grenzen. Zwar liegt der häufig anzutreffenden Gleichsetzung von Autopoiesis und Autonomie eigentlich ein Kategorienfehler zugrunde, worauf wir schon oben hingewiesen haben. Aber man könnte geradezu sagen, dass mit Hilfe dieses Irrtums der Begriff der Autonomie des Lernens einen hohen Stellenwert erhält, weil Autonomie in den biologischen Grundlagenprozessen des Lebens verankert erscheint. Infolgedessen entdeckt man, dass Individuen nur strukturdeterminiert lernen, eine biologistische Überspitzung, aber sie macht darauf aufmerksam, dass Menschen beim Lernen nicht beliebig manipulierbar sind. Schließlich erkennt man auch, dass Individuen nicht ständiger Einwirkung durch Lehrer oder andere Erwachsene bedürfen um zu lernen, sondern dass sie von selbst lernen, weil der ständige Wandel ihrer Umwelt das erzwingt.

Die konstruktivistischen Pädagogen entwickeln aus diesen Überlegungen einen polaren Gegensatz zwischen lernerorientierter und lehrorientierter Didaktik, wobei letztere unter dem Begriff der Instruktion gefasst wird. Zu den lernerorientierten Didaktiken gehören Konzeptionen, die die Herstellung von Lernumwelten, die Konzipierung von Lernarrangements, die Anknüpfung an Erfahrungssituationen oder die Lebensweltorientierung in den Mittelpunkt stellen. Gemeinsam ist diesen Ansätzen die Konfrontation der Lernenden mit neuen, unerwarteten Erfahrungen, Maturana würde sagen mit Perturbationen, die zu Änderungen des bisherigen Verhaltens und damit zum Lernen zwingen. Da jeder Lernende strukturdeterminiert reagiert, lernen keinesfalls alle das gleiche. Lernen ist ein hoch individueller Prozess, gleicher Output wird nicht angestrebt. Der Hochschätzung des individualisierten Lernens korrespondiert die strikte Ablehnung der Instruktion. Bei dieser pauschalen Verwerfung der Instruktion wird allerdings zumeist übersehen, dass unter den Begriff eine Vielzahl verschiedener Didaktiken fallen wie der frontale Lehrervortragsunterricht, Didaktiken der Lehrkunst, der fragend-entwickelnde Unterricht, wissenschaftsorientiertes Lernen – um nur einige zu nennen (vgl. Heursen 1997). Diese Vielzahl gerät gar nicht ins Blickfeld, weil die konstruktivistisch beeinflussten Pädagogen die Instruktion, welcher Art auch immer, stets mit der Erwartungshaltung von Input = Output verknüpft sehen. Genau betrachtet opponieren sie gar nicht gegen Instruktion in der Vielzahl ihrer Möglichkeiten, sondern gegen diese von ihnen unterstellte Erwartungshaltung. Ihre Kritik trifft also bestenfalls bestimmte, besonders rigide Formen der Instruktion, in denen das Lehr-Lernverhältnis als Herrschaftsverhältnis konstituiert ist.

Wir stellen dieser Polarisierung die These gegenüber, dass die konstruktivistische Philosophie nicht nur schülerorientierte Didaktiken stützt, sondern didaktische Vielfalt überhaupt. Gerade wenn jeder Mensch in seiner eigenen Weise lernt, wie die konstruktivistischen Pädagogen nicht müde werden zu versichern, bedarf es eines Angebots, das jeden Lernweg ermöglicht. Heursen schreibt: „Jeder Lehrende hat das Recht zu unterrichten, wie er es für richtig hält, wenn er seine didaktische[n] Entscheidungen und sein didaktisches Handeln vor den Betroffenen und sich selbst rechtfertigen kann" (Heursen 1997 S. 31). Dem kann man nur zustimmen; allerdings müsste man hinzusetzen, dass auch jeder Lernende das Recht hat zu lernen, wie es ihm am angemessensten erscheint.

In der gegenwärtigen Situation ist es sicher verständlich, dass die Ablehnung der Instruktion von reformorientierten Pädagogen so stark betont wird, weil die in der Praxis herrschende Didaktik zumeist einseitig lehrerorientiert ist. Prinzipiell gehört aber in die Lernwelten auch die Instruktion hinein. Gerade wenn man von der Konzeption einer differenzierten Lernumwelt ausgeht, in der jeder Schüler seinen Lernprozess selbst organisieren kann, ist es nicht abwegig anzunehmen, dass in dieser Lernumwelt auch Elemente instruktiven Lehrerhandelns enthalten sind, etwa in Form von kleinen Vorträgen oder von ausführlicheren Arbeitsanweisungen. Die Bedeutsamkeit von instruktiven Anteilen im Lehr-/Lernprozess lässt sich durch verschiedene Überlegungen plausibel machen. Zum einen ist die Instruktion direkt Voraussetzung selbstorganisierten Lernens, insofern letzterem z. B. eine Schulung in Arbeitstechniken vorausgehen muss: Wie finde ich das Wichtige in einem Text, wie fertige ich Exzerpte an, wie schreibe ich einen Bericht über meine Untersuchungen etc.? (vgl. dazu Gaudig 1922, S. 42f.). Zum

Zweiten ist die Instruktion wichtig zur Darbietung systematischen oder historischen Wissens, das von den Schülern schon wegen des Reichtums an notwendigem Vorwissen, wegen des Umfanges der Vernetzungen und wegen der Komplexität der Probleme nicht so ohne weiteres selbsttätig erarbeitet werden kann. Schließlich ist die Instruktion auch ein abkürzendes Verfahren, das wir einsetzen müssen, weil die Zeit ein Faktor der Pädagogik ist: Es ist nicht zu allem Zeit, was pädagogisch vielleicht gut wäre, d. h. man muss manches von anderen übernehmen, weil man nicht die Zeit hat, es selbst zu erarbeiten.

Eine wichtige Vorbedingung für die Rehabilitation der Instruktion besteht darin, dass wir – wie schon oben angedeutet – uns von der Vorstellung lösen, dass mit Instruktion eine Input = Output-Erwartung verbunden ist. Auch Instruktionsanteile in einer didaktischen Konzeption können durchaus als Angebote, als Perturbationen, verstanden werden, an denen oder durch die die Lernenden ganz Unterschiedliches lernen. Man kann sich das deutlich machen an der Instruktion durch Bücher: Obwohl alle Leser dasselbe lesen, liest doch jeder etwas anderes, je nachdem auf welche geistige und Verhaltensstruktur das Buch trifft.

Eine letzte Voraussetzung für die Aufwertung der Instruktion sehen wir darin, dass man sie nicht vom Lehren, sondern vom Lernen her versteht. Instruktion ist also ein Element des Lernens. Die Leitfrage lautet also nicht, was will ich – als Lehrer – dem Schüler als Input geben und welchen Output will ich von ihm haben, sondern: Was braucht der Schüler an Informationen, um als Lernender produktiv werden zu können. Der vom Schüler erwartete Output ist daher nicht eine Rekapitulation vorgegebener Wissensbestände, sondern Produktivität bei der Erzeugung von (neuem) Wissen. Genau betrachtet ist also die Instruktion genauso eine Lernumwelt, die das Individuum zu einem Verhalten herausfordert wie offene Lernarrangements. Die strukturelle Koppelung mit anderen Lernenden, die bei der gemeinsamen Bearbeitung einer Aufgabe stattfindet, wird im Falle der Instruktion zur strukturellen Koppelung mit dem Lehrenden. Und auch die Selbstorganisation des Lernprozesses verschwindet nicht, denn letztlich entscheidet der Lernende, was er aus den Instruktionen entnimmt. Man könnte also gut konstruktivistisch sagen, dass es auch im Falle der Instruktion vom Individuum abhängt, welche Wirklichkeitskonstruktionen es aus dem Gelernten erzeugt.

Überlegungen zum pädagogischen Ertrag

Wenn wir uns abschließend die Frage nach dem pädagogischen Anregungspotential des konstruktivistischen Diskurses stellen, so müssen wir uns gleich zuerst eingestehen, dass keine endgültige Antwort möglich ist, weil jeder Autor seine eigenen Zugangswege zum Konstruktivismus beschreitet und bei der Selektion und Interpretation pädagogisch relevanter Begriffe seine eigenen Konstruktionen vornimmt. Wir können daher hier nur auf einige Kernthesen eingehen, mit denen der Konstruktivismus die Pädagogik herausfordert. Der Konstruktivismus räumt, wie gezeigt, mit der Vorstellung auf, dass Erkenntnis in der Gewinnung von Abbildern bestehe, von Abbildern, die als wahr oder falsch beurteilt werden können. Demgegenüber entwickeln die Konstruktivisten die These, dass Erkennen als Strukturveränderung eines autopoietischen Systems anzusehen sei, durch die das System auf eine Perturbation aus der Außenwelt antwortet. Derartige Strukturveränderungen unterstehen nicht der Kategorie der Wahrheit, sondern der der Viabilität, d. h. der Dienlichkeit für die Fortsetzung der Autopoiese. Der Begriff der Wahrheit wird, wie das Kapitel über den Sozialen Konstruktionismus zeigt, auch noch aus einer anderen Perspektive infrage gestellt. Der Soziale Konstruktionismus beschreibt Erkenntnis als einen sozialen Vorgang, der von kulturellen Gruppen getragen wird. Je nach kultureller Gruppe, der jemand angehört oder sich anschließt, kann er so oder auch anders denken. Das heißt, es ist niemals unvermeidlich, in bestimmter Weise zu denken. Erkenntnis ist also ein offener Prozess, der niemals zu einer abschließenden Wahrheit führt. Man braucht sich nur die große Bedeutung der Wahrheitsfindung in unserer Kultur, etwa im Erziehungssystem, im Rechtssystem, in der Politik und in der Wissenschaft vor Augen zu halten, um die Brisanz dieser Problematisierung des Begriffs der Wahrheit zu erkennen.

Trotzdem hat die konstruktivistische Position ihre Verdienste, denn sie zwingt uns – wenn wir an dem Begriff der Wahrheit festhalten wollen – zu neuen Legitimationsüberlegungen. Man muss den Konstruktivisten offensichtlich darin Recht geben, dass „Wahrheit" kein erreichbares und für alle Menschen prinzipiell gleiches Ziel für Erkenntnisprozesse beschreibt. Denn es lässt sich nicht abschließend definieren, worin die Wahrheit von Vorstellungen besteht. Im Sinne des Sozialen Konstruktionismus heißt das, dass man immer auch andere Vorstellungen als die gerade herrschende haben kann. Es gibt kein unzweifelhaft erkennbares und erkanntes Sein der Welt, das bestimmte Vorstellungen als richtige vorschriebe oder andere als falsch brandmarke. Wenn wir trotzdem am Begriff der Wahrheit festhalten wollen, weil er für unser soziales Leben so bedeutsam ist, so müssen wir ihn aufgrund der konstruktivistischen Kritik anders begreifen als bisher. Wir können ihn beispielsweise als ein Postulat oder als eine notwendige Fiktion begreifen. Das heißt, wir verhalten uns in unserem sozialen Leben, in den Anforderungen an uns und unsere Mitmenschen so, als ob es die Möglichkeit der Wahrheitsfindung gäbe. Wir entwickeln also beispielsweise Verfahren zur Überprüfung von Aussagen, von Urteilen und von Theorien, zur

Konsensfindung über den Wahrheitswert von Annahmen, zur Sanktionierung von anderen, die sich an dieser Wahrheitsfindung nicht beteiligen wollen. Doch die nicht hintergehbare Einsicht in die Fiktivität der Wahrheitsvorstellungen gibt uns zugleich das Recht und die Freiheit anders zu denken und anderes für „wahr" zu halten als der Mainstream. Aber wenn wir das tun, werden von uns die gleichen Prozesse der Überprüfung unserer Auffassung verlangt. Das heißt, der Begriff der Wahrheit, als notwendige Fiktion verstanden, verpflichtet uns und andere nicht zum Glauben, sondern zur Prüfung unserer Konstruktionen. Der konstruktivistische Denkansatz widerstreitet also jedem wie auch immer gearteten Fundamentalismus in der Wissenschaft wie in der Moral. Eine weitere Provokation der traditionellen Pädagogik ist die konstruktivistische These, dass Lernen sich nicht als exakte Aneignung von durch Instruktion dargebotenen Wissenselementen verstehen lässt. Da Lernende sich auf Lernanreize strukturdeterminiert verhalten und da jeder Organismus seine individuelle, lebensgeschichtlich entstandene Struktur besitzt, sind die Effekte von Interventionen nicht planbar. Die Vorstellung, dass in einer Lerngruppe alle Lerner bei gleichem Angebot das Gleiche lernen (müssten), erscheint aus konstruktivistischer Sicht als nicht gerechtfertigt. Nun weiß zwar jedermann, dass beispielsweise in einer Schulklasse nicht alle Schüler das Gleiche lernen, da ja sonst die großen Verstehens- und Leistungsunterschiede nicht zu erklären wären. Doch werden von den Pädagogen die Unterschiede im Allgemeinen mit der unterschiedlichen Lernbereitschaft der Schüler einerseits und mit dem unterschiedlichen didaktisch-methodischen Geschick der Lehrenden andererseits erklärt. Damit erscheinen diese Differenzen als prinzipiell aufhebbar, wenn es nur gelingt, alle Schüler in gleicher Weise zu motivieren. Aus konstruktivistischer Sicht dagegen lernt jeder Lerner aufgrund seiner Strukturdeterminiertheit grundsätzlich individuell, und der Versuch, alle auf gleiche Weise anzusprechen und auf eine Linie zu bringen, bleibt notwendigerweise ineffektiv. Da hilft auch die beste Motivation nicht. Für die Konstruktivisten rückt daher das selbstgesteuerte Lernen der Individuen in den Mittelpunkt der Aufmerksamkeit: Von der Wahl des Lerngegenstandes über seine Bearbeitung bis hin zur Konstruktion der Lernergebnisse sollen alle Aktivitäten in die Hand der Schüler gelegt werden, ihnen wird ermöglicht das zu lernen, was sie aufgrund ihrer Interessenlage und Situation lernen möchten und wollen. Die so entstehende „Ermöglichungsdidaktik" setzt sich – wie wir oben schon gezeigt haben – vor allem die Aufgabe, für die Lernenden vielseitige und differenzierte Lernumwelten zu schaffen, aus denen jeder die Perturbation entnehmen kann, die ihm auf dem jeweiligen Stand seiner Erkenntnis voranzubringen verspricht.

Mit den hier kurz skizzierten Überlegungen stützt der Konstruktivismus vor allem das reformpädagogische Erbe der Pädagogik. In den Schulen und Jugendgruppen der Reformpädagogik finden sich viele Bemühungen, den Kindern und Jugendlichen selbsttätiges und selbstgesteuertes Lernen und Handeln zu ermöglichen. Und die Reformpädagogik ist ja nicht nur Geschichte, sondern ihre Wirkungen reichen bis in die Gegenwart hinein. Was der Konstruktivismus für die reformpädagogische Tradition leistet, ist das Angebot einer theoretischen Begründung, die dem aktuellen wissenschafts-theoretischen Diskussionsstand entspricht. Der Konstruktivismus liefert also einen modernen begrifflichen Rahmen, innerhalb dessen sich moderne Unterrichtskonzepte vom „Offenen Unterricht" bis hin zu Ideen von Lernumwelten und Lernwerkstätten verorten und begründen lassen. Dass die konstruktivistischen Begriffe und insbesondere ihre Handhabung in der Pädagogik nach unserer Auffassung nicht immer unproblematisch sind, haben wir ja bei unseren Analysen wiederholt gezeigt. Doch das beeinträchtigt die Bedeutung des Konstruktivismus als begrifflichen Rahmen für moderne Lehr-Lern-Konzepte keinesfalls.

Es sind allerdings nicht nur modifizierte, vielfältige und anregende, den Spaß am Lernen stärkende Lernumgebungen, die schon in der Reformpädagogik gefordert und nun durch den Konstruktivismus eine erkenntnistheoretische Unterfütterung erfahren. Mit der Orientierung am Konstruktivismus wird generell ein stärkeres Augenmerk auf die Lern*motivation* und damit auf die Emotionen gelenkt. Allerdings wird die Bedeutung der Emotionen allein im Sozialen Konstruktionismus – nicht aber im Radikalen Konstruktivismus – zumindest thematisiert. Dass sie an der Konstruktion der äußeren Welt entscheidenden Anteil haben, belegen die Beobachtungen der Verhaltenspsychologie. Da sie in enger Verbindung mit den Kognitionen vorgeben, ob überhaupt eine Perturbation wahrgenommen wird und wie diese eingeschätzt sowie beantwortet wird, und da rationales Handeln ohne Emotionen nicht möglich zu sein scheint, wird ihre Bedeutung für das Lernen weithin unterschätzt. Dieses, zumal mit guten Gründen ihre soziale Konstruktion behauptet werden kann. Es reicht allerdings nicht hin, sich der Emotionen aufgrund ihrer Bedeutung nur bewusst zu werden, sie zu klassifizieren, zu artikulieren und zu reflektieren, sie eventuell auch zu kontrollieren. Wenn sie nämlich die Wahrnehmung von Perturbationen und daran anschließende Bewusstseinsprozesse immer (mit) steuern, dann sind Emotionen eine Ressource, die mit angesprochen werden muss, um Lernprozesse überhaupt zu initiieren. Das gilt insbesondere für intentionales Lernen „auf Vorrat". Bei vielen Lernprozessen kann man nicht davon ausgehen, dass die Ergebnisse sogleich im Alltag eingesetzt werden können. Ihr Sinn und Zweck besteht schließlich darin, in Zukunft zum Beispiel mit didaktischen

Kenntnissen als Lehrkraft tätig sein zu können. Es ist mithin eine antizipierte Umwelt, für die man lernt. Woher aber die Energie nehmen, sich damit schon in der Gegenwart zu befassen, zumal dann, wenn die Einsicht in die Notwendigkeit, auf Vorrat zu lernen, nicht intrinsisch motiviert ist, sondern sich aus der Sache selbst ergeben muss? Ablenkungen und Unlust sind dann schnell gegeben, wenn diese Einsicht fehlt. Die Notwendigkeit der Beschäftigung mit einem Lerngegenstand nun allein rational zu begründen, scheint aufgrund der engen Verknüpfung von Rationalität und Emotionalität nicht hinreichend zu sein. Es bietet sich an, nicht nur die Situationen zu antizipieren, in denen das erwerbbare Wissen genutzt werden kann, sondern auch die Emotionen zu antizipieren, die sich einstellen werden, wenn man in Zukunft in spezifischen Situationen – etwa gegenüber einer Lerngruppe – erfolgreich ein Problem lösen kann. Die emotionale Identifikation mit dem Lerngegenstand, die Integration des neuen Wissens in das schon Bekannte, zu wissen, dass man mit den neu erworbenen Fähigkeiten in antizipierten Handlungssituationen erfolgreich sein kann, stärkt die Bereitschaft, sich in Lernprozessen zu engagieren. Es ist aber auch die Befürchtung, in künftigen Situationen zu scheitern, die das Interesse am Lerngegenstand stärken kann. Nicht nur den Lernprozess selbst positiv emotional aufzuladen ist aufgrund der Besonderheit des Bevorratungskonzeptes des Lernens notwendig, sondern auch den Lerngegenstand selbst positiv besetzbar zu machen.

Dieser funktionalen Seite von Emotionen für das Lernen ist ein weiterer Aspekt hinzuzufügen. Wenn der Soziale Konstruktionismus die soziale Konstruktion der Emotionen betont, dann scheint es in einer globalisierten Welt dringlich zu sein, sich – bei allen inhärenten Schwierigkeiten, die den Emotionen aufgrund ihrer Subjektivität zu eigen sind – mit den Emotionen und ihren Ausprägungen in verschiedenen Kulturen zu befassen. Die innere Beobachtung der eigenen Emotionen hat sicherlich ihre Grenze in dem Problem, dass sie im Kontext von Verständigung immer nur als zwar je meine aber doch allgemein verständlich kommuniziert werden muss, und dass die Emotionen anderer immer nur in ihrem Verhalten und in den Berichten der Anderen beobachtet werden können. Sich dennoch über Emotionen und ihre Bedeutungen auszutauschen ist aber für eine Verständigung unerlässlich, da wenig für universelle Emotionen und vieles für ihre Kulturgebundenheit spricht. Das verweist auf die ethische Frage, in welchem Maße welche Emotionen handlungsleitend sein können und dürfen, wenn wir mit anderen in Kontakt treten oder sie von unserem emotional geprägten Verhalten betroffen sind oder berührt werden.

Die Veränderung traditioneller Denkmuster durch den Konstruktivismus lässt sich nicht nur in dieser Hinsicht auch im Bereich der sozialen und moralischen Kompetenz sehen. Der Schule als Unterrichtsinstitution liegt es noch heute nahe, soziale und moralische Kompetenz durch die Vermittlung von kognitivem Wissen zu erzeugen. Zugrunde liegt die Vorstellung, dass es sozusagen Bausteine moralischen und sozialen Wissens gibt, die von den Lehrenden an die Lernenden weitergegeben werden. Wer genügend solcher Wissenselemente gesammelt hat, wird in entsprechenden Situationen auch sozial oder moralisch handeln. Der Konstruktivismus stellt diese Vorstellung von der Weitergabe von abstrakten Wissenselementen schon durch die von Maturana stammende These infrage, dass Kognition Leben sei. Zugegeben, das klingt etwas biologistisch und ist auch auf jeden Fall etwas einseitig. Aber man findet die Idee, dass soziale und moralische Kompetenz nicht durch Wissen weitergegeben, sondern im Lebensvollzug erworben wird, auch bei anderen Konstruktivisten. So zeigt Varela, wie wir oben diskutiert haben, dass moralische Kompetenz in moralischer Könnerschaft verankert ist, die aus einer Kultivierung der richtigen Disposition besteht. V. Glasersfeld wie auch Maturana vertreten die These, dass konsensuelle Bereiche zwischen Menschen aus kommunikativen Rückkopplungsprozessen hervorgehen. Die Konsensbildung, die die Individuen aus ihrer Isolation löst und sie miteinander in Beziehung setzt, läuft also primär nicht über Wissen, sondern über Kommunikation. In dieser Kommunikation wird das Ich des Anderen gewahr, und Ich und Anderer tasten sich an einander heran, indem sie die Möglichkeiten gegenseitigen Verstehens ausloten. Das geschieht z. B. in Bezug auf das Verständnis sprachlicher Bedeutungsinhalte, dadurch, „daß ich diese Bedeutung in meinem Erleben auf eine Art und Weise aufgebaut habe, die nicht allzu verschieden ist von der, in der andere sie aufgebaut haben, so daß wir in einer gemeinsamen Situation beide wissen, wie man etwa einen bestimmten Gegenstand nennt" (v. Glasersfeld 1987b, S. 421). Gemeinsam ist allen diesen Überlegungen die große Bedeutung, die sie dem Handelnden für die Entstehung sozialer und moralischer Kompetenz zuweisen. Damit werden auch auf diesem Gebiet reformpädagogische Konzeptionen durch den Konstruktivismus gestärkt.

Die Dialektik von Gewinn und Verlust für die Pädagogik

Das Interesse vieler pädagogischer Autoren am Konstruktivismus in einer seiner Spielarten wird zum einen durch seine kritische Erkenntnistheorie hervorgerufen, die viele scheinbare Selbstverständlichkeiten unseres Denkens infrage stellt. Dieses In-Frage-Stellen wird von nicht wenigen Pädagogen als eine Art Befreiung aus Konventionen und festgefahrenen Strukturen erlebt. Zum anderen stellt der Konstruktivismus auch eine Reihe von Begriffen zur Verfügung – wie etwa den Begriff der Autopoiesis –, von deren

Hilfe man erwartet, pädagogische Phänomene und Intentionen in neuer Weise beschreiben und begreifen zu können. Beide Leistungen des Konstruktivismus müssen freilich genau geprüft werden. Denn die Öffnung neuer Denkhorizonte kann auch in dialektischer Gegenbewegung dazu führen, dass bisher wichtige Perspektiven verstellt werden, und der Reiz neuer Begriffe mag schnell verblassen, wenn diese mehr zu leisten versprechen, als sie letztlich halten können. Wir wollen als Ausgangspunkt unserer Überlegungen über die pädagogische Bedeutung des Konstruktivismus zeigen, wie der Innovationsgewinn durch die Aufnahme konstruktivistischer Perspektiven auch mit dem Verlust von Denkansätzen einhergehen kann, die für die Pädagogik unverzichtbar sind.

Erkenntnistheorie

Den verschiedenen Varianten des (Radikalen) Konstruktivismus liegt eine skeptische Erkenntnistheorie zugrunde (vgl. Kap. 1). Die Vertreter des Radikalen Konstruktivismus definieren zwar Wahrheit durchaus im Sinne der rationalistischen Epistemologie als die Übereinstimmung einer Vorstellung mit dem Gegenstand, der sie hervorruft – aber nur um sogleich zu versichern, dass diese Übereinstimmung niemals herstellbar bzw. feststellbar ist. Wahre Erkenntnis wäre nur möglich, wenn unsere Vorstellungen als Abbilder der Realität begriffen werden könnten. Dass das nicht zulässig ist, wird vor allem mit zwei Argumentationslinien begründet: Es sei erstens – so läuft vor allem v. Glasersfelds Argumentation – dem Erkennenden unmöglich, seine Vorstellungen mit einem Urbild zu vergleichen, weil er stets im Horizont seiner Vorstellungen gefangen bleibt. „Schon die Vorsokratiker haben nachgewiesen", schreibt v. Glasersfeld, „daß eine von der menschlichen Art und Weise des Wissens unabhängige Realität dem Menschen nicht zugänglich sein kann, denn wir können uns nicht von unserer Wissenstätigkeit absetzen" (v. Glasersfeld 1996, S. 93). Alle unsere Erkenntnisse sind also unsere eigenen Hervorbringungen, da „die menschliche Vernunft nur das erkennen kann, was der Mensch selbst gemacht hat" (v. Glasersfeld 1996, S. 94). Der Inhalt unserer Erfahrungswelt besteht also aus unseren individuellen Konstruktionen, die wir bei der Begegnung mit der Welt herstellen. Es ist zweitens – so argumentiert etwa Maturana – festzustellen, dass der Mensch ein informationell geschlossenes, strukturdeterminiertes System ist. Anders als realistische Erkenntnistheorien annehmen, liefern ihm die Sinne in der Wahrnehmung keine zutreffenden Informationen über die Welt. Wie die modernen neurobiologischen Forschungen gezeigt haben, werden die bei den unterschiedlichen Sinnesorganen ankommenden Wahrnehmungen nicht mit ihren qualitativen Unterschieden an das Gehirn weitergegeben, sondern in einen neuronalen Einheitscode übersetzt. Die qualitativ völlig ununterscheidbaren Signale werden vom Gehirn nach gewissen Kriterien zu Informationen über die Außenwelt verarbeitet. Auch hier besteht also der Inhalt der Erfahrungswelt aus den Konstruktionen, die die Individuen hervorbringen.

Die erkenntnistheoretischen Grundthesen des Radikalen Konstruktivismus haben für das Selbstverständnis vieler theoretischer und praktischer Disziplinen erhebliche Auswirkungen. Das gilt auch für die Pädagogik, die sich vom Konstruktivismus geradezu eine befreiende Wirkung erhofft. Eine wesentliche Legitimationsgrundlage für die traditioneller Weise praktizierte Unterwerfung von Kindern und Jugendlichen unter die pädagogische Autorität besteht ja in dem Versprechen, dass Unterricht und Erziehung wahre Erkenntnisse zur Orientierung in der Welt weitergeben und damit die Mündigkeit des aufgeklärten Menschen herbeiführen. Das Bestreiten dieser Legitimationsgrundlage pädagogischer Autorität kann man sicher als Befreiung verstehen und zwar als Befreiung im doppelten Sinne: Als Befreiung der Lehrer von der Last der Allwissenheit und von dem Stress, die Kinder und Jugendlichen nach pädagogischen Idealen zu lenken; und als Befreiung der Kinder von der ewigen Gängelung durch die Erwachsenen. Es gibt aber auch eine andere Seite der Medaille: Wenn es Wahrheit nicht gibt, wenn rationale Aussagen über die Geltung von Werten nicht möglich sind, wie z. B. von Glasersfeld nicht müde wird zu betonen – wie soll man dann Kindern vermitteln, dass es lohnt, die Mühe der Erkenntnis auf sich zu nehmen, wie kann man Erwachsene zu Bildung über den schieren Pragmatismus hinaus motivieren? Im Moment ihrer Befreiung von drückenden Autoritätsverpflichtungen droht also der Pädagogik die Grundlage ihrer Arbeit zusammenzubrechen.

Eine ähnliche Dialektik von Gewinn und Verlust lässt sich in Bezug auf den starken Individualismus der konstruktivistischen Erkenntnistheorie aufweisen. Zumindest aus der Sicht des Radikalen Konstruktivismus sind Erkenntnisse individuelle Konstruktionen. Auch diese Vorstellung enthält durchaus ein befreiendes Element, insofern sie die eigene Erkenntnisleistung des Menschen auf seiner jeweiligen Entwicklungsstufe ernst nimmt. Diese Radikalisierung des Individualismus – wie auch spiegelbildlich die radikale Proklamierung des Primats der sozialen Gebilde im Sozialen Konstruktionismus – verstellt jedoch auch die Perspektive auf die Forderung nach Allgemeinheit der Vernunft und der Vernunfterkenntnis in der Moderne. Das moderne pädagogische Interesse zielt einerseits sehr wohl auf die Emanzipation des Individuums aus nicht legitimierbaren Zwängen. Andererseits geht es aber auch darum, die gemeinsamen Werte, die historischen Erfahrungen und die gemeinsamen Gefühlswelten einer Kultur, kurz das gemeinsam für vernünftig Erkannte fest zu halten und immer neu in den Menschen zu begründen. Und beide Interessen sind keinesfalls einfach Gegensätze. Wie schon Horkheimer in „Autorität und Familie" gezeigt hat, ist die Emanzipation des kindlichen Individuums nur innerhalb eines Lebenszusammenhanges – beispielsweise der Familie – möglich, in dem die „Ahnung eines besseren menschlichen Zustandes" erfahrbar wird (Horkheimer 1968, S. 346). Wie ist eine solche „Ahnung" aber möglich, wenn jedes Individuum im Horizont seiner eigenen Konstruktionen befangen ist und wenn alle Gestaltungen des Lebens gleichberechtigt sind? Eine zentrale Schwierigkeit der Pädagogik mit dem Konstruktivismus besteht also darin, dass die Pädagogik die Möglichkeit braucht, eine bessere, vernünftigere Welt zu denken und auf sie hin zu wirken, während der Konstruktivismus solches Insistieren auf der Gemeinsamkeit der Vernunft schon für erkenntnistheoretischen Imperialismus erklärt.

Konstruktivismus als gegenstandsbezogene Theorie

Trotz der skeptischen Erkenntnistheorien finden sich in den konstruktivistischen Publikationen auch verschiedene Varianten gegenstandsbezogener Theorien. Die einflussreichsten sind die auf die Biologie gestützten naturalistischen Theorien von Maturana und Varela, auf die in verschiedenen Diskursen – z. B. bei Roth und v. Foerster – Bezug genommen wird. Die Konstruktivisten operieren dabei so, als ob es eine Welt erfahrbarer Gegenstände gäbe, über die empirisch gestützte allgemeine Aussagen möglich sind. Dabei wird davon abgesehen, dass unsere Erfahrungswelt selbst eine Konstruktion ist. Denn wenn wir uns in unserer Erfahrungswelt bewegen und verhalten, spielt die Frage nach ihrer metaphysischen Stellung keine Rolle. In diesem Sinne stellt v. Foerster fest: „Was zwingt Sie, diese Korrespondenz von Welt und Wahrnehmung mit dieser Absolutheit zu fordern? Es genügt völlig zu wissen, daß wir ein schönes rothaariges Mädchen vor uns haben, einen roten Würfel oder einen Tisch mit roter Decke. Was wir wissen ist, *daß* wir etwas wahrnehmen, mehr nicht" (v. Foerster/Pörksen 1998, S. 21).

Über diese Welt erfahrbarer Gegenstände – die keinesfalls mit der Realität zu verwechseln ist – werden von den konstruktivistischen Denkern durchaus allgemeine Aussagen gemacht. Solche Aussagen sind beispielsweise:

dass Lebewesen autopoietische Systeme sind;

dass Wahrnehmungsvorgänge auf neuronale Vorgänge und ihre Verarbeitung im Gehirn rückführbar sind;

dass Organismen sich strukturdeterminiert verhalten etc.

Für solche gegenstandsbezogenen Aussagen nehmen die Konstruktivisten Gültigkeit in dem Sinne in Anspruch, dass sie die Organisierung einer Mehrzahl von Wahrnehmungen erlauben. In Bezug darauf sind sie viabel, d. h. man kann mit ihnen arbeiten. So ist beispielsweise die Theorie der unspezifischen Codierung von Sinnesreizen viabel, weil man mit ihr die Arbeitsweise des Gehirns erklären kann.

Der naturalistische Ansatzpunkt beim einzelnen Organismus bzw. dem einzelnen Gehirn führt dazu, dass die Konstruktivisten aus ihren Theorien subjektivistische Schlussfolgerungen ziehen, die für die Pädagogik bedeutsam sind. Hierher gehört beispielsweise die These, dass Lernen ein individueller strukturdeterminierter Prozess ist und die damit verbundene Folgerung, dass sich Ergebnisse von Lehr-/Lernprozessen nicht vorhersagen oder kalkulieren lassen. Diese subjektivistische Anthropologie des Lernens ist ohne Zweifel eine starke Provokation für das moderne Denken, dessen Ziel ja gerade darin besteht, die Wahrheit über Menschen und Welt zu erkennen, Individuen unbeschadet ihrer Freiheit in Richtung auf wahre Erkenntnis zu lenken und eine universale Ordnung zu etablieren.

So nützlich diese Provokation für das Subjekt auch ist, so führt doch die naturalistische Basis vieler Spielarten des Radikalen Konstruktivismus mit ihrem „Hirn-Apriorismus", wie Hartmann/Janich (1996, S. 17) sagen, aus pädagogischer Perspektive auch zu einer Reihe von Problemen.

Das erste Problem ist die behauptete Individualität des Lernens, die Ergebnisse von institutionalisierten Lehr- /Lernprozessen, wie oben schon gesagt, prinzipiell unvorhersagbar macht, da jeder die angebotenen Lerninhalte nach seinen eigenen Bedingungen zu Erkenntnissen konstruiert. Das würde schließlich auch bedeuten, dass jeder Lerner seine eigene mit anderen inkommensurable Wirklichkeit erschafft. Wie kann man unter diesen Voraussetzungen aber erklären, dass Menschen, die ein bestimmtes Bildungssystem von der Familie über Kindergarten und Schule bis zur Berufsausbildung durchlaufen haben, „dasselbe" gelernt haben? Sicher meint der Begriff „dasselbe" nicht die absolute Identität des von den Einzelnen erworbenen Wissens. Aber wir gehen doch davon aus, dass innerhalb einer gewissen Bandbreite von Varianzen alle Absolventen eines Bildungssystems vergleichbare Kompetenzen erwerben, die es ihnen ermöglichen, sich als Mitglieder einer gemeinsamen Kultur zu verstehen und zu verständigen. Der Erwerb „gleicher" Kompetenzen lässt sich konstruktivistisch nicht erklären. Denn ohne die Überzeugung, dass von den Lernenden und Lehrenden trotz aller individuellen Unterschiede doch „dasselbe" gelehrt und gelernt werden kann, ließen sich keine verbindlichen Erwartungen in Bezug auf Bildung oder Ausbildung formulieren, und es wäre überflüssig, sorgfältige Curricula zu konstruieren. Lernen muss also aus pädagogischer Sicht als ein Vorgang konzipiert werden, der individuell und sozial zugleich ist. Wir wollen an dieser Stelle nur kurz darauf hinweisen, dass sich eine genau umgekehrte Schwierigkeit für den Sozialen Konstruktionismus ergibt. Er kann von seiner Grundannahme aus, dass Menschen stets in vorgegebenen Gemeinschaften leben und dass ihr Denken und Handeln von dem Geist dieser Gemeinschaft – etwa von der gemeinsamen Sprache oder dem gemeinsamen Denkstil - geprägt wird, gut das Lernen von gemeinsamem Wissen erklären. Dagegen bereitet es dem Sozialen Konstruktionismus Schwierigkeiten, individuelles Lernen und individuelle Lernbiografien zu begreifen. Doch muss es im Rahmen des Gemeinsamen einer Kultur oder Teilkultur immer auch die Möglichkeit der individuellen Aneignung geben. Denn die abweichende, individuelle Konstruktion der Wirklichkeit ist eine der zentralen Voraussetzungen für kulturellen Wandel.

Ein zweites grundlegendes Problem ist das Fehlen eines Gesellschaftsbegriffs. Maturana und Varela, ihrem biologistischen Ansatz gemäß, beschreiben Gesellschaft als den Prozess der Vergesellschaftung lebender Organismen (vgl. Maturana/Varela 1987, S. 195ff.). Aus dieser Sicht funktionieren Ameisenstaat und Menschenstaat nach den gleichen Prinzipien. Der Aspekt beispielsweise des bewussten, intentionalen politischen Handelns fehlt. Obwohl v. Glasersfeld weniger dezidiert naturalistisch argumentiert, führt sein starker Individualismus ebenfalls zum Fehlen eines Gesellschaftsbegriffs. Im Dritten Siegener Gespräch über Radikalen Konstruktivismus unterstreicht er den Primat des Einzelnen gegenüber der Gesellschaft: „In allem, was ich geschrieben habe, befasse ich mich immer mit den einzelnen" (v. Glasersfeld 1996, S. 347), „...denn die Gesellschaft setzt sich aus einzelnen zusammen. Wenn ich kein Modell habe, wie die einzelnen funktionieren, dann hängt alles Gerede über Gesellschaft in der Luft" (ebd., S. 348). Bei v. Glasersfeld findet sich also weder eine Vorstellung von Gesellschaft als soziales System wie bei Luhmann noch ein Begriff von Gesellschaft als Feld der Auseinandersetzung zwischen Klassen wie im Marxismus; auch die Theorien einer Globalisierung der Weltgesellschaft und der daraus entstehenden Auseinandersetzungen zwischen Kulturen finden bei v. Glasersfeld keinen Anknüpfungspunkt. Diese Abstinenz gegenüber einem Gesellschaftsverständnis, das mehr umfasst als eine Anzahl von Individuen, führt dazu, dass auch andere Probleme wie insbesondere das Phänomen von Kultur, Fortschritt und (emanzipatorischer) Bildung oder die Phänomene von Macht und Herrschaft keine Beachtung finden. Das sind aber gerade Phänomene, mit denen sich die Pädagogik immer wieder auseinandersetzen muss. Denn die Bildung des Individuums und das Eintreten für das Subjekt, das mindestens seit Rousseau auf der pädagogischen Tagesordnung steht, geht keinesfalls problemlos vor sich. Schließlich ist der dazu erforderliche Schonraum der pädagogischen Autonomie nicht einfach da und gegeben. Die „gesellschaftlichen Mächte" sind zumeist keinesfalls an Bildung für alle, an Chancengleichheit oder an gerechter Teilhabe an der Kultur interessiert. Die Realisierung solcher Ansprüche muss vielmehr gegen vielfältige Widerstände gesellschaftlicher Interessengruppen durchgesetzt werden. Die Voraussetzung dazu ist jedoch eine klare Unterscheidung von gesellschaftlicher Wirklichkeit und Möglichkeit in Bezug auf Phänomene wie soziale Gleichheit und Gerechtigkeit. Es ist aber fraglich, ob die Konstruktivisten überhaupt einen tragfähigen Begriff von Gerechtigkeit und Gleichheit haben (vgl. dazu Kapitel 6). Denn dazu ist es notwendig, gesellschaftliche Zustände zu kritisieren und zu bewerten, und gerade einer solchen Bewertung entziehen sich die Konstruktivisten mit der Behauptung, dass eine Konstruktion so gut ist wie die andere.

Um noch einmal zu Maturana zurückzukehren, so findet man die Indifferenz gegenüber Fragen, die über das Überleben des Organismus hinausgehen, schon in seinem Begriff der Autopoiesis angelegt. Wie erinnerlich (vgl. die Einleitung und Kap. 1), sind autopoietische Systeme sich selbst erzeugende und erhaltende Systeme. „Die eigentümliche Charakteristik eines autopoietischen Systems ist, daß es sich sozusagen an seinen eigenen Schnürsenkeln emporzieht und sich mittels seiner eigenen Dynamik als unterschiedlich vom umliegenden Milieu konstituiert" (Maturana/Varela 1987, S. 54). Die Aufrechterhaltung der Autopoiese ist für Maturana die einzige Aufgabe autopoietischer Organismen, d. h. aller Lebewesen vom Einzeller bis hin zum Menschen. „Die Tätigkeiten autopoietischer Systeme stehen im Dienst der Autopoiese"; denn „[i]m Hinblick auf seine Zustände operiert ein autopoietisches System als *geschlossenes* System, das nur Zustände der Autopoiese erzeugt" (Maturana 1987b, S. 95 und S. 97). Maturana selbst bringt den Begriff der Autopoiese mit dem Begriff der Autonomie in Zusammenhang, indem er Lebewesen aufgrund ihrer autopoietischen Organisation als autonom bezeichnet (vgl. Maturana/Varela 1984, S. 55). Man muss sich aber klar darüber sein, dass es sich hier um einen rein biologischen Autonomiebegriff handelt: Autonomie bedeutet für Maturana die bloße Fähigkeit des Organismus, von sich aus seine biologische Existenz zu erhalten. Es ist daher bedenklich, wenn Maturana und Varela suggerieren und zumindest eine Reihe von Pädagogen diese Suggestion aufgreifen, als habe dieser biologische Autonomiebegriff etwas mit Autonomie im philosophischen oder pädagogischen Sinne zu tun. Denn der philosophische Autonomiebegriff, auf den die Pädagogik letztlich zurückgreift, geht vor allem mit zwei Annahmen über den biologisch fundierten Autonomiebegriff hinaus.

1. Die biologisch fundierte Autonomie ist dem individuellen Organismus als Teil seiner biologischen Ausstattung mitgegeben. Die Autonomie als – um Kant zu paraphrasieren – „Ausgang des Menschen aus seiner selbstverschuldeten Unmündigkeit" ist aus den Aktivitäten der Menschen in ihrer Geschichte hervorgegangen. In dieser Geschichte spielt die Epoche der Moderne von der Frührenaissance bis zur Aufklärung eine Schlüsselrolle.

2. Autonomie meint in der Gleichsetzung mit Autopoiesis nicht mehr als die Aufrechterhaltung der biologischen Existenz. Autonomie im Sinne der Tradition aufgeklärten Denkens zielt auf die Fähigkeit des Menschen, eine vernünftige und moralische Existenz zu führen. Sie beinhaltet daher vor allem die Fähigkeit zum vernünftigen Handeln, d. h. zum Handeln aus einsehbaren und moralisch legitimierbaren Gründen. Zu seinen Voraussetzungen gehören das Setzen von Zwecken durch die Subjekte, die Planung von Schritten zu ihrer Realisierung, die Wahl zweckmäßiger Mittel sowie die Fähigkeit zur diskursiven Legitimation solcher Entscheidungen. Dazu gehört ferner die Möglichkeit, Erwartungen, Hoffnungen und Wünsche herauszubilden – etwa in Hinblick auf die Humanisierung der aktuellen Lebensverhältnisse, Rücksichtnahme auf die Natur und künftige Generationen.

Diese Überlegungen dürften genügen, um zu zeigen, dass der Begriff der Autopoiesis keine Beziehung zu diesem Konzept von Autonomie hat. Die naturalistische Basis des Denkens bei Maturana und Varela wie bei den von ihnen beeinflussten Autoren ist also nicht tragfähig genug, um eine pädagogische Konzeption von Autonomie zu begründen.

Kritische Fragen an den Konstruktivismus

Unsere Überlegungen haben uns immer wieder darauf geführt, dass der Konstruktivismus einerseits eine faszinierende Denkschule ist, die viele Anregungen für den Pädagogen bereithält, dass er andererseits aber nicht als alleinige Grundlagentheorie für die Pädagogik ausreicht. Wer die Entwicklung der pädagogischen Theoriebildung seit dem Beginn des 20. Jahrhunderts verfolgt, kann ganz allgemein zwei Tendenzen feststellen:

(1) Die pädagogische Theoriebildung vollzieht sich stets im Anschluss an vorgängige Theorieentwicklungen auf anderen Gebieten, vor allem in der Philosophie oder in den Sozialwissenschaften wie sich, um nur ein paar Beispiele zu nennen, von der geisteswissenschaftlichen Pädagogik über die kritische Pädagogik bis hin zur neurowissenschaftlich fundierten Pädagogik verfolgen lässt. Dieses Muster lässt auch in Bezug auf unser Thema feststellen: Die konstruktivistischen Denkansätze in Kybernetik, Linguistik, Psychologie u. a. werden mit einer gewissen Verzögerung in der Pädagogik aufgegriffen.

(2) Das Entstehen neuer theoretischer Ansätze bedeutet aber keinesfalls, dass die bisherigen Theorien ihre Bedeutung verlieren und aufgegeben werden. Sie treten vielleicht zeitweise etwas in den Hintergrund, aber längerfristig gesehen behalten sie durchaus Einfluss. Das lässt sich beispielsweise gut an der geisteswissenschaftlichen Pädagogik verfolgen, die zwar nach 1960 in die Kritik durch die empirische Pädagogik und durch die kritische Pädagogik gerät und ihre Stellung als Leittheorie einbüßt, die aber von den achtziger Jahren an eine gewisse Renaissance erlebt. Das hängt auch damit zusammen, dass sie mit der kritischen Pädagogik eine Verbindung zur kritisch-konstruktiven Erziehungswissenschaft eingeht (vgl. zum Ganzen de Haan/Rülcker 2002). Die Folge dieser Weise der Theoriebildung besteht darin, dass es heute in der Pädagogik keine herrschende Theorie gibt, die alle theoretischen Bedürfnisse abdecken könnte, sondern dass wir uns einem Pluralismus von theoretischen Konzepten gegenübersehen, die erst in ihrem Zusammenwirken und in ihrem Streit miteinander die Grundlage eines modernen pädagogischen Denkens bilden können.

Wenn man diese Überlegungen auf den Konstruktivismus anwendet, so sieht man, dass er einerseits eine innovative theoretische Konzeption ist, die Gewohnheiten und vermeintliche Selbstverständlichkeiten in vielen Feldern unseres Denkens und Handelns infrage stellt, dass er aber andererseits nicht *die* Theorie der Pädagogik sein kann, sondern der kritischen Befragung und Prüfung seiner Reichweite bedarf.

Bei unserer kritischen Auseinandersetzung mit dem Konstruktivismus haben wir auf verschiedene theoretische Ansätze zurückgegriffen, die wir hier zumindest skizzieren wollen, wenn auch eine eingehende Diskussion nicht möglich ist.

Wir greifen zum einen auf die Interessentheorie von Jürgen Habermas zurück, weil sie ein Erkenntniskonzept enthält, das in Bezug auf die Gesellschaft nicht nur affirmativ, sondern dynamisch-kritisch ist. Bei aller Radikalität des Konstruktivismus ist doch seine konservative Grundstruktur in Bezug auf die Gesellschaftstheorie nicht zu übersehen. Das gilt insbesondere für den Radikalen Konstruktivismus. Denn hier werden alle äußeren Einwirkungen auf die Individuen, die zu einer Veränderung führen können, als Störungen eines angeblich vorhandenen Gleichgewichtszustandes begriffen und nicht als Chancen zur Formulierung und Realisierung von Zwecken. Wie erinnerlich besteht das einzige Ziel autopoietischer Systeme in der Aufrechterhaltung der Autopoiese. Für Habermas dagegen stehen Veränderungen im Dienste von geplanten und gewollten kulturellen Zwecken.

Wie schon angedeutet interessiert uns vor allem Habermas' Lehre von den drei erkenntnisleitenden Interessen (vgl. Habermas 1969). Wir gehen im

Anschluss an sie davon aus, dass Erkenntnis nicht nur im Dienste des instrumentellen Interesses steht. Erkennen trägt zur Verständigung und zum Verstehen mit anderen Menschen ebenso bei, wie zur individuellen und politischen Emanzipation, d. h. zur Befreiung des Menschen aus Herrschafts- und Zwangsverhältnissen. „Viabilität" kann daher nicht das einzige Kriterium zur Beurteilung von Erkenntnisprozessen sein. Erkenntnis ist vor allem eine Macht, die zur Aufklärung über die Welt, in der wir leben, beiträgt: sie ist Kraft der Analyse und Kritik, der Innovation und Veränderung.

Die Voraussetzung emanzipatorischen Handelns ist die Vorstellung von (mehr) Gerechtigkeit auf der Ebene des persönlichen wie des gesellschaftlichen Lebens. Dazu bedarf es nicht nur eines Gesellschaftsbegriffes, der bei den Vertretern des Konstruktivismus zumeist fehlt, sondern wir brauchen vor allem eine allgemeine, für alle verbindliche Vorstellung von Gerechtigkeit. Das heißt nicht, dass alle Menschen in allen Kulturen die gleichen Auffassungen in Bezug auf die Realisierung von Gerechtigkeit haben könnten oder sollten, wohl aber, dass Gerechtigkeit eine grundlegende Zielnorm für unser Handeln ist.

Ein zentraler normativer Begriff ist aus unserer Sicht der der „Wahrheit", mit dem die Konstruktivisten aber wenig anzufangen wissen. Doch ohne Wahrheit ist weder Gerechtigkeit noch Frieden möglich. Das hat sich in den letzten Jahren in verschiedenen Zusammenhängen gezeigt: Zu erinnern wäre an die Wahrheitskommissionen in Südafrika, die das Herausfinden der Wahrheit über die Untaten des Apartheidsregimes als Voraussetzung für die innere Befriedung des Landes ansahen; zu erinnern wäre an die – leider sehr verspätet einsetzende – Suche nach der Wahrheit über die nationalsozialistischen Verbrecher und ihre furchtbaren Helfershelfer, wie die furchtbaren Juristen oder furchtbaren Mediziner; zu erinnern wäre an Journalisten vom Schlage Anna Politkovskajas, die die Wahrheit über die Zustände in ihrem Lande zu finden suchen, weil nur so der Aufbau einer zivilen Gesellschaft möglich sei. Es ließen sich zahlreiche weitere Beispiele aufzeigen. Wir begnügen uns mit den wenigen. Sie genügen aber, um deutlich zu machen, dass Wahrheit kein Begriff ist, der zur Disposition gestellt werden kann, weil er eine maßgebliche Basis menschlichen Zusammenlebens ist.

Dieses Plädoyer für das Festhalten am Begriff der Wahrheit bedeutet nicht, dass wir uns einem dogmatischen Wahrheitsbegriff verschreiben wollen, der keine Spielräume für unterschiedliche Vorstellungen über die Welt offen lässt. Man kann durchaus Wahrheit einerseits und Vielfalt von Auffassungen und Meinungen andererseits zusammendenken, wenn man sich auf den kommunikativen Charakter des Wahrheitsfindungsprozesses besinnt. Die Konstruktivisten haben sicher damit Recht, dass das Wahrheitskriterium von

Erkenntnissen nicht in der Abbildhaftigkeit besteht. Doch die Konsequenz aus dieser Einsicht besteht nicht darin, auf den Begriff der Wahrheit überhaupt zu verzichten. Wir schlagen vor, ihn anders zu interpretieren: Von der „Wahrheit" einer Erkenntnis sei dann die Rede, wenn sie so überzeugend begründet ist, dass es uns plausibel erscheint, wenn andere Menschen oder auch wir selbst sie unseren Planungen, Entscheidungen und Handlungen zugrunde legen. Diese Plausibilität erlangen Erkenntnisbestandteile im Allgemeinen, wenn sie aus einem Verständigungsprozess hervorgehen, der bestimmte Bedingungen erfüllen muss, wie beispielsweise die Sachkundigkeit der Teilnehmenden, den Verzicht auf bloß strategische Argumentation und die Transparenz der Interessen. Solche Verständigungsprozesse können bei unterschiedlichen Gruppen von Menschen und in unterschiedlichen Situationen durchaus unterschiedlich verlaufen und zu unterschiedlichen Ergebnissen führen. Das heißt, dass „Wahrheit" in unterschiedlichen Diskursgemeinschaften sich durchaus jeweils anders darstellen kann. Das bedeutet aber keinesfalls, dass ich mich nicht an den Überzeugungen, zu denen wir in unserer Kultur gekommen sind, orientieren kann. Im Gegenteil: Sie sind für mich wahr und verpflichtend, so lange ich mich immer wieder für sie entscheide und an ihnen festhalte. Das schließt aber nicht aus, dass ich weiß und akzeptiere, dass sich Menschen in anderen Kulturen auf andere Wahrheiten verständigen.

(3) Der Konstruktivismus versteht den Lernprozess als Durchgang der Lernenden durch eine Vielzahl von Lernarrangements, aus denen jeder das entnimmt, was für ihn aufgrund seiner Strukturdeterminiertheit gerade wichtig erscheint. Lernen ist also ein hoch individualisierter Vorgang, der zu ganz individuellen Ergebnissen führt. Jeder konstruiert aus der Sicht des Konstruktivismus seine eigene Welt. Wir denken, dass das nur eine Option in Bezug auf die Struktur von Lernprozessen ist. Zumindest die in der Schule institutionalisierten Lernprozesse haben die Aufgabe, das Wissen, die emotionalen Fundierungen und die Werte zu präsentieren, die von allen Bürgern unserer Gesellschaft erwartet werden, d. h. eine Ebene der Gemeinsamkeit zu schaffen. Dazu sind curricular strukturierte Lernangebote notwendig, die das Gemeinsame definieren und festlegen, was gelernt werden soll.

Das bedeutet keineswegs, dass diese Angebote von den Lernenden auch in toto übernommen werden. Denn natürlich bestimmen letztlich die Individuen, was sie lernen – wir würden freilich nicht sagen, weil sie nur strukturdeterminiert lernen, sondern weil sie einen freien Willen haben. Doch wie auch immer, auf jeden Fall brauchen die Lernenden klar strukturierte Lernangebote, damit sie überhaupt einen Ansatzpunkt für Entscheidungen haben.

Literaturverzeichnis

Arnold, R. (1999): Konstruktivistische Ermöglichungsdidaktik. In: Arnold, R./Giesecke, W./Nuissl, E. (Hrsg.): Erwachsenenpädagogik – Zur Konstitution eines Faches. Hohengehren, S. 18-28.

Arnold, R./Siebert, H. (^{5}2006): Konstruktivistische Erwachsenenbildung. Von der Deutung zur Konstruktion von Wirklichkeit. Baltmannsweiler, Hohengehren.

Baecker, J. et al. (1992): Sozialer Konstruktionismus - eine neue Perspektive in der Psychologie. In: Schmidt, S. J. (Hrsg.): Kognition und Gesellschaft. Der Diskurs des Radikalen Konstruktivismus 2. Frankfurt a.M., S. 116-145.

Balgo, R./Voß, R. (^{4}2002): Wenn das Lernen der Kinder zum Problem gemacht wird. Einladung zu einem systemisch-konstruktivistischen Sichtwechsel. In: Voß, R. (Hrsg.): Die Schule neu erfinden. Systemisch-konstrukti-vistische Annäherungen an Schule und Pädagogik. Neuwied, S. 56-69.

Baer, K. E. von (1864): Reden, gehalten in wissenschaftlichen Versammlungen, und kleinere Aufsätze vermischten Inhalts. Erster Theil, Reden. St. Petersburg

Bauman, Z. (1995): Postmoderne Ethik. Hamburg.

Beck, U. (1986): Risikogesellschaft. Frankfurt a.M.

Beck, U. (1993): Die Erfindung des Politischen. Frankfurt a.M.

Beck, U. (1996a): Das Zeitalter der Nebenfolgen und die Politisierung der Moderne. In: Beck, U./Giddens, A./Lash, S.: Reflexive Modernisierung. Eine Kontroverse. Frankfurt a.M., S. 19-112.

Beck, U. (1996b): Wissen oder Nicht-Wissen? Zwei Positionen „reflexiver Modernisierung". In: Beck, U./Giddens, A./Lash, S.: Reflexive Modernisierung. Eine Kontroverse. Frankfurt a.M., S. 289-315.

Beck, U. (1997): Was ist Globalisierung? Irrtümer des Globalismus – Antworten auf die Globalisierung. Frankfurt a.M.

Beck, U./Beck-Gernsheim, E. (1994): Riskante Freiheiten. Individualisierung in modernen Gesellschaften. Frankfurt a.M.

Beck, U./Bonß, W./Lau, Ch. (2001): Die Modernisierung der Moderne. Frankfurt a.M.

Becker, G. (2000): Konstruktivismen. In: Bolscho, D./de Haan, G. (Hrsg.): Konstruktivismus und Umweltbildung. Opladen, S. 59-121.

Berger, P. L./Luckmann, T. (^{5}1970): Die gesellschaftliche Konstruktion der Wirklichkeit. Eine Theorie der Wissenssoziologie. Frankfurt a.M.

Binmore, K. (1996): Rationality and Backward Induction. (http://ideas.repec. org/p/els/esrcls/047.html). Zugriff am 31.03.2009.

BMU (2008): Bundesministerium für Umwelt, Naturschutz und Reaktorsicherheit (Hrsg.): Umweltbewusstsein in Deutschland 2008. Ergebnisse einer repräsentativen Bevölkerungsumfrage, Berlin.

Bonß, W./Zinn, J. O.(2005): Erwartbarkeit, Glück und Vertrauen: zum Wandel biographischer Sicherheitskonstruktionen in der Moderne. In: Soziale Welt 56 2/3, S. 183 - 202.

Brügelmann, H. (^{4}2002): Rose 1 ist Rose 2 ist Rose 3 ist... Offene Bedeutungen durch geschlossene Gehirne. In: Voß, R. (Hrsg.): Die Schule neu erfinden. Systemisch-konstruktivistische Annäherungen an Schule und Pädagogik. Neuwied, S. 179-184.

Burkart, G./Runkel, G. (Hrsg.): Luhmann und die Kulturtheorie. Frankfurt a.M.

Cacioppo, J.T./Tassinary, L.G./Berntson, G.G. (Ed.) (2000): Handbook of Psychophysiology. Cambridge.

Ciompi, Luc (^{3}1992): Affektlogik. Stuttgart.

Ciompi, Luc (1997): Die emotionalen Grundlagen des Denkens. Entwurf einer fraktalen Affektlogik. Göttingen.

Cole, S. (1996): Voodoo Sociology. Recent Developments in the Sociology of Science. In: Gross, P. R./Levitt, N./Lewis, M. W. (Hrsg.): The Flight from Science and Reason. New York, S. 274-287.

Daltrop, S. (1999): Die Rationalität der rationalen Wahl. Eine Untersuchung von Grundbegriffen der Spieltheorie. München.

Damasio, A. R. (1995): Descartes' Irrtum. Fühlen, Denken und das menschliche Gehirn. München.

Damasio, A. R. (1996): Neurobiology of Decision-Making, Berlin.

Damasio, A. R. (1999): The Feeling of What Happens: Body and Emotion in the Making of Consciousness. New York.

Damasio, A. R. (2004): Ich fühle, also bin ich. Die Entschlüsselung des Bewusstseins. Berlin.

De Berg, H./Schmidt, J. (2000): Rezeption und Reflexion. Zur Resonanz der Systemtheorie außerhalb der Soziologie. Frankfurt a.M.

Dettmann, U. (1999): Der Radikale Konstruktivismus. Tübingen.

Deutsches PISA-Konsortium (Hrsg.) (2001): PISA 2000. Basiskompetenzen von Schülerinnen und Schülern im internationalen Vergleich. Opladen.

Deutsches PISA-Konsortium (Hrsg.) (2004): Der Bildungsstand der Jugendlichen in Deutschland - Ergebnisse des zweiten internationalen Vergleichs. Münster.

Dieckmann, J. (2005): Einführung in die Systemtheorie. Stuttgart.

Diesbergen, C. (1998): Radikal-Konstruktivistische Pädagogik als problematische Konstruktion. Eine Studie zum Radikalen Konstruktivismus und seiner Anwendung in der Pädagogik. Bern u.a.

Ekman, P. (1984): Expression and the nature of emotion. In: Scherer, K.R., Ekman, P.: Approaches to emotion, Hillsdale / London, S. 329-343.

Fichte, J.G. (1800/1962): Die Bestimmung des Menschen. Hamburg.

Fishman, L. (1996): Feelings and Beliefs. In: Gross, P. R./Levitt, N./Lewis, M. W. (Hrsg.): The Flight from Science and Reason. New York, S. 87-95.

Fleck, L. (1980): Entstehung und Entwicklung einer wissenschaftlichen Tatsache. Einführung in die Lehre vom Denkstil und Denkkollektiv. Frankfurt a.M.

Fleck, L. (1983): Über die wissenschaftliche Beobachtung und die Wahrnehmung im allgemeinen. In: Ders.: Erfahrung und Tatsache. Gesammelte Aufsätze (hrsg. von Lothar Schäfer und Thomas Schnelle). Frankfurt a.M., S. 59-83.

Foerster, H. von (2003): Entdecken oder Erfinden. Wie lässt sich Verstehen verstehen? In: Gumin, H./Meier, H. (Hrsg.): Einführung in den Konstruktivismus. München, S. 41-88.

Foerster, H. von (1993): Das Gleichnis vom Blinden Fleck. Über das Sehen im allgemeinen. In: Lischka, G. J. (Hrsg.): Der entfesselte Blick. Bern, S. 14-47.

Foerster, H. von (1997): Wissen und Gewissen. Versuch einer Brücke, hrsg. von Siegfried J. Schmidt. Frankfurt a.M.

Foerster, H. von (1999): Sicht und Einsicht. Versuche zu einer operativen Erkenntnistheorie. Heidelberg.

Foerster, H. von/Glasersfeld, E. von (1999): Wie wir uns erfinden. Eine Autobiographie des radikalen Konstruktivismus. Heidelberg.

Foerster, H. von/Pörksen, B. (1998): „Wahrheit ist die Erfindung eines Lügners“: Gespräche für Skeptiker. Heidelberg.

Fox, R. (1996): State of the Art / Science in Anthropology. In: Gross, P. R./Levitt, N./Lewis, M. W. (Hrsg.): The Flight from Science and Reason. New York, S. 327-345.

Frank, M. (1986): Die Unhintergehbarkeit von Individualität. Frankfurt a.M.

Frege, G. (1884/1987): Die Grundlagen der Arithmetik. Eine logisch mathematische Untersuchung über den Begriff der Zahl (hrsg. v. Joachim Schulte). Stuttgart.

Friedlmeier, W./Holodynski, M. (Hrsg.) (1999): Emotionale Entwicklung. Heidelberg/Berlin.

Frow, J. (1995): Cultural Studies & Cultural Value. Oxford.

Fuchs, T. (1992): Die Mechanisierung des Herzens. Frankfurt a.M.

Fukuyama, F. (2002): Das Ende des Menschen. München.

Gadamer, H.-G. (1990): Wahrheit und Methode. Grundzüge einer philosophischen Hermeneutik. Tübingen.

Gardner, Howard (1989): Dem Denken auf der Spur. Der Weg der Kognitionswissenschaft. Stuttgart.

Gaudig, H. (1922): Freie geistige Schularbeit in Theorie und Praxis. Breslau.

Geißlinger, H. (1992): Die Imagination der Wirklichkeit. Experimente zum radikalen Konstruktivismus. Frankfurt a.M./New York.

Gergen (1985): The Social Constructionist Movement in Modern Psychology. In: American Psychologist Vol. 40, No. 3, S. 266-275.

Gergen, K. J. (1994a): Realities and Relationships: Soundings in Social Constructions. Cambridge, MA.

Gergen, K. J. (1994b): Toward Transformation in Social Knowledge. New York.

Gergen, K. J. (1996): Das übersättigte Selbst. Identitätsprobleme im heutigen Leben. Heidelberg.

Gergen, K. J. (1999): An Invitation to Social Construction. Thousand Oaks.

Gergen, K. J. (2002): Konstruierte Wirklichkeiten. Eine Hinführung zum sozialen Konstruktionismus. Stuttgart.

Giddens, A. (1996): Konsequenzen der Moderne. Frankfurt a.M. (Engl.: The Consequences of Modernity, Cambridge 1990).

Giddens, A. (2001): Entfesselte Welt. Wie die Globalisierung unser Leben verändert. Frankfurt a.M. (Engl.: Runaway World, Cambridge 1999).

Giner-Sorolla, R. (2001): Guilty pleasures and grim necessities: Affective attitudes in dilemmas of self-control. In: Journal of Personality and Social Psychology 80, S. 206-221.

Girgensohn-Marchand, B. ([2]1994): Der Mythos Watzlawick und die Folgen. Eine Streitschrift gegen systemisches und konstruktivistisches Denken in pädagogischen Zusammenhängen. Weinheim.

Glance, N. S./Hubermann, B. A. (1994): Das Schmarotzer-Dilemma. In: Spektrum der Wissenschaft, H. 5, S. 36-41.

Glaser, E. (1999): Wissen verpflichtet. Eine Einführung in den Radikalen Konstruktivismus. München.

Glasersfeld, E. von (1984): Einführung in den radikalen Konstruktivismus. In: Watzlawick, P. (Hrsg.): Die erfundene Wirklichkeit. Wie wissen wir, was wir zu wissen glauben? Beiträge zum Konstruktivismus. München, S. 16-38.

Glasersfeld, E. von (1987a): Wissen, Sprache und Wirklichkeit: Arbeiten zum radikalen Konstruktivismus. Braunschweig.

Glasersfeld, E. von (1987b): Siegener Gespräche über Radikalen Konstruktivismus. Ernst von Glasersfeld im Gespräch mit NIKOL (1982 und 1984). In: Schmidt, S. J. (Hrsg.): Der Diskurs des Radikalen Konstruktivismus. Frankfurt a.m., S. 401-440.

Glasersfeld, E. von (1996): Radikaler Konstruktivismus. Ideen, Ergebnisse, Probleme. Frankfurt a.m.

Glasersfeld, E. von (1997): Konstruktion der Wirklichkeit und des Begriffs der Objektivität. In: Ders. (Hrsg.): Einführung in den Konstruktivismus. München, S. 9-39.

Goleman, Daniel (1997): Emotionale Intelligenz. München/Wien.

Goodman, N. (1984): Weisen der Welterzeugung, Frankfurt a.m.: Suhrkamp.

Gross, P.R. (1996): Flights of Fancy. Science, Reason and Common Sense. In: Gross, P. R./Levitt, N./Lewis, M. W. (Hrsg.): The Flight from Science and Reason. New York, S. 79-86.

Gross, P. R./Levitt, N. (1997): Higher Superstition. The Academic Left and Its Quarrels with Science. Baltimore.

Gross, P. R./Levitt, N./Lewis, M. W. (Hrsg.) (1996): The Flight from Science and Reason. New York.

Gross, P. R./Levitt, N./Lewis, M. W. (1996): Social Theories of Science. In: Dies. (Hrsg.): The Flight from Science and Reason. New York, S. 257.

Grundmann, M. (1991): Konstruktivistische Sozialisationsforschung. Frankfurt a.m.

Gruner + Jahr-Verlag (1995) (Hrsg.): Dialoge 4. Hamburg.

Gruner + Jahr-Verlag (1999) (Hrsg.): Dialoge 5. Hamburg.

Gumin, H./Meier, H. (Hrsg.) (^{7}2003): Einführung in den Konstruktivismus. München/Zürich.

Haan, G. de/Rülcker, T. (Hrsg.) (2002): Hermeneutik und Geisteswissenschaftliche Pädagogik. Ein Studienbuch. Frankfurt a.m.

Habermas, Jürgen (1968): Technik und Wissenschaft als ‚Ideologie'. Frankfurt a.m.

Habermas, J. (1968): Erkenntnis und Interesse. In: Ders.: Technik und Wissenschaft als ‚Ideologie'. Frankfurt a.m., S. 146-168.

Habermas, J. (1981): Theorie des kommunikativen Handelns (2 Bde.). Frankfurt a.m.

Hacking, I. (1999): Was heißt „soziale Konstruktion"? Zur Konjunktur einer Kampfvokabel in den Wissenschaften, Frankfurt a.m.

Harré, R. (1986) „An Outline of the Social Constructionist Viewpoint." In: Ders. (Hrsg.): The Social Construction of Emotions. Oxford, S. 2-14.

Hartmann, D. (1996): Kulturalistische Handlungstheorie. In: Hartmann, D./Janich, P. (Hrsg.): Methodischer Kulturalismus. Zwischen Naturalismus und Postmoderne. Frankfurt a.m., S. 70-114.

Hartmann, D./Janich, P. (1996): Methodischer Kulturalismus. In Hartmann, D./Janich, P. (Hrsg.): Methodischer Kulturalismus. Zwischen Naturalismus und Postmoderne.. Frankfurt a.M., S. 9-69.

Hartmann, D./Janich, P. (1998): Die kulturalistische Wende. Zur Orientierung des philosophischen Selbstverständnisses. Frankfurt a.M.

Hejl, P. M. (1995): Ethik, Konstruktivismus und gesellschaftliche Selbstregelung. In: Rusch, G./Schmidt, S. J. (Hrsg.): Konstruktivismus und Ethik, DELFIN 1995. Frankfurt a.M., S. 28-121.

Hejl, P. M. (1999): Konstruktivismus, Beliebigkeit, Universalien. In: Rusch, G.(Hrsg.): Wissen und Wirklichkeit: Beiträge zum Konstruktivismus. Eine Hommage an Ernst von Glasersfeld. Heidelberg, S. 163-197.

Hejl, P. M. (Hrsg.)(2000): Universalien und Konstruktivismus. DELFIN 2000, Frankfurt a.M.

Held, B. S. (1996): Constructivism in Psychotherapy. Truth and Consequences. In: Gross, P. R./Levitt, N./Lewis, M. W. (Hrsg.): The Flight from Science and Reason. New York, S. 198-206.

Herschbach, D. R. (1996): Imaginary Gardens with Real Toads. In: Gross, P. R./Levitt, N./Lewis, M. W. (Hrsg.): The Flight from Science and Reason. New York, S. 11-30.

Heursen, G. (1997): Ungewöhnliche Didaktiken. Hamburg.

Hollins, M. (1991): Penny pinching and backward induction. In: The Journal of Philosophy 88, S. 473-488.

Holtz, K. L. (2008): Einführung in die systemische Pädagogik. Heidelberg.

Horkheimer, M. (1968): Autorität und Familie. In: Ders.: Kritische Theorie, Band I. Frankfurt a.M.

Hungerige, H./Sabbouh, K. (1995): Let's talk about ethics. Ethik und Moral im konstruktivistischen Diskurs. In: Rusch, G./Schmidt, S.J. (Hrsg.) Konstruktivismus und Ethik, DELFIN 1995. Frankfurt a.M.

Huschke-Rein, R. (1998): Systemische Erziehungswissenschaft. Pädagogik als Beratungswissenschaft. Weinheim.

Huschke-Rein, R. ([4]2002): Lernen, Leben, Überleben. Die Schule als ‚Lernsystem' und das ‚Lernen fürs Leben' aus der Perspektive systemisch-konstruktivistischer Lernkonzepte. In: Voß, R. (Hrsg.): Die Schule neu erfinden. Systemisch-konstruktivistische Annäherungen an Schule und Pädagogik. Neuwied, S. 33-55.

Husserl, E. (1954): Die Krisis der europäischen Wissenschaften und die transzendentale Phänomenologie. Hrsgg. v. W. Biemel. Husserliana Bd. VI. Den Haag.

Jäger, M. (1998): Die Philosophie des Konstruktivismus auf dem Hintergrund des Konstruktionsbegriffs. Hildesheim/Zürich/New York.

Janich, P. (1992): Grenzen der Naturwissenschaft: Erkennen als Handeln. München.

Janich, P. (1996). Konstruktivismus und Naturerkenntnis. Auf dem Weg zum Kulturalismus. Frankfurt a.M.

Janich, P. (2006): Kultur als Methode. Philosophie einer wissenschaftlich geprägten Welt. Frankfurt a.M.

Jensen, S. (1999): Erkenntnis – Konstruktivismus – Systemtheorie. Einführung in die Philosophie der konstruktivistischen Wissenschaft. Opladen/Wiesbaden.

Kade, J./Seitter, W. (2003): Jenseits des Goldstandards. Über Erziehung und Bildung unter den Bedingungen von Nicht-Wissen, Ungewissheit, Risiko und Vertrauen. In: Helsper, W./Hörster, R./Kade, J. (Hrsg.): Ungewissheit. Pädagogische Felder im Modernisierungsprozess. Weilerswist.

Kamlah, W./Lorenzen, P. (1973): Logische Propädeutik: Vorschule des vernünftigen Redens, 2. Aufl. Mannheim.

Kant, I. (1781[7]/1992): Kritik der reinen Vernunft (2 Bd.). In: Ders.: Werkausgabe Bd. 3/4, hrsgg. von Weischedel, W., 12. Aufl. Frankfurt a.M.

Knorr-Cetina, K. (1991): Die Fabrikation von Erkenntnis. Zur Anthropologie der Naturwissenschaft. Frankfurt a.M.

Kösel, E. ([3]1997): Die Modellierung von Lernwelten. Ein Handbuch zur Subjektiven Didaktik. Elztal-Dallau.

Kraus, B. (2000): „Lebensweltliche Orientierung" statt „instruktive Interaktion". Eine Einführung in den Radikalen Konstruktivismus in seiner Bedeutung für die Soziale Arbeit und Pädagogik. Berlin.

Krohn, W./Küppers, G. (Hrsg.) (1992): Emergenz: Die Entstehung von Ordnung, Organisation und Bedeutung. Frankfurt a.M.

Krupp, H. (1996): Zukunftsland Japan. Globale Evolution und Eigendynamik. Darmstadt.

Kuhn, Th. S. (1976): Die Struktur wissenschaftlicher Revolutionen. Frankfurt a.M.

Kurt, R. (1993): Soziologie ohne Subjekt ist sinnlos, in: Delfin 1993: Konstruktivismus und Sozialtheorie. Hrsgg. von Rusch, G./Schmidt, S.J. Frankfurt a.M., S. 331-357.

Larochelle, M./Bednarz, N./Garrison, J. (1998): Constructivism and Education. Cambridge.

Lazarus (1991): Cognition and Motivation in Emotion. In: American Psychologist 46, S. 352-367.

Levitt, N. (1996): Mathematics as the Stepchild of Contemporary Culture. In: Gross, P. R./Levitt, N./Lewis, M. W. (Hrsg.): The Flight from Science and Reason. New York, S. 39-53.

Libet, B. (1993): Neurophysiology of Consciousness. Boston.

Lindemann, H. (2006): Konstruktivismus und Pädagogik. Grundlagen, Modelle, Wege zur Praxis. München.

Loewenstein, G.A./Weber, E.U./Hsee, C. K./Velch, N. (2001): Risk as Feelings. In: Psychological Bulletin, 127 (2), S. 267-287.

Lorenzen, P. (1974), Methodisches Denken. Frankfurt/M.

Lorenzen, P. (1987): Lehrbuch der konstruktiven Wissenschaftstheorie. Mannheim u. a.

Luhmann, N. (1984[5]): Soziologische Aufklärung 1. Aufsätze zur Theorie sozialer Systeme. Opladen.

Luhmann, N. (1986): Ökologische Kommunikation. Kann die moderne Gesellschaft sich auf Gefährdungen einstellen? Opladen.

Luhmann, N. (1990): Soziologische Aufklärung 5. Konstruktivistische Perspektiven. Opladen.

Luhmann, N. ([2]1991): Soziologische Aufklärung 3. Soziales System, Gesellschaft, Organisation. Opladen.

Luhmann, N. (1992a): Beobachtungen der Moderne. Opladen.

Luhmann, N. (1992b): Die Wissenschaft der Gesellschaft. Frankfurt a.M.

Luhmann, N. (1995): Gesellschaftsstruktur und Semantik. Studien zur Wissenssoziologie der modernen Gesellschaft, Band 4. Frankfurt a.M.

Luhmann, N. (1998): Die Gesellschaft der Gesellschaft, 2 Bde. Frankfurt a.M.

Luhmann, N. (2000): Short Cuts. Frankfurt a.M.

Luhmann, N. (2002): Das Erziehungssystem der Gesellschaft, Frankfurt a.M.

Luhmann, N./Schorr K. E. (Hrsg.) (1986): Zwischen Intransparenz und Verstehen. Fragen an die Pädagogik. Frankfurt a.M.

Luhmann, N./Schorr K. E. (Hrsg.) (1992): Zwischen Absicht und Person. Fragen an die Pädagogik. Frankfurt a.M.

Lyotard, J. F. (1979): Apathie in der Theorie. Berlin.

Lyotard, J. F. (1986): Das postmoderne Wissen. Graz/Wien.

Maturana, H. R. (1985): Erkennen: Die Organisation und Verkörperung von Wirklichkeit. Braunschweig/Wiesbaden.

Maturana, H. R. (1987b): Biologie der Sozialität. In: Schmidt, S. J. (Hrsg.): Der Diskurs des Radikalen Konstruktivismus. Frankfurt a.M., S. 287-302.

Maturana, H. R. (1987a): Kognition. In: Schmidt, S. J. (Hrsg.): Der Diskurs des Radikalen Konstruktivismus. Frankfurt a.M., S. 89-118.

Maturana, H. R. (1991): Wissenschaft und Alltag: Die Ontologie wissenschaftlicher Erklärungen. In: Watzlawick, P./Krieg, P. (Hrsg.): Das Auge des Betrachters – Beiträge zum Konstruktivismus. München, S. 167-208.

Maturana, H. R.(1996): Was ist erkennen? München/Zürich.

Maturana, H. R. (2000): Biologie der Realität. Frankfurt a.M.

Maturana, H. R./Varela, F. J. (1987): Der Baum der Erkenntnis. Die biologischen Wurzeln des menschlichen Erkennens. München.

Mayer, J.D./Salovey, P./Caruso, D.R. (2004): Emotional Intelligence: Theory, Findings and Implications. Psychological Inquiry, 15, S. 197-215.

Mead, G. H. (1973): Geist, Identität und Gesellschaft. Frankfurt a.M.

Meixner, J. (1997): Konstruktivismus und die Vermittlung produktiven Wissens. Neuwied/Kriftel/Berlin.

Mesquita, B. (2001): Culture and emotion: Different approaches to the question. In: Mayne, T.J./Bonanno, G.A. (Hrsg.): Emotions. Current Issues and Future Directions. New York, S. 214-251.

Meyer, W.-U./Schützwohl, A./Reisenzein, R. (1993): Einführung in die Emotionspsychologie. Band I. Bern/Göttingen/Toronto/Seattle.

Meyer-Drawe, K. (2000): Illusionen von Autonomie. Diesseits von Ohnmacht und Allmacht des Ich. München.

Mills, S. (1997): Discourse. London/New York.

Müller, K. (Hrsg.) (1996a): Konstruktivismus. Lehren – Lernen – Ästhetische Prozesse. Neuwied/Kriftel/Berlin.

Müller, K. (1996b): Erkenntnistheorie und Lerntheorie. Geschichte ihrer Wechselwirkung vom Repräsentationalismus über den Pragmatismus zum Konstruktivismus. In: Ders. (Hsrg.): Konstruktivismus. Lehren – Lernen – Ästhetische Prozesse. Neuwied/Kriftel/Berlin, S. 24-70.

Nagl, L. (1998): Pragmatismus. Frankfurt a.M./New York.

Niggli, A. (2000): Lernarrangements erfolgreich planen. Aarau.

Nüse, R. (²1995): Über die Erfindung/en des radikalen Konstruktivismus. Kritische Gegenargumente aus psychologischer Sicht. Weinheim.

OECD (eds.) (2005): DeSeCo Strategy Paper – An Overarching Frame of Reference for a Coherent Assessment and Research Program on Key Competencies. Deutsche Version unter:
http://www.oecd.org/dataoecd/36/56/35693281.pdf.
Zugriff am 31.03.2009.

Ortony, A./Clore, G. L./Collins, A. (1988): The Cognitive Structure of Emotions. Cambridge.

Otto, J./Euler, H. A./Mandl, H. (Hrsg.) (2000): Emotionspsychologie. Ein Handbuch. Weinheim.

Panksepp, J. (1991): Affective neuroscience: A conceptual framework for the neurobiological study of emotions. In: Strongman, K.T. (Hrsg.): International review of studies on emotion, Vol. I, New York, S. 59-99.

Piaget, J. (1969): Der Aufbau der Wirklichkeit beim Kinde: Ges. Werke Bd. 2, Stuttgart.

Pickering, A. (1984): Constructing Quarks: A Sociological History of Particle Physics. Edinburgh.

Platon (1959): Kritias. In: Ders.: Politikos –Philebos – Timaios – Kritias. Sämtliche Werke Bd. 5. Hamburg.

Reese-Schäfer, W. (1992): Luhmann zur Einführung. Hamburg.

Reich, K. (1996): Systemisch-konstruktivistische Pädagogik. Einführung in Grundlagen einer interaktionistisch-konstruktivistischen Pädagogik. Neuwied.

Reich, K. (1998a): Die Ordnung der Blicke. Perspektiven des interaktionistischen Konstruktivismus. Band 1: Beobachtung und die Unschärfen der Erkenntnis. Neuwied.

Reich, K. (1998b): Die Ordnung der Blicke. Perspektiven des interaktionistischen Konstruktivismus. Band 2: Beziehungen und Lebenswelt. Neuwied.

Reich, K. (2002): Konstruktivistische Didaktik. Lehren und Lernen aus interaktionistischer Sicht. Neuwied/Kriftel.

Reich, K. ([4]2008): Konstruktivistische Didaktik. Lehr- und Studienbuch mit Methodenpool. Weinheim/Basel.

Renk, H.-E. (Hrsg.) (1999): Lernen und Leben aus der Welt im Kopf. Konstruktivismus in der Schule. Neuwied.

Richter, R. (1996): Cognitive Apperenship and Konstruktivistisches Lerndesign: Ein Beispiel aus dem Fremdsprachenunterricht. In: K. Müller (Hrsg.): Konstruktivismus – Lehren – Lernen – Ästhetische Prozesse. Neuwied, S. 171-188.

Rolls, E. T. (1999): The Brain and Emotion. New York, Oxford.

Rorty, R. ([2]1993): Kontingenz, Ironie und Solidarität. Frankfurt a.M.

Rorty, R. (1994): Hoffnung statt Erkenntnis: Eine Einführung in die pragmatische Philosophie. Wien.

Rorty, R. (2003): Wahrheit und Fortschritt. Frankfurt a.M.

Roth, G. (1987):Erkenntnis und Realität: Das reale Gehirn und seine Wirklichkeit. In: Schmidt, S. (Hrsg.): Der Diskurs des Radikalen Konstruktivismus. Frankfurt a.M., S. 229-255.

Roth, G. (2001): Fühlen, Denken, Handeln. Wie das Gehirn unser Verhalten steuert. Frankfurt a.M.

Rousseau, J.-J. (1762/1963): Emile oder Über die Erziehung. Hrsg., eingel. u. m. Anm. vers. v. M. RANG. Stuttgart.

Rousseau, J.-J. (1971): Schriften zur Kulturkritik. „Über Kunst und Wissenschaft" (1750). „Über den Ursprung der Ungleichheit unter den Menschen" (1755). Hamburg.

Rusch, G. (Hrsg.) (1999): Wissen und Wirklichkeit. Beiträge zum Konstruktivismus. Heidelberg.

Rusch, G./Schmidt, S. J. (Hrsg.) (1992): Konstruktivismus: Geschichte und Anwendung. DELFIN 1992. Frankfurt a.M.

Rusch, G./Schmidt, S. J. (Hrsg.) (1994): Piaget und der Radikale Konstruktivismus. DELFIN 1994. Frankfurt a.M.

Rusch, G./Schmidt, S.J. (1995): Konstruktivismus und Ethik. DELFIN 1995. Frankfurt a.M.

Ryan, R. M/Deci, E. L. (2000): Intrinsic and extrinsic motivations: Classic definitions and new directions. In: Contemporary Educational Psychology 25, S. 54-67.

Schmidt, S. J. (Hrsg.) (1987): Der Diskurs des Radikalen Konstruktivismus. Frankfurt a.M.

Schmidt, S. J. (Hrsg.) (^{5}1992a): Der Diskurs des Radikalen Konstruktivismus, 5. Aufl. Frankfurt a.M.

Schmidt, S. J. (Hrsg.) (^{2}1992b): Kognition und Gesellschaft. Der Diskurs des Radikalen Konstruktivismus 2. Frankfurt a.M.

Schmidt, S. J. (1994): Kognitive Autonomie und soziale Orientierung. Konstruktivistische Bemerkungen zum Zusammenhang von Kognition, Kommunikation, Medien und Kultur. Frankfurt a.M.

Schmidt, S.J. (Hrsg.) (1996): Der Diskurs des radikalen Konstruktivismus, Frankfurt a.M.

Schnädelbach, H. (1985): Kultur. In: Martens, E./Schnädelbach, H. (Hrsg.): Philosophie. Ein Grundkurs, Band 2. Hamburg, S. 508-548.

Schütz, A. (1974): Der sinnhafte Aufbau der sozialen Welt. Eine Einleitung in die verstehende Soziologie. Frankfurt a.M.

Schwemmer, O. (1997): Die kulturelle Existenz des Menschen. Berlin.

Siebert, H. (1994): Lernen als Konstruktion von Lebenswelten. Entwurf einer konstruktivistischen Didaktik. Frankfurt a.M.

Siebert, H. (1996): Bildungsarbeit konstruktivistisch betrachtet. Frankfurt a.M.

Siebert, H. (^{2}1997): Didaktisches Handeln in der Erwachsenenbildung. Didaktik aus konstruktivistischer Sicht, 2. Aufl. Neuwied.

Siebert, H. (1999): Pädagogischer Konstruktivismus. Eine Bilanz der Kon-
struktivismusdiskussion für die Bildungspraxis. Neuwied.

Siebert, H. (2002): Der Konstruktivismus als pädagogische Weltanschauung.
Entwurf einer konstruktivistischen Didaktik. Frankfurt a.m.

Siebert, H. (2008): Konstruktivistisch lehren und lernen. Augsburg.

Sismondo, S. (1996): Science without Myth: On Constructions, Reality and
Social Knowledge. Albany, NY.

Stehr, N. (1994): Arbeit, Eigentum und Wissen. Frankfurt a.m.

Tietgens, H. (1999): Vereinbares und Widersprüchliches zwischen Curricula
und Konstruktivismus. In: Arnold, R./Giesecke, W./Nuissl, E. (Hrsg.):
Erwachsenenpädagogik – Zur Konstitution eines Faches. Hohengehren, S. 29-39.

Toffler, A. (1970): Future Shock. New York u. a.

Uexküll, J. von (1921) Umwelt und Innenwelt der Tiere. Berlin.

Ulich, D./Mayring, P. (1992): Psychologie der Emotionen. Stuttgart.

Varela, F.J. (1990): Kognitionswissenschaft – Kognitionstechnik: Eine
Skizze aktueller Perspektiven. Frankfurt a.m.

Varela, F. J. (1994): Ethisches Können. Frankfurt a.m./New York.

Varela, F. J./Thompson, E./Rosch, E. (1991): The embodied mind. Cognitive science and human experience. Cambridge/London.

Vico, G. (1710): De antiquissima Italorum sapientia. Neapel.

Voß, R. (Hrsg.) ([4]2002a): Die Schule neu erfinden. Systemisch-konstruktivistische Annäherungen an Schule und Pädagogik, 4. Aufl. Neuwied.

Voß, R. (Hrsg.) (2002b): Unterricht aus konstruktivistischer Sicht. Die Welten in den Köpfen der Kinder. Neuwied.

Voß, R. ([4]2002c): In hoffnungsloser Lage bleibt...die Hoffnung – eine Einleitung. In: Ders. (Hrsg.): Die Schule neu erfinden. Systemisch-
konstruktivistische Annäherungen an Schule und Pädagogik, 4. Aufl.
Neuwied.

Voß, Reinhard (2002d): Unterricht ohne Belehrung – Kontextsteuerung,
individuelle Lernbegleitung, Perspektivenwechsel. In: Ders. (Hrsg.):
Unterricht aus konstruktivistischer Sicht. Die Welten in den Köpfen
der Kinder. Neuwied, S. 35-55.

Vossenkuhl, W. (1992): Vernünftige Wahl, rationale Dilemmas und moralische Konflikte. In: Hollins, M./Vossenkuhl, W. (Hrsg.): Moralische
Entscheidung und rationale Wahl. München, S. 153-173.

Wagenschein, M./Banholzer, A./Thiel, S. (1990): Kinder auf dem Wege zur
Physik. Weinheim/Basel/Berlin.

Watzlawick, P. (1992): Wie wirklich ist die Wirklichkeit? Wahn, Täu-
schung, Verstehen. München/Zürich.

Watzlawick, Paul (Hrsg.) (1981): Die erfundene Wirklichkeit. Wie wissen wir, was wir zu wissen glauben? Beiträge zum Konstruktivismus. München.

Watzlawick, P. (Hrsg.) ([7]1991): Die erfundene Wirklichkeit. Wie wissen wir, was wir zu wissen glauben? Beiträge zum Konstruktivismus, 7. Aufl. München/Zürich.

Weber, M. (1921/1972): Wirtschaft und Gesellschaft. Grundriss der verstehenden Soziologie, 5. revidierte Aufl.. Tübingen.

Wildavsky, A. (1993): Vergleichende Untersuchung zur Risikowahrnehmung: Ein Anfang. In: Bayerische Rück (Hrsg.): Risiko ist ein Konstrukt. München, S. 191-211.

Willke, H. (1982): Systemtheorie. Stuttgart/New York.

Wittgenstein, L. (1969): Schriften I. Philosophische Untersuchungen. Frankfurt a.m..

Wittgenstein, L. (1984): Blue Book. Werkausgabe, Bd. 5. Frankfurt a.M.

Woolgar, S. (1988): Science. The Very Idea. Chichester, Sussex.

Zitterbarth, W. (1996): Reflexionen zu einer kulturalistischen Theorie der Lebenswelt. In: Hartmann, D./Janich, P. (Hrsg.): Methodischer Kulturalismus. Zwischen Naturalismus und Postmoderne. Frankfurt a.m., S. 264-284.

Berliner Beiträge zur Pädagogik

Herausgegeben von Gerhard de Haan und Tobias Rülcker

www.peterlang.de